Finanzplaner 60+
Steuern, Recht und Finanzen
für die zweite Lebenshälfte

Isabell Pohlmann

Finanzplaner 60⁺

Steuern, Recht und Finanzen für die zweite Lebenshälfte

Stiftung Warentest

Inhaltsverzeichnis

- 6 **Was wollen Sie wissen?**

- 13 **Genug Geld fürs gute Leben**
  - 16 Die gesetzliche Rente als Grundstein für Ihr Budget
  - 24 Wann Sie in den Ruhestand gehen dürfen
  - 29 Kann ich es mir leisten, früher in Rente zu gehen?
  - 34 Schutz bei Krankheit und für Hinterbliebene
  - 38 So kommen Sie an Ihr Geld
  - 45 Versorgung für Beamte
  - 48 Auffangnetz Grundsicherung

- 51 **Ersparnisse nutzen – Geld neu anlegen**
  - 56 Ihre Strategie für die Geldanlage
  - 61 Sicherheit zuerst: Anlegen und ruhig schlafen
  - 67 ETF und mehr: Mit etwas Risiko erfolgreich anlegen
  - 74 Investieren statt sparen: Immobilien als Alternative?

- 79 **Neben der Rente arbeiten**
  - 81 Flexi-Rente, ja oder nein? Nicht jeder Job zahlt sich aus
  - 89 Alternativen zur Frührente

- 93 **Mehr Netto vom Brutto**
  - 95 Die Krankenkasse verlangt ihren Anteil
  - 103 Steuern: Immer mehr Rentner müssen handeln
  - 111 Keine Angst vor der Steuererklärung

- 125 **Im Ruhestand gut versichert**
  - 127 Welchen Schutz brauche ich, was ist überflüssig?
  - 133 Krankheit, Unfall, Pflegebedürftigkeit
  - 147 Mein Hab und Gut und das der anderen

Stiftung Warentest | Finanzplaner 60+

67 Geldanlage: Bequem zu mehr Rendite mit Pantoffel-Portfolios

159 So sorgen Sie rechtlich vor
161 Vollmachten und Verfügungen für den Notfall
169 Den Nachlass regeln

180 Hilfe
180 Fachbegriffe erklärt
187 Stichwortverzeichnis
192 Impressum

111 Mehr Geld im Portemonnaie: Wie Sie Steuern sparen können

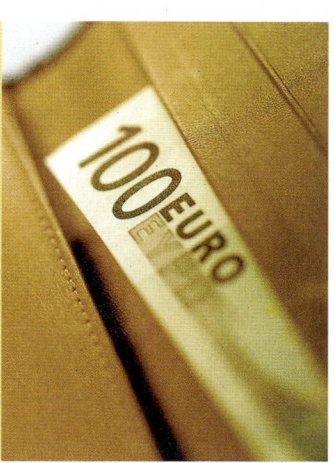

161 Stellen Sie einer vertrauten Person eine Vorsorgevollmacht aus.

Was wollen Sie wissen?

Sie sind Anfang 60, vielleicht etwas jünger oder älter? Sie haben den Absprung in den Ruhestand bald vor oder sind bereits Rentner? Dann ist es jetzt an der Zeit, die finanziellen und rechtlichen Weichen für die Zukunft zu stellen.

> **Frührente oder nicht? Ich bin unsicher – wonach soll ich entscheiden?**

Wie steht es um Ihre Finanzen? So sehr Sie sich den vorgezogenen Rentenbeginn vielleicht wünschen: Klären Sie vor Ihrer Entscheidung, ob Sie sich die Frührente leisten können. Denn eines ist sicher: Je früher Sie aus dem Berufsleben ausscheiden, desto geringer wird Ihre monatliche Rente ausfallen. Zum einen, weil Sie weniger lange in die Rentenkasse einzahlen und entsprechend weniger Leistungsansprüche erwerben. Hinzu kommt, dass Sie eventuell Abschläge bei der Rente hinnehmen müssen, wenn die Leistung vorzeitig ausgezahlt wird. Das kann sich deutlich bemerkbar machen, wie Sie ab S. 29 unter „Kann ich es mir leisten, früher in Rente zu gehen?" lesen können.

Stellen Sie fest, dass das Geld bei der Frührente vielleicht doch etwas knapp werden könnte? Eine Alternative kann sein, dass Sie noch nicht in Rente gehen, aber die Arbeitszeit reduzieren, um so einen gleitenden Übergang zu schaffen. Oder Sie nutzen die Möglichkeiten, um Ihre Frührente mit einem Nebenjob aufzubessern („Neben der Rente arbeiten", S. 79).

Oft ist von der Flexi-Rente die Rede. Sind die Regeln für Nebenjobs wirklich so gut?

Es stimmt: Durch das Flexi-Rentengesetz, das 2017 in Kraft getreten ist, hat es einige Verbesserungen gegeben. Zum Beispiel haben Frührentner jetzt größere Spielräume, wenn sie nebenbei arbeiten und Geld verdienen wollen, ohne dass Ihnen deshalb die Rente gekürzt wird.
Trotz der Neuerungen gilt aber weiterhin: Sie sollten genau rechnen und sich beraten lassen. Denn ein höherer Bruttoverdienst macht sich am Monatsende nicht immer bezahlt. Steuern und Sozialabgaben können zum Beispiel dafür sorgen, dass Sie mit einem 450-Euro-Minijob netto besser dastehen, als wenn Sie mehr arbeiten und 1 000 Euro brutto verdienen. Das zeigt ein Beispiel auf S. 83.
Eine weitere Verbesserung, die das Flexi-Rentengesetz gebracht hat, sind geänderte Regeln für freiwillige Zahlungen an die Rentenkasse. Mehr dazu unter „Aus eigener Kraft Rente erhöhen", S. 21.

Es geht nicht nur um mich: Wie sichere ich meine Familie für die Zukunft ab?

Wenn Sie sicherstellen wollen, dass Ihre Angehörigen auf Dauer versorgt sind, sollten Sie spätestens jetzt Vorkehrungen treffen. Oft reicht die Hinterbliebenenrente allein nicht aus, und eine zusätzliche private Absicherung ist nötig. Die unterschiedlichen Anlagemöglichkeiten dafür stellen wir mit den Vorzügen und Risiken ab S. 51 im Kapitel „Ersparnisse nutzen – Geld neu anlegen" vor.
Auch rechtlich sollten Sie Klarheit schaffen – mit einer Vorsorgevollmacht für den Fall, dass Sie selbst nicht mehr in der Lage sind, Entscheidungen zu treffen. Damit legen Sie fest, wer dann in Ihrem Namen handeln soll. Ein Testament ist meist sinnvoll, um Streit unter den Angehörigen zu vermeiden. Was Sie dabei beachten sollten, finden Sie unter „So sorgen Sie rechtlich vor" ab S. 159.

Wir haben 60 000 Euro gespart. Wie reicht das Geld möglichst lange?

Angenommen, Sie legen die 60 000 Euro zu einem Zinssatz von 2 Prozent an. Dann können Sie 20 Jahre lang jeden Monat 303 Euro abheben, ehe das Geld verbraucht ist. Weitere Beispiele dafür, wie lange Ihre Ersparnisse reichen können, finden Sie im Abschnitt „Ihre Strategie für die Geldanlage" ab S. 56.
Besonders lange kann das Geld reichen, wenn es Ihnen gelingt, höhere Renditen zu erzielen. Das ist zum Beispiel mit Indexfonds, sogenannten ETF, möglich. Allerdings gehen Sie damit ein höheres Anlagerisiko ein. Für wen Fonds überhaupt infrage kommen und worauf bei der Investition zu achten ist, erfahren Sie im Kapitel „ETF und mehr: Mit etwas Risiko erfolgreich anlegen", S. 67. Dort zeigen wir auch, wie Sie mithilfe sicherer Anlagen für eine passende Mischung Ihrer Investments sorgen können und so die Risiken verringern.

Ich weiß nicht, was an Ausgaben auf mich zukommt. Womit muss ich rechnen?

Ein dicker Posten, den viele bei ihrer Finanzplanung für den Ruhestand vergessen, sind die Beiträge zur Kranken- und Pflegeversicherung. Wie hoch sie ausfallen, hängt auch davon ab, wie Sie im Berufsleben versichert waren. Besonders teuer kann es werden, wenn Sie nicht durchgehend Mitglied in der gesetzlichen Krankenkasse waren. Außerdem können Steuern auf Sie zukommen. Die Zahl der Rentner und Pensionäre, die Steuern zahlen müssen, steigt von Jahr zu Jahr an. Mit welchen Steuern und Sozialabgaben Sie rechnen sollten, lesen Sie im Kapitel „Mehr Netto vom Brutto" ab S. 93.
Dazu kommen natürlich die verschiedenen Alltagsausgaben, etwa für Miete, Te-

lefon und Lebensunterhalt. Die regelmäßigen Posten haben Sie vermutlich im Blick. Darüber hinaus sollten Sie die Mittel haben, um zum Beispiel die Autoreparatur oder die Ausgaben für eine Pflegekraft aufbringen zu können, falls Sie oder Ihr Partner Pflege benötigen. In der Checkliste „Womit Sie im Ruhestand rechnen müssen" auf S. 31 finden Sie eine Übersicht zu wichtigen Posten, die beim Übergang zur Rente wegfallen, und andere, die neu hinzukommen können. Im Kapitel „Im Ruhestand gut versichert" ab S. 125 erfahren Sie, wie Sie bei Ihren Versicherungen Beiträge sparen und so die Ausgaben senken können.

Der Versicherungsmakler hat angerufen. Was muss ich als Rentner ändern?

Wichtigen Versicherungsschutz werden Sie seit Jahren haben. Mit dem Stichtag „Rentenbeginn" muss sich in vielen Bereichen gar nichts ändern. Dennoch ist der Ausstieg aus dem Berufsleben eine gute Gelegenheit, die bisherigen Verträge zu aktualisieren. Manchen Schutz können Sie abspecken, an anderer Stelle sollten Sie aufstocken, etwa, wenn Sie seit Jahren nichts an der Versicherungssumme für Ihren Hausrat oder an Ihrer Privathaftpflichtversicherung verändert haben. Im Kapitel „Im Ruhestand gut versichert" ab S. 125 erfahren Sie, welche Verträge sinnvoll sind, auf welche Vertragsbedingungen Sie achten sollten und welche Angebote Sie sich häufig sparen können.

Einige Änderungen gibt es hingegen mit Rentenbeginn bei der Sozialversicherung: Im Kapitel „Mehr Netto vom Brutto" ab S. 93 lesen Sie, welche Sozialversicherungsbeiträge noch auf Sie zukommen. Die Grafik auf S. 137 zeigt, nach welchen Kriterien Sie Ihre gesetzliche Krankenkasse auswählen können.

> **Ich will festlegen, wer was regeln darf, wenn ich es nicht mehr kann. Was muss ich dafür tun?**

Den ersten Schritt gehen Sie bereits: Sie setzen sich mit dem oftmals nicht ganz einfachen Thema auseinander. Je früher Sie Klarheit schaffen, wer die Entscheidungen für Sie trifft, falls Sie es selbst nicht mehr können, desto besser. Die wichtigsten Vollmachten und Formulare stellen wir im Kapitel „So sorgen Sie rechtlich vor" ab S. 159 vor.
Beachten Sie zusätzlich die finanziellen Folgen, die etwa eine langwierige Erkrankung oder eine Pflegebedürftigkeit haben kann. Informationen zur Absicherung für den Ernstfall finden Sie im Abschnitt „Krankheit, Unfall, Pflegebedürftigkeit": Ab S. 133 erhalten Sie zum Beispiel Informationen zur gesetzlichen Pflegeversicherung und zu den Möglichkeiten, diesen Schutz aufzustocken. Auch hier gilt: Je früher Sie aktiv werden und finanziell vorsorgen, desto besser für Sie und Ihre Angehörigen.

> **Ist es übertrieben, schon jetzt mit Anfang 60 zu planen, was einmal aus unserem Haus wird?**

Nein, sicher nicht! Im Moment strotzen Sie vermutlich vor Energie und wollen sich mit der zusätzlichen Freizeit als Rentner ausgiebig um Ihren Garten kümmern und die Zeit zu Hause genießen. Andererseits: Ist die Immobilie vielleicht auf Dauer zu teuer, vor allem weil die Kinder längst aus dem Haus sind? Und wie wird es in 10, 15 oder 20 Jahren aussehen, falls Sie nicht mehr so fit sind oder pflegebedürftig werden? Ist Ihr Haus für diese Situation ausgerichtet? Es ist hilfreich, wenn Sie sich ohne Zeitdruck um diese Fragen kümmern und organisatorische Vorbereitungen treffen können. Auch um später Streit unter den Angehörigen zu vermeiden, ist frühe Klarheit sinnvoll. Im Kapitel „Den Nachlass regeln" bekommen Sie ab S. 177 Tipps, was Sie beachten sollten, wenn Sie eine Immobilie innerhalb der Familie übertragen wollen. Hinweise zur Erbfolge und zu steuerlichen Aspekten finden Sie im selben Kapitel ab S. 169.

Stiftung Warentest | Was wollen Sie wissen?

Wir wollen auf Dauer weg aus Deutschland. Was müssen wir dabei beachten?

Sie planen einen entspannten Ruhestand in Spanien oder Thailand? Dieser Schritt bleibt nicht ohne Folgen – Sie müssen einige Vorkehrungen treffen, damit Sie die Zeit im sonnigen Süden voll und ganz genießen können und weiter finanziell auf der sicheren Seite sind. Fest steht aber: Ihre Rente können Sie ins Ausland gezahlt bekommen.

Nehmen Sie sich genügend Zeit, um zu prüfen, ob Sie es sich leisten können auszuwandern. Eine Checkliste, um sich einen Überblick über Ihre Finanzen zu verschaffen, finden Sie auf S. 31.

Wann sollte ich mich um was kümmern?

In der Checkliste „Den Übergang optimal gestalten" auf S. 15 bekommen Sie einen Überblick darüber, was ab dem 60. Geburtstag für Ihre Planung wichtig ist. An erster Stelle steht der Finanzcheck. Er ist Voraussetzung dafür, dass Sie bei den weiteren Schritten die richtigen Entscheidungen treffen können: Frührente ja oder nein? Kann ich es mir leisten, im Alter weiter Geld in riskante Investments zu stecken? Wie viel Geld bleibt, um meine Kinder finanziell zu unterstützen?

Außerdem sollten Sie spätestens einige Jahre vor Rentenbeginn Ihr Versicherungskonto bei der Deutschen Rentenversicherung klären lassen, um sicherzustellen, dass Ihnen alle Rentenansprüche gutgeschrieben werden, die Sie haben. Damit die Rente frühzeitig fließt, empfiehlt es sich, dass Sie die Rente spätestens ein Vierteljahr vor dem geplanten Beginn beantragen. Bei Ihren Planungen sollten Sie auch Themen wie Steuern und Versicherungen im Auge behalten.

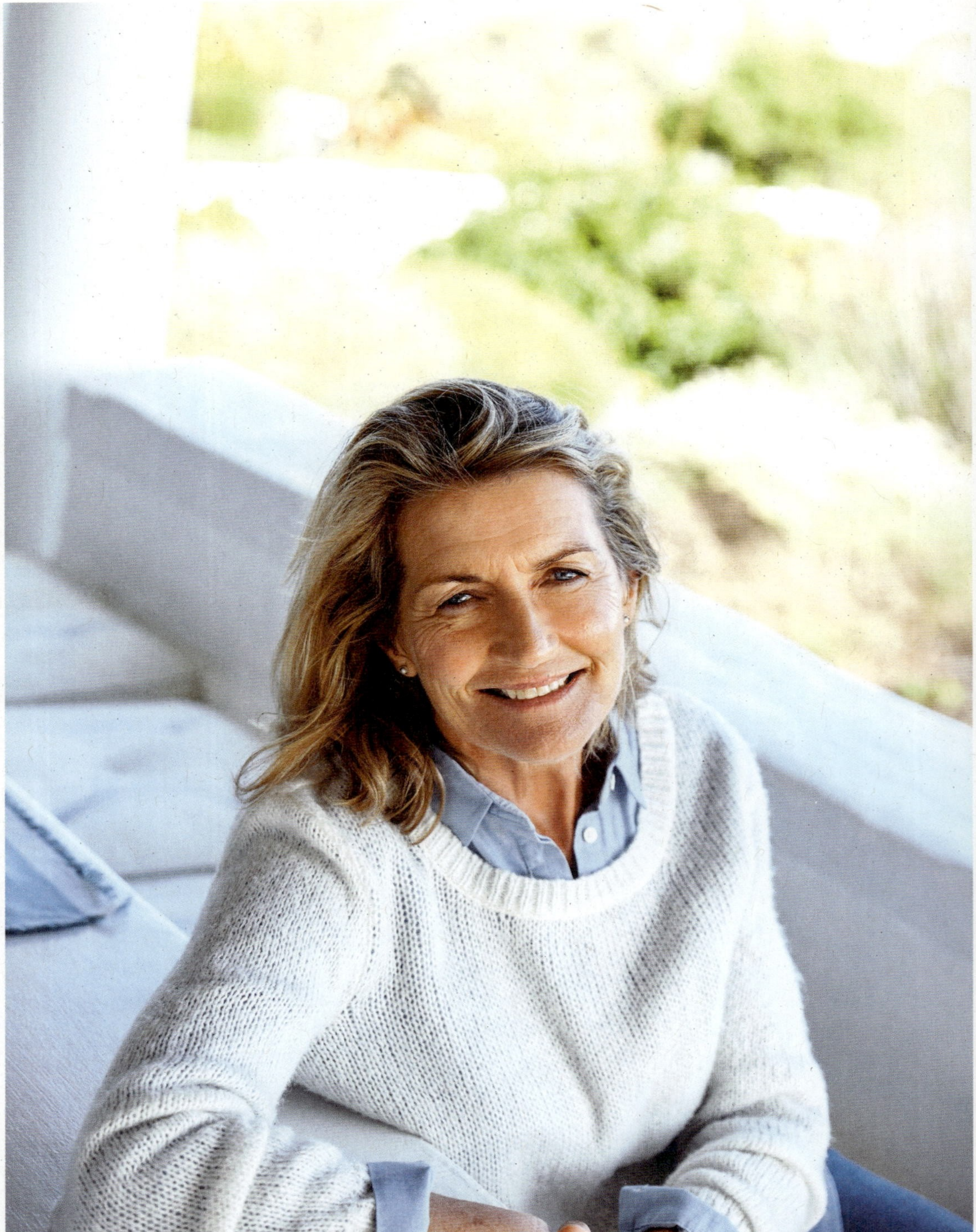

Genug Geld fürs gute Leben

Auch jetzt – kurz vor oder bereits im Ruhestand – haben Sie noch viele Möglichkeiten, Ihre finanzielle Situation mitzugestalten und zu verbessern. Es lohnt sich, wenn Sie sich frühzeitig einen Überblick zu Renten, Konten und Anträgen verschaffen.

Freuen Sie sich schon auf den Ruhestand? Vermutlich haben Sie sich einiges vorgenommen. Vielleicht mehr Zeit mit den Enkelkindern verbringen? Freunde treffen, für die bisher die Zeit gefehlt hat? Reisen? Ein neues Hobby? Oder liebäugeln Sie mit einem Ehrenamt oder einem Job neben der Rente?

Egal, ob Sie weiter berufstätig sein möchten oder nicht: Wichtig sind eine gute Planung und eine solide finanzielle Basis. Die meisten, die heute Anfang oder Mitte 60 sind, haben schon einiges für ihre finanzielle Sicherheit getan. Sie haben während des Berufslebens Beiträge an die gesetzliche Rentenversicherung gezahlt oder Pensionsansprüche erworben. Zusätzlich haben sie vielleicht Beiträge in private Vorsorgeverträge gesteckt, Geld bei der Bank angelegt, in Fonds investiert oder den Kredit für ihre Immobilie abgezahlt.

Damit ist die Basis gelegt, doch auch jetzt können Sie noch einiges bewegen: Nutzen Sie Ihre Spielräume, um den Übergang in den Ruhestand so zu gestalten, dass Sie das Beste für sich herausholen. Dabei hilft Ihnen dieses Buch. In den folgenden Kapiteln erfahren Sie zum Beispiel,

▶ wie Sie ein Finanzpolster für den Alltag flüssig machen und weiterhin erfolgreich investieren können („Ersparnisse nutzen – Geld neu anlegen", S. 51),

30 SEKUNDEN FAKTEN

21 MIO. Rentner gab es Mitte 2017. Die große Mehrzahl – etwa 18 Millionen – der gezahlten Renten sind Altersrenten.

968 € im Monat: So hoch war Mitte 2017 im Durchschnitt der Rentenbetrag, der nach Abzug der Beiträge zur gesetzlichen Kranken- und Pflegeversicherung ausgezahlt wurde.

1 MIO. Anträge auf die abschlagsfreie Frührente, bekannt geworden als „Rente mit 63", wurden seit ihrer Einführung im Sommer 2014 bis zum Frühjahr 2018 gestellt.

Quelle: Deutsche Rentenversicherung

▶ welche finanziellen Folgen Sie bei Ihrer Entscheidung über den Termin des Rentenbeginns einplanen sollten („Kann ich es mir leisten, früher in Rente zu gehen?", S. 29),

▶ was zu beachten ist, wenn Sie als Rentner einen Nebenjob annehmen wollen („Neben der Rente arbeiten", S. 79),

▶ wie Sie im Ruhestand Steuern sparen und Sozialabgaben senken können („Mehr Netto vom Brutto", S. 93),

▶ welchen Versicherungsschutz Sie aktualisieren sollten („Im Ruhestand gut versichert", S. 125) und

▶ wie Sie sich und Ihre Angehörigen für Ernstfälle wie Krankheit oder einen Todesfall rechtlich absichern können („So sorgen Sie rechtlich vor", S. 159).

Packen Sie es an!

In den Jahren vor dem Übergang vom Job in den Ruhestand und auch danach kommen einige Erledigungen auf Sie zu (siehe Checkliste „Den Übergang optimal gestalten", S. 15). Um manche kommen Sie nicht herum, anderes sollten Sie angehen, wenn Sie kein Geld verschenken möchten.

Sinnvoll ist es, wenn Sie sich Zeit für einen ausgiebigen Finanzcheck nehmen: Den Überblick zu Ihren (künftigen) Einnahmen und Ausgaben benötigen Sie, um zu klären, ob Sie – wie viele andere Berufstätige – vorzeitig in Rente gehen wollen (siehe „30 Sekunden Fakten" links). Denn auch wenn Sie vielleicht lieber heute als morgen Ihren Job

Checkliste

Den Übergang optimal gestalten

Wie viel Geld werde ich im Alter brauchen, und wie viel Geld werde ich tatsächlich zur Verfügung haben? Das sind entscheidende Fragen, mit denen Sie sich mit Anfang oder Mitte 60 beschäftigen. Neben dem Finanzcheck sollten Sie aber noch weitere Punkte auf Ihre persönliche To-do-Liste setzen, zum Beispiel:

Ab 60

Rentenkonto prüfen. Bei Lücken im Versicherungsverlauf Rentenkonto klären lassen.

Überlegungen zum Beginn des Ruhestands. Kommt die Frührente oder eine vorgezogene Pensionierung infrage?

Alternativen zur Frührente. Wollen oder können Sie nicht vorzeitig in Rente gehen, überlegen Sie, ob Sie zum Beispiel in Altersteilzeit gehen oder Arbeitszeit reduzieren wollen. Klären: Was sagt der Arbeitgeber?

Altersvorsorge anpassen. Besteht eine Rentenlücke? Welche Einnahmen werden Sie haben und welche Rücklagen sind da, um sie zu schließen, etwa mit freiwilligen Zahlungen an die Rentenkasse?

Rechtliche Vorsorge. Mit den Angehörigen über Vollmachten und über das Thema Betreuung für den Notfall sprechen.

Spätestens im Jahr vor dem (gewünschten) Rentenbeginn

Rentenberatung. Falls Sie vorzeitig in den Ruhestand gehen möchten, sollten Sie sich früh genug vor dem geplanten Rentenbeginn beim Rentenversicherer über Möglichkeiten der Frührente informieren.

Rentenkonto prüfen. Wenn noch nicht geschehen, Antrag auf Kontenklärung stellen.

Fristen beachten. Gesetzliche Rente mindestens drei Monate vor geplantem Rentenbeginn beantragen.

Zusätzliche Vorsorge. Arbeitgeber informieren über geplanten Rentenbeginn wegen Auszahlung der Betriebsrente; Anfragen privater Versicherer beantworten, etwa bei einer Kapitallebensversicherung; Auszahlung der Riester-Rente planen.

Nach Rentenbeginn

Versicherungscheck. Verträge, wenn nötig, an die neuen Lebensumstände anpassen.

Steuern. Prüfen (lassen), ob die Steuererklärung noch für Sie als Rentner oder Pensionär Pflicht ist.

Rechtliche Vorsorge. Dokumente wie Vorsorgevollmacht und Testament erstellen, bestehende Dokumente prüfen/aktualisieren.

an den Nagel hängen würden, sollten Sie prüfen, ob Sie sich den vorzeitigen Ruhestand leisten können und wollen.

Der Finanzcheck hilft Ihnen auch bei weiteren Entscheidungen: etwa, wenn Sie überlegen, wie viel Risiko Sie bei Ihrer weiteren Geldanlage eingehen können, welche Träume Sie sich noch erfüllen wollen oder ob Sie es sich leisten können, die eigene Immobilie vorzeitig an die Kinder zu verschenken.

Die gesetzliche Rente als Grundstein für Ihr Budget

Jeder bekommt seine ganz individuelle Rentenabrechnung. Für die Finanzplanung und die Entscheidung zum Absprung aus dem Job hilft es, die voraussichtlichen Ansprüche früh zu kennen.

Die gesetzliche Rente ist und bleibt für viele Menschen hierzulande die Basis für die Absicherung im Alter. Rund um die Rente hat es in der Vergangenheit zahlreiche Gesetzesänderungen gegeben. Wenn Ihr Rentenbeginn in absehbarer Zeit bevorsteht, werden Sie vermutlich vor allem zwei Änderungen der vergangenen Jahre beschäftigen: die stufenweise Anhebung des Renteneintrittsalters von 65 auf 67 Jahre und die Einführung der abschlagsfreien Frührente, bekannt geworden unter dem Namen „Rente mit 63".

Die erste Änderung, die Folgen für Sie hat: Je nach Geburtsjahr sieht der Gesetzgeber den regulären Rentenbeginn nicht mehr wie früher pünktlich nach dem 65. Geburtstag vor, sondern das Renteneintrittsalter steigt stufenweise an. Wenn Sie zum Beispiel 1953 geboren wurden, liegt die Altersgrenze bei 65 Jahren und sieben Monaten. Bei Geburtsjahr 1958 sind es 66 Jahre (siehe Tabelle „Altersgrenzen für die Rente", S. 25).

Sie können sich nicht vorstellen, so lange zu arbeiten?

Es gibt weiterhin Möglichkeiten, vorzeitig aus dem Berufsleben auszuscheiden. Dieser Schritt ist allerdings mit mehr oder weniger hohen Kosten verbunden. Am günstigsten ist im Regelfall die vor einigen Jahren eingeführte abschlagsfreie „Rente mit 63". Durch diese „Rente für besonders langjährig Versicherte" haben Berufstätige unter bestimmten Voraussetzungen die

Möglichkeit, vorzeitig in den Ruhestand zu gehen, ohne dass die Rentenkasse ihnen deshalb ihre Leistungen kürzt. Unter „Wann Sie in den Ruhestand gehen dürfen" stellen wir ab S. 24 ausführlich vor, unter welchen Voraussetzungen diese vorgezogene Rente für Sie infrage kommt und wann Sie tatsächlich starten können.

Andererseits ist natürlich längst nicht für alle Versicherten ein vorzeitiger Rentenbeginn erstrebenswert – es gibt genügend Berufstätige, die ihren Ruhestand gar nicht so früh antreten wollen und froh sind, möglichst lange im Betrieb zu bleiben, um weiter Geld zu verdienen oder weil ihnen ihr Beruf Spaß macht.

Für die Entscheidung, wann der Ruhestand beginnen soll, spielen also letztlich viele Faktoren eine Rolle – private wie finanzielle. Als Entscheidungshilfe gehen wir auf den folgenden Seiten auf die finanziellen Aspekte genauer ein und stellen unter anderem vor, welche Einbußen bei der monatlichen Rente je nach Entscheidung auf Sie zukommen. Vorab erfahren Sie, wie die Höhe Ihrer Rente überhaupt errechnet wird.

Eine Rechnung für sich

Wenn ermittelt wird, wie viel Altersrente Ihnen jeden Monat zusteht, sind vor allem zwei Faktoren entscheidend:
▶ zum einen, wie viel Sie während Ihres Erwerbslebens verdienen und wie viel Beiträge Sie dementsprechend in die Rentenversicherung einzahlen,
▶ zum anderen, zu welchem Zeitpunkt, also in welchem Alter, Sie Ihre erste Rente beziehen wollen.

Für Ihre persönliche Rentenrechnung werden aber nicht nur die Zeiten berücksichtigt, in denen Sie selbst als Angestellter – dann gemeinsam mit Ihrem Arbeitgeber – oder auch als Selbstständiger Beiträge leisten: Auch andere Lebensphasen wie Kindererziehungszeiten, Krankheitszeiten oder

---

Viele Mütter von mittlerweile erwachsenen Kindern sollen ab 2019 mehr Rente erhalten. Das ist eine der jüngeren Gesetzesänderungen zur Rente, auf die sich die Bundesregierung im Sommer 2018 geeinigt hat. Bisher werden Eltern, meist den Müttern, von vor 1992 geborenen Kindern zwei Jahre Erziehungszeit und damit bis zu zwei Entgeltpunkte pro Kind für ihr Rentenkonto gutgeschrieben. Ab 2019 sollen es 2,5 sein. Pro Kind bringt das ein Rentenplus von etwa 15 bis 16 Euro im Monat. Für ab 1992 geborene Kinder sind und bleiben es bis zu drei Punkte je Kind.

Phasen der Arbeitslosigkeit fließen in die Berechnung Ihrer Rentenhöhe mit ein.

Für jeden Versicherten ergibt sich letztlich eine ganz eigene Rechnung: Anhand der sogenannten Rentenformel ermittelt der Rentenversicherer individuell, wie viel Leistung Sie im Alter bekommen.

Die Rentenformel lautet:

> Entgeltpunkte
> x Zugangsfaktor
> x Rentenartfaktor
> x Aktueller Rentenwert
> **= Monatsrente**

Diese Formel lässt sich am besten verstehen, wenn man die Faktoren aufschlüsselt:

Die Entgeltpunkte

Jeder Versicherte erwirbt im Laufe seiner Erwerbstätigkeit sogenannte Entgeltpunkte – egal, ob er selbst Pflichtbeiträge oder freiwillige Beiträge an die Rentenversicherung zahlt oder ob es sich um Phasen ohne eigene Beitragszahlungen wie Kindererziehungszeiten handelt. Je mehr Entgeltpunkte er am Ende des Arbeitslebens gesammelt hat, desto höher fällt seine Rente aus.

Am einfachsten ist dies am Beispiel eines Angestellten nachzuvollziehen: Lebt er in den westlichen Bundesländern und verdient 2018 brutto das Durchschnittseinkommen aller Erwerbstätigen in Deutschland in Höhe von 37 873 Euro, haben er und sein Arbeitgeber 18,6 Prozent davon an die Rentenversicherung gezahlt: Das macht rund 7 044 Euro für das Jahr 2018. Die Rentenbeiträge bringen dem Erwerbstätigen einen Entgeltpunkt für sein Rentenkonto.

Verdient unser Angestellter 2018 exakt das Doppelte – 75 746 Euro –, kommt er auf zwei Entgeltpunkte für 2018. Wenn er hingegen 70 Prozent des Durchschnittseinkommens verdient – rund 26 500 Euro im Jahr –, werden ihm 0,7 Entgeltpunkte für 2018 auf seinem Rentenkonto gutgeschrieben.

Der Wert für das Durchschnittseinkommen 2018 ist allerdings momentan noch nicht endgültig. Er kann im Nachhinein etwas abweichen, wenn sämtliche Einkommensdaten ausgewertet sind.

Etwas anders sieht die Rechnung für einen Arbeitnehmer in den östlichen Bundesländern aus. Die in jedem Jahr anhand des Einkommens ermittelten Entgeltpunkte werden noch mit einem Umrechnungsfaktor multipliziert. Dieser Faktor liegt zum Beispiel im Jahr 2018 bei 1,1248. Mit diesem Zusatzfaktor, der jährlich neu festgelegt wird, soll der Nachteil ausgeglichen werden, der heute noch beim Lohnniveau zwischen Ost und West besteht.

Umgerechnet bedeutet das: Verdient ein Arbeitnehmer in Rostock oder Dresden 2018 die 37 873 Euro, bekommt er nicht einen Entgeltpunkt für sein Konto, sondern 1,1248. Ab 2025 soll es diesen West-/Ost-Unterschied aber nicht mehr geben.

Auch wenn Sie etwa als Selbstständiger nur freiwillige Beiträge in die Rentenkasse zahlen, sammeln Sie Punkte für Ihr Rentenkonto. Das gilt außerdem für Zeiten, in denen jemand anders die Beitragszahlungen für Sie übernimmt, zum Beispiel während des Wehrdienstes oder in einer Zeit, in der Sie Arbeitslosengeld I beziehen.

Der Zugangsfaktor

Im Zugangsfaktor schlägt sich nieder, ob Sie pünktlich – also bei Erreichen der vom Gesetzgeber vorgesehenen Grenze für die Altersrente – in den Ruhestand gehen oder früher oder später. Diese sogenannte Regelaltersgrenze liegt für die Versicherten je nach Geburtsjahr zwischen dem 65. und dem 67. Lebensjahr (siehe Tabelle „Altersgrenzen für die Rente", S. 25).

> **❝ Für jeden Monat des vorzeitigen Rentenbeginns werden meist 0,3 Prozent von der Rente abgezogen.**

Für alle Versicherten, die genau pünktlich in Rente gehen, liegt der Zugangsfaktor bei 1,0. Wer dagegen schon ein Jahr früher in Rente geht, muss häufig hinnehmen, dass der Zugangsfaktor nur bei 0,964 liegt. Der Grund: Für jeden Monat des vorzeitigen Rentenbeginns werden bei fast allen Altersrenten 0,3 Prozent von der Rente abgezogen.

Etwas anders sieht die Rechnung allerdings aus, wenn Sie die Voraussetzungen für die „abschlagsfreie" vorgezogene Rente erfüllen – die „Rente für besonders langjährig Versicherte". In dem Fall bleibt es auch bei frühzeitigem Rentenbeginn beim Zugangsfaktor 1.

Doch nicht nur ein vorzeitiger Rentenbeginn hat Auswirkungen auf den Zugangsfaktor, auch ein verspäteter macht sich bemerkbar. Geht ein Berufstätiger zum Beispiel erst genau ein Jahr später als vom Gesetzgeber vorgesehen in Rente, ergibt sich ein Zugangsfaktor von 1,06. Denn für jeden Monat über der Altersgrenze bekommt er einen Zuschlag von 0,5 Prozent auf seine Monatsrente.

Der Rentenartfaktor

Die Höhe des Rentenartfaktors hängt davon ab, um welche Art von Rente es sich handelt. Je mehr eine Rente zur Sicherung des Lebensunterhalts beitragen soll, desto höher ist der Faktor.

Für die Altersrente und die Rente wegen voller Erwerbsminderung liegt der Rentenartfaktor bei 1,0. Für die Rente bei teilweiser Erwerbsminderung beträgt der Faktor dagegen beispielsweise lediglich 0,5.

Der aktuelle Rentenwert

Das ist der finanzielle Gegenwert, den Rentner für jeden gesammelten Entgeltpunkt erhalten. Ist in den Medien von Rentensteigerungen die Rede, heißt das übersetzt, dass dieser aktuelle Rentenwert erhöht wird. Seit Mitte 2018 liegt der aktuelle Rentenwert bei

32,03 Euro in den westlichen und bei 30,69 Euro in den östlichen Bundesländern.

Daraus ergibt sich: Wenn ein 1953 geborener Mann zum 1. November 2018 pünktlich mit 65 Jahren und sieben Monaten in Rente gegangen ist und bis dahin 40 Entgeltpunkte gesammelt hat, erhält er nun in Bremen eine Altersrente von 1 281 Euro und in Görlitz knapp 1 228 Euro.

Die aktuellen Rentenwerte gelten in der Regel bis zum 30. Juni des folgenden Jahres.

Vorab informiert
Für Ihre persönliche Finanzplanung ist es wichtig, dass Sie nicht erst als Rentner, sondern bereits deutlich vorher wissen, wie hoch Ihre Rente etwa ausfallen wird. Daher erhalten Sie regelmäßig vom Rentenversicherer eine Übersicht zu Ihren Ansprüchen:

▶ **Die Renteninformation.** Der Rentenversicherungsträger schickt seinen Versicherten einmal im Jahr die sogenannte Renteninformation. Er teilt darin mit, welche Ansprüche sie bisher erworben haben und wie viel Altersrente es werden kann, wenn sie weiter so Beiträge zahlen wie in den vergangenen fünf Jahren. Außerdem rechnet er den Rentenanspruch hoch: Was kommt heraus, wenn es in jedem Jahr bis zum Ruhestandsbeginn Rentensteigerungen von 1 und von 2 Prozent gibt?

▶ **Die Rentenauskunft.** Ab dem 55. Lebensjahr erhalten Sie alle drei Jahre anstatt der Renteninformation die ausführlichere Rentenauskunft. Dort finden Sie unter anderem eine Übersicht über die auf Ihrem Versichertenkonto gespeicherten Versicherungszeiten (also neben Phasen der Erwerbstätigkeit zum Beispiel auch Angaben über Kindererziehungszeiten oder Krankheitsphasen). Sie erfahren außerdem, wie viele Entgeltpunkte Sie bisher erworben und welchen Gegenwert diese haben. Dazu informiert Sie der Rententräger, mit welchen Leistungen Sie nach derzeitigem Stand rechnen können, wenn Sie

---

✗ **Sie müssen einen Antrag** beim Rentenversicherer stellen, um eine gesetzliche Rente zu bekommen. Beachten Sie, dass zwischen Antrag und erster Zahlung einige Zeit vergeht, sodass Sie zum Beispiel Ihre Altersrente etwa drei Monate vor der gewünschten ersten Zahlung beantragen sollten, damit sie pünktlich fließt. Sie können den Antrag allein ausfüllen. Aber einfacher ist es, wenn Sie sich in einer Beratungsstelle Ihres Rententrägers helfen lassen („So kommen Sie an Ihr Geld", S. 38).

Gedankenspiele
Mit Mitte 50 erhalten Sie die Rentenauskunft. Viele fragen sich dann erstmals konkreter: Wie stelle ich mir den Absprung vor? Wann ist der richtige Zeitpunkt? Wie viel Geld werde ich bekommen?

keine weiteren Beiträge an die Rentenversicherung zahlen. Neben der Höhe Ihrer Altersrente, die Ihnen nach derzeitigem Stand bei Erreichen der Regelaltersgrenze zustehen würde, erfahren Sie, wie hoch eine Erwerbsminderungs- und eine Hinterbliebenenrente heute ausfallen würden.

Aus der Rentenauskunft wissen Sie also, was Sie bekommen, wenn Sie ab jetzt nichts mehr in die Rentenkasse zahlen. Mit diesem Wert können Sie erst einmal weiter kalkulieren: Vielleicht sind Sie knapp 63 Jahre alt, denken über die Frührente nach, schauen auf die erworbenen Ansprüche und überlegen, dass Sie mit dem genannten Betrag auf Dauer hinkommen müssten.

Bevor Sie sich endgültig für eine Frührente entscheiden, sollten Sie aber noch einmal genauer rechnen und sich beraten lassen: Bleibt es wirklich bei dieser Rentenhöhe oder müssen Sie je nach persönlicher Situation die Abschläge von 0,3 Prozent pro Monat einplanen? Wie viel Rente erhalten Sie dann tatsächlich?

→ **Kontenklärung beantragen**
Stellen Sie anhand der Rentenauskunft fest, dass es noch Lücken in Ihrem Versicherungskonto gibt, beantragen Sie beim Rententräger ein Kontenklärungsverfahren.

Aus eigener Kraft Rente erhöhen
Sie selbst können – auch noch kurz vor Rentenbeginn – dafür sorgen, dass es nicht bei der in den Daten der Rentenversicherung genannten voraussichtlichen Höhe der Leistung bleibt. Das ist möglich, wenn Sie zusätzliche Beiträge an die Rentenkasse zahlen, mehr als Sie aufgrund Ihres Verdienstes eigentlich müssten.

Im Regelfall kommt es für angestellt Beschäftigte zwar nicht infrage, freiwillig mehr einzuzahlen, doch unter bestimmten Voraussetzungen geht es eben doch. Denn Angestellte wie auch Selbstständige ab 50 können mit zusätzlichen Zahlungen die möglichen Abschläge ausgleichen, die ihnen häufig beim vorzeitigen Rentenbeginn drohen (siehe „Der Zugangsfaktor", S. 19). Beantragen Sie dafür beim Rentenversicherungsträger, dass er Ihnen ausrechnet, wie viel Sie einzahlen können oder müssen, um zum Beispiel die Abschläge für ein Jahr oder für zwei Jahre vorgezogenen Rentenbeginn auszugleichen.

Je nach Ihrer individuellen Situation auf dem Versicherungskonto kann sich eine Summe von einigen Zehntausend Euro ergeben. Eine solche Summe klingt zunächst abschreckend. Doch vielleicht haben Sie ein kleines Finanzpolster, etwa die Auszahlung aus einer Kapitallebensversicherung. Es kann sich lohnen, diese Summe in die gesetzliche Rente zu stecken, zumal sich deren Rendite gerade auch im Vergleich zu privaten Versicherungen oder einer Rürup-Rente sehen lassen kann. Ein weiterer Vorteil: Sie müssen nicht die komplette Summe zahlen, auch kleinere Beträge sind möglich. Und Sie können die Einzahlung splitten und auf mehrere Jahre verteilen. Pro Kalenderjahr sind zwei Einzahlungen erlaubt.

→ **Der Clou: Weiterarbeiten ist erlaubt**

Auch wenn Sie freiwillige Beiträge zahlen, um mögliche Rentenabschläge für eine Frührente auszugleichen: Sie sind nicht verpflichtet, tatsächlich vorzeitig in Rente zu gehen. Sie können weiterarbeiten, solange Sie wollen, und Ihre Rentenansprüche somit weiter erhöhen.

Wer kennt sich aus?

Sie sind unsicher, ob Ihre Rente stimmt und alle Zeiten auf Ihrem Rentenkonto richtig berücksichtigt wurden? Lassen Sie sich einen Termin in einer Beratungsstelle der Deutschen Rentenversicherung geben. Oder wenden Sie sich an einen freien Rentenberater, damit er den Bescheid überprüft. Experten finden Sie online unter rentenberater.de.

Der Rentenbescheid

Wenn Sie sich über den Zeitpunkt des Rentenbeginns klar sind und Ihre Rente beantragt haben, bekommen Sie Ihren Rentenbescheid, in dem schwarz auf weiß steht, wie hoch Ihre Rente ausfällt. Der Rentenbescheid listet Ihre sämtlichen Versicherungszeiten auf und nennt die diesen Zeiten zugewiesenen Entgeltpunkte.

Die Rente wird grundsätzlich zum Monatsende bezahlt und durch den Rentenservice der Deutschen Post angewiesen. Sind Sie gesetzlich kranken- und pflegeversichert, wird nicht die komplette Monatsrente überwiesen, sondern nur das, was nach Abzug der Sozialversicherungsbeiträge übrig bleibt. Nehmen Sie sich unbedingt die Zeit, den Bescheid zu kontrollieren (siehe Checkliste rechts). Sie haben einen Monat Zeit, dagegen Widerspruch einzulegen.

Checkliste

Rentenbescheid kontrollieren

In Rentenbescheide können sich Fehler einschleichen. Schauen Sie sich Ihren Bescheid deshalb – eventuell auch mithilfe eines Renten- oder Versichertenberaters – unter anderem auf diese Punkte hin an:

Zahlendreher. Wurden Ihre Einkommen und die Beitragszahlungen richtig berücksichtigt, oder stimmt die Höhe nicht? Nutzen Sie zum Beispiel die Sozialversicherungsbescheinigungen, die Sie von Ihrem Arbeitgeber jedes Jahr erhalten haben, um die Werte zu prüfen.

Beitragszeiten. Wurden alle Jobs angerechnet, zum Beispiel auch Nebenjobs während des Studiums oder Phasen, in denen Sie als Selbstständiger freiwillige Beiträge an die Rentenkasse gezahlt haben?

Ausbildung. Als ehemaliger Lehrling in einem Betrieb haben Sie Anspruch darauf, dass Ihre Ausbildungszeit besser bewertet wird: Sie bekommen für bis zu drei Jahre mehr Entgeltpunkte auf Ihrem Rentenkonto gutgeschrieben, als Ihnen allein aufgrund Ihres (niedrigen) Einkommens als Lehrling zustünden. Die Aufwertung steht Ihnen zu, bis Sie damals die letzte Prüfung bestanden hatten. Ist das berücksichtigt?

Krankheiten und Arbeitslosigkeit. Tauchen auch die Tage auf Ihrem Rentenbescheid auf, an denen Sie krank oder vorübergehend arbeitslos waren?

Scheidung. Vergleichen Sie, ob die Daten zu Ihrem Versorgungsausgleich richtig berücksichtigt wurden. Was genau beim Versorgungsausgleich passiert, zeigt der Kasten auf S. 43.

Umzug. Sind Sie (mehrmals) zwischen den alten und den neuen Bundesländern umgezogen? Dann sollten Sie prüfen, ob der Rentenversicherer für die Zeiten in den neuen Ländern immer den Umrechnungsfaktor berücksichtigt hat, der Ihnen hierfür zusteht.

Wann Sie in den Ruhestand gehen dürfen

In Rente mit 63 oder 67? Dazwischen ist vieles machbar. Ein früherer Beginn ist bei gesundheitlichen Problemen möglich.

Über viele Jahre hinweg galt die Grundregel: Mit 65 Jahren ist Schluss mit der Arbeit. Die Rede war dann von der sogenannten Regelaltersrente. Das ist die Rente, die die allermeisten Erwerbstätigen ohne Probleme bekommen können. Denn wenn Sie mindestens fünf Versicherungsjahre in der gesetzlichen Rentenversicherung nachweisen, haben Sie Anspruch auf diese Rente. Seit 2012 steigt aber das Eintrittsalter für diese Regelaltersrente stufenweise an – je nach Geburtsjahr ist per Gesetz ein Beginn zwischen dem 65. und 67. Lebensjahr vorgesehen (siehe Tabelle „Altersgrenzen für die Rente" rechts).

Demnach dürfen zum Beispiel Versicherte, die zum Geburtsjahrgang 1955 gehören, frühestens mit 65 Jahren und neun Monaten ihre erste Altersrente beziehen. Versicherte, die 1964 oder später geboren wurden, haben erst mit 67 Jahren Anspruch auf die Regelaltersrente.

Unter bestimmten Voraussetzungen dürfen Versicherte aber schon früher gehen. Allerdings hat das mindestens einen, häufig sogar zwei Nachteile, die die Monatsrente deutlich nach unten drücken:

Zum einen fallen die Rentenansprüche grundsätzlich etwas niedriger aus. Denn die Rentenhöhe hängt ja entscheidend davon ab, wie viel Beiträge jemand im Laufe des Arbeitslebens zahlt. Wer nicht bis zur vorgesehenen Altersgrenze arbeitet, zahlt nicht so lange in die Rentenkasse ein und überweist somit insgesamt weniger als bei „pünktlichem" Rentenbeginn möglich wäre.

Dazu kommen für viele Frührentner Abschläge: Wie wir gesehen haben, darf die Rentenversicherung den ohnehin niedrigeren Rentenanspruch unter Umständen weiter kürzen – um 0,3 Prozent für jeden Monat der vorgezogenen Rentenzahlung. Will etwa eine Frau, die knapp 40 Jahre in die Rentenkasse eingezahlt hat, zwei Jahre zu früh in Rente gehen, bleiben von 1 100 Euro Monatsrente nur noch 1 020,80 Euro – sie verliert knapp 80 Euro im Monat.

Diese Kürzung der Leistungen droht Frührentnern fast immer – nur wenn Sie die Bedingungen für die 2014 eingeführte abschlagsfreie Frührente, die „Rente für besonders langjährig Versicherte" erfüllen, können Sie ohne die Kürzungen vorzeitig in Rente gehen.

Stiftung Warentest | Genug Geld fürs gute Leben

Altersgrenzen für die Rente

Die Regelaltersrente gibt es in Zukunft erst mit 67 Jahren. Erwerbstätige, die zwar keine 45, aber mindestens 35 Versichertenjahre nachweisen, können als langjährig Versicherte weiter mit 63 in Rente gehen. Dafür wird ihre Rente aber auf Dauer gekürzt. Wie viel sie von ihren Ansprüchen verlieren, hängt vom Geburtsjahr ab.

Geburtsjahr	Regelaltersrente[1]: vorgesehener Rentenbeginn im Alter von	Rente für langjährig Versicherte[1]: Rentenabschlag (in Prozent) bei Rentenbeginn zum 63. Geburtstag
1952	65 Jahren + 6 Monaten	9,0
1953	65 Jahren + 7 Monaten	9,3
1954	65 Jahren + 8 Monaten	9,6
1955	65 Jahren + 9 Monaten	9,9
1956	65 Jahren + 10 Monaten	10,2
1957	65 Jahren + 11 Monaten	10,5
1958	66 Jahren	10,8
1959	66 Jahren + 2 Monaten	11,4
1960	66 Jahren + 4 Monaten	12,0
1961	66 Jahren + 6 Monaten	12,6
1962	66 Jahren + 8 Monaten	13,2
1963	66 Jahren + 10 Monaten	13,8
ab 1964	67 Jahren	14,4

1) Es gibt Ausnahmen, zum Beispiel können Sie je nach Geburtsjahr und wenn Sie vor 2007 mit Ihrem Arbeitgeber Altersteilzeit vereinbart haben, die Regelaltersrente weiter mit 65 Jahren beziehen und die Rente für langjährig Versicherte im Alter von 65 Jahren ohne Abschläge.

Vorzeitig in Rente ohne Abschläge

Nur Versicherte, die mindestens 45 Jahre an Rentenversicherungszeiten vorweisen, können die abschlagsfreie „Altersrente für besonders langjährig Versicherte" bekommen. Anders als noch bei der Einführung dieser Rente im Jahr 2014 können die Zahlungen heute nicht mehr pünktlich gleich nach dem 63. Geburtstag starten: Wer zum Beispiel im März 1956 geboren wurde, kann erst im Alter von 63 Jahren und acht Monaten abschlagsfrei in Rente gehen. Das erste Geld würde er im Dezember 2019 erhalten.

Geburtsjahr	Altersgrenze
bis 1952	63 Jahre
1953	63 Jahre und 2 Monate
1954	63 Jahre und 4 Monate
1955	63 Jahre und 6 Monate
1956	63 Jahre und 8 Monate
1957	63 Jahre und 10 Monate
1958	64 Jahre
1959	64 Jahre und 2 Monate
1960	64 Jahre und 4 Monate
1961	64 Jahre und 6 Monate
1962	64 Jahre und 8 Monate
1963	64 Jahre und 10 Monate
ab 1964	65 Jahre

Quelle: Deutsche Rentenversicherung

Folgende Formen eines vorgezogenen Rentenbeginns sind möglich:

- **Vorzeitig gehen ohne Abschläge.** Wer mindestens 45 Jahre rentenversichert war, kann die Altersrente für besonders langjährig Versicherte beziehen. Je nach Geburtsjahr ist ein Rentenbeginn zwischen dem 63. und dem 65. Lebensjahr möglich. Wer zum Beispiel 1955 geboren wurde, darf im Alter von 63 Jahren und sechs Monaten vorzeitig in Rente gehen, ohne dass ihm deshalb die monatlichen Leistungen gekürzt werden (siehe Tabelle links). Für die Mindestversicherungszeit, auch Wartezeit genannt, zählen bei diesem Modell unter anderem Zeiten, in denen Versicherte Pflichtbeiträge geleistet haben – also etwa als angestellt Beschäftigte. Auch Kindererziehungs- und Kinderberücksichtigungszeiten gehören dazu. Arbeitslosigkeit zählt dagegen nur, sofern der Versicherte Arbeitslosengeld I bezogen hat. Und auch diese Zeiten sind in der Regel außen vor, wenn die Arbeitslosigkeit in den letzten zwei Jahren vor Rentenbeginn lag.
- **Vorzeitig gehen mit Abschlägen.** Erwerbstätige, die keine 45 Jahre Versicherungszeit nachweisen, aber immerhin 35 Jahre, können eine Altersrente für langjährig Versicherte beantragen. Während die Altersgrenze für die oben genannte abschlagsfreie Rente je nach Geburtsjahr stufenweise auf bis zu 65 steigt, bleibt es hier unabhängig vom Geburtsjahr möglich, mit 63 zu gehen. Die Vorgaben für die geforderte Wartezeit sind weniger streng – es zählen zum Beispiel alle Phasen der Arbeitslosigkeit, also beispielsweise auch Zeiten mit Bezug von Hartz-IV-Leistungen. Der Haken: Soll die erste Rente vorzeitig fließen, zieht der Rentenversicherer je nach Geburtsjahr des Versicherten bis zu 14,4 Prozent von den Ansprüchen ab (siehe Tabelle S. 25).
- **Aus gesundheitlichen Gründen.** Versicherte mit einem Grad der Behinderung von mindestens 50 dürfen schon deutlich vor dem 63. Geburtstag in Rente gehen, wenn sie eine Wartezeit von mindestens 35 Jahren vorweisen. Dann ist je nach Geburtsjahr ein Rentenbeginn zwischen dem 60. und dem 62. Lebensjahr möglich. Aber auch sie müssen Rentenabschläge in Kauf nehmen, wenn sie in den Ruhestand gehen. Ihre bis dahin erworbenen Leistungsansprüche werden um bis zu 10,8 Prozent gekürzt.

→ **Noch früher in Rente?**

Lässt die Gesundheit keine oder kaum noch Arbeit zu, kann auch deutlich vor dem 60. Geburtstag eine Rente fließen – dann jedoch nicht als Alters-, sondern als Erwerbsminderungsrente. Diese wird später in eine Altersrente umgewandelt.

Die Altersrenten im Überblick

Auch wenn der Gesetzgeber ein Renteneintrittsalter zwischen 65 und 67 vorsieht: Unter bestimmten Voraussetzungen können Sie vorzeitig in den Ruhestand gehen. Welche Rentenart unter welchen Bedingungen infrage kommt, zeigt die Tabelle.

Art der Rente	Altersgrenze [1]	Mindestwartezeit	Diese Zeiten zählen für die Wartezeit
Regelaltersrente	Sie wird seit 2012 stufenweise von 65 auf 67 Jahre angehoben.	5 Jahre	Beitrags- und Ersatzzeiten, Zeiten aus Minijobs, aus Versorgungsausgleich oder Rentensplitting
Altersrente für besonders langjährig Versicherte (bekannt geworden als „Rente mit 63")	63 Jahre. Ab Geburtsjahrgang 1953 wird sie stufenweise auf 65 Jahre angehoben.	45 Jahre	Unter anderem Pflichtbeitragszeiten für eine versicherte Beschäftigung, Zeiten mit freiwilligen Beiträgen (wenn mindestens 18 Jahre Pflichtbeiträge vorliegen), Zeiten des Bezugs von Arbeitslosengeld I, Pflege- und Kindererziehungs- bzw. -berücksichtigungszeiten
Altersrente für langjährig Versicherte	Rentenbeginn möglich ab 63 Jahren, jedoch mit Abschlägen für vorzeitigen Beginn.	35 Jahre	Beitrags- und Ersatzzeiten, Zeiten aus Minijobs, Versorgungsausgleich oder Rentensplitting, auch Anrechnungs- und Berücksichtigungszeiten
Altersrente für schwerbehinderte Menschen [2]	Wird seit 2012 stufenweise von 63 auf 65 Jahre angehoben (betrifft alle ab Jahrgang 1952). Früherer Rentenbeginn nach Geburtsjahr zwischen 60. und 62. Lebensjahr möglich.	35 Jahre	Beitrags- und Ersatzzeiten, Zeiten aus Minijobs, Versorgungsausgleich oder Rentensplitting, auch Anrechnungs- und Berücksichtigungszeiten

1) Ausnahmen möglich für entlassene Mitarbeiter im Bergbau und bei frühzeitig vereinbarter Altersteilzeit.
2) Grad der Behinderung von mindestens 50. Bei Versicherten bis Jahrgang 1950 reicht der Nachweis der Berufs- oder Erwerbsunfähigkeit nach dem bis 31. Dezember 2000 geltenden Recht.
Quelle: Deutsche Rentenversicherung Bund

Kann ich es mir leisten, früher in Rente zu gehen?

Sie erfüllen die Voraussetzungen, um vorzeitig in den Ruhestand zu gehen, und Sie wollen es auch? Bleibt zu klären: Haben Sie die finanziellen Mittel dafür?

Wählen Sie den Vorruhestand, sollten Sie vorab überlegen, ob Sie damit klarkommen, dass Sie während Ihrer gesamte Rentendauer weniger Einkommen haben, als wenn Sie länger arbeiten würden. Das zeigt das folgende Beispiel von Zwillingsbrüdern. Für den besseren Vergleich gehen wir davon aus, dass sie gleich gut verdienen: **Beispiel:** Hans und Ulrich aus Bonn wurden am 15. Januar 1956 geboren. Sie haben zuletzt überdurchschnittlich verdient und beide pro Jahr je 1,4 Entgeltpunkte für ihr Rentenkonto gesammelt. Anspruch auf die Regelaltersrente haben sie im Alter von 65 Jahren und zehn Monaten. Demnach können sie ab dem 1. Dezember 2021 ihre Regelaltersrente beziehen. Verdienen sie weiter so wie bisher, werden sie dann voraussichtlich auf 58 Entgeltpunkte kommen. Daraus ergibt sich nach derzeitigem Stand eine Monatsrente von knapp 1 860 Euro:

▶ **45 Versicherungsjahre.** Angenommen, Hans hat nach dem Schulabschluss durchgängig gearbeitet und kommt auf 45 Versicherungsjahre. Will er vorzeitig in Rente gehen, kommen für ihn gleich zwei Rentenarten infrage, die Frührente mit und die ohne Abschläge. Hans wählt die Rente ohne Abschläge – also die „Rente mit 63": Er kann ab Oktober 2019 mit 63 Jahren und acht Monaten die erste Rente beziehen. Auch wenn er keine Abschläge fürchten muss, hat er leichte finanzielle Einbußen: Er hört zwei Jahre und zwei Monate vor dem vorgesehenen Rentenbeginn auf, Rentenbeiträge zu zahlen. Er sammelt damit etwa 2,967 Entgeltpunkte weniger, als wenn er durchgearbeitet und wie zuletzt pro Jahr 1,4 Punkte gesammelt hätte. Statt auf 58 Entgeltpunkte kommt er nur auf gut 55 Punkte. Das bringt ihm nach derzeitigem Stand eine Monatsrente von knapp 1762 Euro. Die fehlenden knapp drei Entgeltpunkte bedeuten derzeit ein Minus von rund 96 Euro Rente im Monat.

▶ **Weniger als 45 Versicherungsjahre.** Sein Bruder Ulrich ist nach der Schule längere Zeit im Ausland gewesen und hat studiert. Er kommt lediglich auf knapp 40 Versicherungsjahre. Die abschlagsfreie Frührente kommt damit für ihn nicht infrage, doch er kann ab Februar 2019 – pünktlich im Monat nach seinem 63. Geburtstag – eine Frührente mit Abschlägen beziehen. Dann werden ihm aber für jeden Monat des vorgezogenen Rentenbeginns 0,3 Prozent vom Rentenanspruch abgezogen. Ulrich entscheidet sich trotzdem dafür. Seine Rentenrechnung: Er geht zwei Jahre und zehn Monate früher als vorgesehen in Rente. Allein deshalb sammelt er rund 4 Punkte weniger für sein Rentenkonto als bei pünktlichem Rentenbeginn. Zu seinem 63. Geburtstag hat er etwa 54 Punkte auf dem Konto. Außerdem wird ihm die Rentenkasse für die 34 Monate des vorzeitigen Rentenbeginns noch einmal 10,2 Prozent (34 x 0,3) abziehen. Letztlich ergibt sich eine Monatsrente von etwa 1553 Euro.

Fazit: Auch wer ohne Abschläge in Frührente gehen kann, erhält monatlich weniger Rente, als bei pünktlichem Rentenbeginn möglich gewesen wäre. Im Fall von Hans ergibt sich ein Minus von knapp 100 Euro im Monat. Sein Bruder Ulrich steht allerdings weitaus schlechter da, da er nur die Frührente mit Abschlägen wählen kann. Geht er pünktlich mit 63 Jahren in Rente, hat er rund 300 Euro weniger, als bei pünktlichem Rentenbeginn möglich gewesen wäre. Und seine Rente fällt um mehr als 200 Euro niedriger aus als die seines Bruders.

Einnahmen versus Ausgaben

Das Beispiel zeigt: Es lohnt sich, wenn Sie sich genau ausrechnen, welche Rente Ihnen zu welchem Zeitpunkt zusteht. Muss es wirklich der Rentenbeginn so früh wie möglich sein, also zum Beispiel kurz nach dem 63. Geburtstag? Oder können Sie sich vorstellen, noch ein wenig länger zu arbeiten, um doch die Voraussetzungen für eine abschlagsfreie Rente zu erfüllen? Bei Ihrer persönlichen Planung helfen die Checklisten „Womit Sie im Ruhestand rechnen müssen" rechts sowie „Kann ich mir die Frührente leisten?" auf S. 33.

Finanztest geht in seinen Berechnungen zum Finanzbedarf im Ruhestand davon aus, dass Ihnen dann mindestens 80 Prozent Ihres Einkommens aus dem Erwerbsleben zur Verfügung stehen sollten. Darauf basieren beispielsweise die Berechnungen zur Schließung der Rentenlücke: Wie viel Geld muss ein Erwerbstätiger heute noch anlegen, um im Ruhestand in etwa diese 80 Prozent des bisherigen Einkommens zu erlangen?

Ihr Vorteil: Je näher der Ruhestand rückt, desto einfacher wird es, Ihren Geldbedarf genauer zu schätzen. Dann haben Sie zum Beispiel schon eine Idee davon, ob Sie etwa in näherer Zukunft in eine kleinere, günstigere Wohnung umziehen werden. Oder Sie können abschätzen, wie viel Sie durch den Wegfall des Zweitwagens an regelmäßigen Ausgaben sparen. Auch werden die Informationen zu den Einnahmen, die Sie künftig bekommen, immer verlässlicher.

Stiftung Warentest | Genug Geld fürs gute Leben

> Checkliste

Womit Sie im Ruhestand rechnen müssen

Der Geldbeutel wird entlastet, wenn ...

- **Sie Kredite abgezahlt haben** – zum Beispiel für eine Eigentumswohnung.
- **Sie in eine kleinere Wohnung umziehen**, weil Ihre Kinder aus dem Haus sind.
- **Ihre Kinder** ihre Berufs- oder Hochschulausbildung abgeschlossen haben und finanziell auf eigenen Füßen stehen.
- **Sie den Zweitwagen abschaffen** können oder überhaupt kein Auto mehr benötigen.
- **die Ausgaben** für die tägliche Fahrt zur Arbeit entfallen.
- **Sie keine Ausgaben** für Arbeitskleidung mehr haben.
- **bestimmte Versicherungen** nicht mehr nötig sind, zum Beispiel eine Berufsunfähigkeitsversicherung.
- **Sie gesetzlich krankenversichert** sind und der Krankenkassenbeitrag niedriger wird, weil auch das beitragspflichtige Einkommen (Rente) geringer ist als früher.
- **Sie Geld** oder Immobilien erben.
- **langfristige Kapitalanlagen** frei werden oder die Leistung aus der Lebens- oder Rentenversicherung fällig wird.

Zusätzlicher Geldbedarf entsteht, wenn Sie ...

- **Ihre Wohnung** oder Ihr Haus alten- oder behindertengerecht umbauen oder Sie in eine entsprechende Wohnung umziehen müssen.
- **eine Haushaltshilfe** oder professionelle Pflegekräfte benötigen. Die Leistungen der Pflegeversicherung decken nur einen Teil der dafür anfallenden Kosten.
- **mehr Gesundheitsleistungen** (Medikamente, Physiotherapie, zusätzliche Untersuchungen) in Anspruch nehmen, als Ihre Krankenversicherung bezahlt.
- **Handwerker brauchen** für Arbeiten, die Sie in jüngeren Jahren selbst erledigen konnten.
- **Ihre Enkelkinder** finanziell unterstützen wollen oder müssen, zum Beispiel, bis sie ihre Ausbildung abgeschlossen haben.
- **im Ruhestand mehr Reisen**, vor allem Fernreisen, unternehmen möchten.
- **zu Beginn des Ruhestands** eine teure Anschaffung machen wollen.
- **verstärkt kostspieligen Hobbys** nachgehen mögen.

→ Rechnen Sie selbst

Die Stiftung Warentest bietet im Internet zwei kostenlose Rechner für Ihre weitere Finanzplanung, zu finden unter test.de/rentenluecke und test.de/finanzbedarf. Beachten Sie: Auch wenn es nur noch wenige Jahre bis zum Jobausstieg sind, denken Sie bei Ihren Berechnungen an die Inflation. Die Preissteigerungen sorgen dafür, dass Sie sich – auch innerhalb weniger Jahre – von Ihren Renten, Pensionen oder anderen Ersparnissen nicht mehr so viel werden leisten können, wie dies heute möglich ist.

Wer kennt sich aus?

Wie viel Rente werde ich haben und was bleibt mir, wenn ich früher in den Ruhestand gehe? Lassen Sie sich in einer Beratungsstelle der Deutschen Rentenversicherung ausrechnen, mit welchem Minus Sie als Frührentner rechnen müssen, und klären Sie, mit welchen freiwilligen Einzahlungen Sie dieses Minus ausgleichen können. Einen Termin können Sie telefonisch über die kostenlose Servicehotline 0 800 / 1000 4800 vereinbaren.

Mehr sichere Einnahmen möglich?
In Ihre Überlegungen, welcher Rentenbeginn finanzierbar ist, sollten Sie außerdem einbeziehen, ob Sie Möglichkeiten und auch die finanziellen Mittel haben, um sich weitere verlässliche Einnahmen zu sichern: Was, wenn beispielsweise Ulrich aus unserem Beispiel geerbt und damit eine größere Summe zur Verfügung hat?

Dann könnte er sich von der Rentenkasse ausrechnen lassen, wie viel er aus freien Stücken einzahlen müsste, um die Abschläge auszugleichen, die für den Rentenbeginn pünktlich mit 63 fällig werden. Alternativ kann er sich zum Beispiel bei privaten Versicherern nach Angeboten für eine Sofortrente erkundigen. Diese Angebote haben jedoch in den vergangenen Jahren deutlich an Attraktivität verloren. Oder er überlegt, wie er sich aus seinem Finanzpolster mithilfe von Fondsinvestments eine „Zusatzrente" bastelt (siehe „Ersparnisse nutzen – Geld neu anlegen", S. 51).

Für manche Personengruppen lohnt es sich besonders, über Extra-Zahlungen an die gesetzliche Rentenversicherung nachzudenken, anstatt das Geld etwa in eine Privatrente zu stecken. Davon können zum Beispiel Beamte, Hausfrauen oder auch Mitglieder von berufsständischen Versorgungswerken profitieren, wenn sie sich durch die freiwilligen Beiträge überhaupt erst einen Rentenanspruch sichern (siehe „Gesetzliche Rente als Chance", S. 47, und „Günstige Krankenversicherung sichern", S. 102).

> Checkliste

Kann ich mir die Frührente leisten?

So sehr Sie sich vielleicht mehr Freizeit oder weniger Stress wünschen: Kalkulieren Sie vorab, wie Sie finanziell dastehen, wenn Ihre Rente niedriger ausfällt, als es bei einem späteren Ausstieg aus dem Job möglich wäre. Das Minus wird Sie auf Dauer begleiten.

Finanzbedarf. Machen Sie frühzeitig Kassensturz und rechnen Sie sich aus, welche Einnahmen Sie im Alter benötigen, um Ihren (gewünschten) Lebensstandard bestreiten zu können. Welche regelmäßigen Ausgaben kommen weiterhin auf Sie zu und wo gibt es Veränderungen – etwa bei der Wohnsituation? Planen Sie auch Notfälle ein, etwa eine kurzfristige Autoreparatur.

Regelmäßige Einnahmen. Kommen Sie mit der (gekürzten) Frührente und Ihren sonstigen sicheren Einnahmen aus, um Ihren Finanzbedarf zu decken? Rechnen Sie mit den Netto-Werten – also den Summen, die Ihnen nach Abzug von Steuern und vor allem Sozialabgaben übrig bleiben. Prüfen Sie die Möglichkeiten, sich mehr sichere, regelmäßige Einnahmen zu verschaffen – etwa durch eine private Rente oder durch eine freiwillige Zahlung an die Rentenkasse.

Ersparnisse. Gibt es weitere finanzielle Mittel, auf die Sie vielleicht nicht direkt, aber in absehbarer Zeit und bei Notfällen zugreifen können? Prüfen Sie, wann Sie an dieses Geld heran können, und verteilen Sie es wenn nötig und möglich um, etwa auf ein Tagesgeldkonto, sodass Sie zumindest auf einen Teil kurzfristig zugreifen können.

Neue Einkommensquellen. Falls das Geld so nicht reicht: Können Sie sich weitere Einnahmen verschaffen – zum Beispiel mit einem Nebenjob die Rente aufbessern? Mehr dazu ab S. 79.

Alternativen. Muss es unbedingt die Frührente sein? Überlegen Sie, ob es Alternativen gibt – zum Beispiel erst einmal Arbeitsstunden zu reduzieren. Dann sind die Folgen für die Rentenhöhe nicht so groß.

Schutz bei Krankheit und für Hinterbliebene

Die gesetzliche Rentenversicherung bietet mehr als „nur" die Altersrenten. Renten bei Erwerbsminderung und für Hinterbliebene bringen zusätzliche Sicherheit.

Zugegeben: Die Zahlungen, die aus der gesetzlichen Rentenversicherung bei Erwerbsminderung oder beim Tod des Ehepartners oder Elternteils fließen, sind meist eher klein. So erhielten die Rentner, die 2017 erstmals eine Rente wegen verminderter Erwerbsfähigkeit bezogen, im Schnitt nach Abzug der Sozialabgaben 716 Euro im Monat ausgezahlt. Die neu hinzugekommenen Witwenrentner erhielten durchschnittlich 561 Euro monatlich. Das ist zwar nicht viel, aber besser als nichts.

Die Erwerbsminderungsrenten sind für manch einen die einzige Chance auf sichere Einnahmen im Krankheitsfall – wenn sie sich zum Beispiel keine private Berufsunfähigkeitsversicherung leisten konnten oder wegen Vorerkrankungen einen solchen Schutz für den krankheitsbedingten Ausstieg aus dem Berufsleben gar nicht erst bekommen haben.

Ähnliches gilt für die Witwen- oder Witwerrente: Sie ist oft gering, kann aber zumindest in der Anfangszeit Luft verschaffen, um in Ruhe zu planen, wie es nach dem Tod des Partners finanziell weitergehen soll.

Erwerbsminderungsrenten: Wenn Arbeiten nicht mehr geht

Es kann so schnell passieren: Ein schwerer Unfall oder ein erneuter Bandscheibenvorfall – und ein Beschäftigter ist nicht mehr in der Lage, seinem Beruf nachzugehen. Am häufigsten sind es nach Angaben der Deutschen Rentenversicherung psychische Erkrankungen, die zum vorzeitigen Ausscheiden aus dem Berufsleben führen.

Wenn bestimmte Voraussetzungen erfüllt sind, springt der gesetzliche Rentenversicherer mit einer Rentenzahlung ein. Die Renten wegen verminderter Erwerbsfähigkeit können Versicherte bis zu dem Zeitpunkt bekommen, an dem sie die Altersgrenze für die Regelaltersrente erreichen. Anschließend erhalten sie ganz automatisch ihre Altersrente. Die Erwerbsminderungsrente kann auch schon früher in eine Altersrente umgewandelt werden. Das muss der Versicherte allerdings beantragen.

Grundsätzlich gilt, dass die Renten, die bei verminderter Erwerbsfähigkeit gezahlt werden, in der Regel zunächst einmal auf drei Jahre befristet sind. Es könnte ja sein,

Stiftung Warentest | Genug Geld fürs gute Leben

dass der Versicherte sich wieder erholt und arbeiten kann. Ehe die Rente auf Dauer fließt, wird die Befristung meist zweimal wiederholt. Nur in Ausnahmefällen fließt sie gleich dauerhaft.

Je nach Alter und je nachdem, wie gravierend Ihre gesundheitlichen Probleme und die damit verbundenen beruflichen Einschränkungen sind, können Sie folgende Renten bekommen:

- **Rente wegen voller Erwerbsminderung.** Sie erhalten sie, wenn Sie aus gesundheitlichen Gründen höchstens drei Stunden am Tag einer Erwerbstätigkeit nachgehen können.
- **Rente wegen teilweiser Erwerbsminderung bei Berufsunfähigkeit.** Sie sind vor dem 2. Januar 1961 geboren und aus gesundheitlichen Gründen nicht mehr in der Lage, für sechs Stunden täglich in Ihrem Hauptberuf oder einem zumutbaren vergleichbaren Beruf zu arbeiten. Auch wenn Sie noch einer anderen Tätigkeit nachgehen könnten, reicht es für den Rentenanspruch bereits aus, dass die Fähigkeiten für den erlernten oder einen mehr als zehn Jahre ausgeübten Beruf eingeschränkt sind.
- **„Alte" Berufsunfähigkeitsrente.** Diese Rente können Sie heute nicht mehr neu bekommen. Denn die „alte" Berufsunfähigkeitsrente wurde höchstens bis zum 31. Dezember 2000 nach den damals geltenden gesetzlichen Regelungen bewilligt. Alle, die diese Rente heute noch beziehen, müssen sie also vor dem Jahreswechsel 2000/2001 bereits zugesprochen bekommen haben. Der Hintergrund: Damals gab es eine entscheidende Gesetzesänderung bei der Absicherung von Berufs- und Erwerbsunfähigkeit.

Wenn Sie derzeit Anfang bis Mitte 60 sind, stehen Sie deutlich besser da als jüngere Versicherte: Sie gehören zu den Jahrgängen, die 2001 bei der großen Reform der Erwerbsminderungsrenten nicht so getroffen wurden wie Jüngere. Anders als alle, die ab dem 2. Januar 1961 geboren wurden, können Sie Anspruch auf eine Rente wegen teilweiser Erwerbsminderung bei Berufsunfähigkeit haben. Das bedeutet: Sind Sie nicht mehr in der Lage, sechs Stunden täglich in Ihrem Hauptberuf oder einem zumutbaren vergleichbaren Beruf zu arbeiten, haben Sie einen Rentenanspruch.

Für jüngere Versicherte sind die Bedingungen deutlich schlechter. Sie können nur dann eine Rente wegen teilweiser Erwerbsminderung bekommen, wenn sie aus gesundheitlichen Gründen in der Lage sind, zwar für mehr als drei, aber für weniger als sechs Stunden irgendeiner beruflichen Tätigkeit nachzugehen. Von ihnen kann somit verlangt werden, dass sie zum Beispiel als Nachtportier arbeiten, wenn ihr Beruf als Tischler nicht mehr infrage kommt.

Ältere Versicherte können die Rente wegen teilweiser Erwerbsminderung bei Be-

> ℹ️ **Bevor der Rentenversicherer** eine Rente wegen Erwerbsminderung zahlt, prüft er, ob der Versicherte mithilfe einer Rehabilitationsmaßnahme seine Erwerbsfähigkeit wiedererlangen oder ob diese zumindest verbessert werden kann. Ist zum Beispiel nach schwerer Erkrankung ein Aufenthalt in einer Kurklinik ratsam, übernimmt der Rentenversicherer im Regelfall für bis zu drei Wochen die Kosten dafür. Weitere Leistungen, die der Versicherer übernehmen kann, sind beispielsweise Ausgaben für eine Umschulung oder ergänzende Ausgaben wie für eine Haushaltshilfe.

rufsunfähigkeit dagegen bereits bekommen, wenn ihre Fähigkeiten für den erlernten Beruf eingeschränkt sind.

> 66 **Mithilfe der Zurechnungszeit werden die bisherigen Rentenansprüche hochgerechnet.**

Besondere Rechnung für Jüngere

Die Höhe der Erwerbsminderungsrente wird wie bei den Altersrenten mithilfe der Rentenformel ermittelt. Eine entscheidende Rolle spielen somit die im Erwerbsleben gesammelten Entgeltpunkte. Es gibt aber einen entscheidenden Unterschied zur Altersrente: Tritt die Erwerbsminderung ein, wenn der Versicherte noch jünger ist, zählen für die Rentenhöhe nicht nur die bereits gezahlten Beiträge – sonst wäre die ausgezahlte Erwerbsminderungsrente noch niedriger,

als sie es ohnehin schon ist. Die Ansprüche, die bisher auf dem Rentenkonto verzeichnet sind, werden mithilfe der sogenannten Zurechnungszeit hochgerechnet. Einige Zeit hat die Rentenkasse die Ansprüche so hochgerechnet, als hätte der Leistungsempfänger bis zum 62. Geburtstag gearbeitet und entsprechend Rentenbeiträge gezahlt. Diese Zurechnungszeit wird seit Anfang 2018 stufenweise auf 65 Jahre angehoben. Vorgesehen ist, dass in Zukunft bis zum Erreichen der Regelaltersgrenze hochgerechnet wird.

→ **Neben der Rente arbeiten**

Lässt die Gesundheit es zu, dürfen auch Empfänger einer Erwerbsminderungsrente ihr Konto mit einem Nebenjob aufbessern. Welche Einkommen je nach Rentenart erlaubt sind, ohne dass die Rente gekürzt wird, lesen Sie ausführlich unter „Bei Erwerbsminderung Verdienst und Zeit im Blick", S. 86.

Hinterbliebenenrenten: Schutz für Partner und Kinder

Plötzlich allein! Der Tod des Ehepartners ist ein großer Einschnitt und kann auch finanziell zu einer enormen Herausforderung für den Hinterbliebenen werden. Unterstützung aus der Rentenkasse erhalten die Hinterbliebenen in Form der Witwen- oder Witwerrente. Wie hoch sie ausfallen wird, hängt entscheidend davon ab, welche Rentenansprüche der Verstorbene hatte. Außerdem spielen das Alter der Partner und der Zeitpunkt der Eheschließung eine Rolle.

Erhielt der Verstorbene bereits eine eigene Rente, wird auf Basis dieses Wertes die Höhe der Hinterbliebenenrente abgeleitet. Bezog der Verstorbene noch keine eigene Rente, werden seine bisher erworbenen Entgeltpunkte noch bis zur Zurechnungszeit (siehe „Erwerbsminderungsrenten" links) aufgestockt, bevor die Höhe der Witwenrente ermittelt wird.

Maximal erhält der Hinterbliebene auf Dauer bis zu 60 Prozent des Rentenanspruchs des Verstorbenen. Ehepartnern, die 47 Jahre oder jünger sind, kann es allerdings passieren, dass sie für maximal 24 Monate nur 25 Prozent der Versichertenrente des verstorbenen Partners erhalten. Entscheidend ist, ob der hinterbliebene Partner Anspruch auf die „kleine" oder die „große" Witwenrente hat und ob für ihn altes oder neues Rentenrecht gilt.

Wenn Sie und Ihr Partner heute Anfang 60 oder älter sind, ist es nicht unwahrscheinlich, dass Sie im Ernstfall unter das alte und damit günstigere Recht fallen. Dieses gilt, wenn

- Sie vor 2002 geheiratet haben und
- ein Ehepartner vor dem 2. Januar 1962 geboren wurde.

Wurde die Ehe 1982 geschlossen, hat zum Beispiel eine 60-jährige Witwe auf Dauer Anspruch auf 60 Prozent der Rente ihres Mannes. Sie bekommt die große Witwenrente nach altem Recht. Haben die beiden erst 2005 geheiratet, greift neues Recht und sie erhält nur 55 Prozent seiner Rente.

Eine besondere Regelung gibt es in den ersten drei Monaten nach dem Monat, in dem der Versicherte gestorben ist. Während dieses Sterbevierteljahrs bekommt die Witwe oder der Witwer grundsätzlich die volle Rente, auf die der Verstorbene zum Zeitpunkt seines Todes Anspruch hatte. Eigenes Einkommen wird noch nicht auf die Hinterbliebenenrente angerechnet. Es spielt also auch keine Rolle, ob und in welcher Höhe Sie eigene Rentenansprüche haben.

Nach Ablauf der drei Monate kann es allerdings sein, dass Sie – je nach Höhe einer eigenen Altersrente oder auch je nach Verdienst in Ihrem Job – Kürzungen der Hinterbliebenenrente hinnehmen müssen. Denn sobald Sie mit Ihrem Einkommen einen bestimmten Freibetrag überschreiten, fallen die monatlichen Rentenleistungen niedriger aus. Mehr dazu lesen Sie im Abschnitt „Witwenrente komplett anders", S. 88.

So kommen Sie an Ihr Geld

Die gesetzliche Rente gibt es nur auf Antrag. Auch bei privaten Vorsorgeverträgen müssen Sie spätestens einige Monate vor Rentenbeginn aktiv werden, um an Ihr Geld zu kommen.

Neben der Altersrente werden viele auf Geld aus privaten Vorsorgeverträgen zurückgreifen können, für die sie sich zum Teil schon vor vielen Jahren entschieden haben. Um an das Geld zu kommen, ist aber Eigeninitiative gefragt. Die gesetzliche Rente erhalten Sie nur nach einem Rentenantrag. Ein solcher expliziter Antrag ist zwar bei einer privaten Versicherung oder einer Betriebsrente nicht nötig, aber gewisse Informationspflichten haben Sie auch hier, damit die Auszahlung der Leistungen starten kann.

Die gesetzliche Rente beantragen

Sie wissen, wann Sie in Rente gehen wollen? Sie haben die Renteninformationen und die Rentenauskünfte überprüft, die Sie in regelmäßigen Abständen bekommen haben? Mögliche Lücken in Ihrem Versicherungsverlauf haben Sie im Rahmen eines Kontenklärungsverfahrens geschlossen?

Ist das der Fall, reicht es aus, wenn Sie etwa drei Monate vor dem geplanten Rentenbeginn den Rentenantrag stellen. Dann bleibt noch genügend Zeit, um Ihren Antrag zu prüfen, sodass Sie pünktlich mit der ersten Zahlung rechnen können.

▶ **Fristen einhalten.** Stellen Sie den Rentenantrag nicht so zeitig, bleibt das zunächst ohne Folgen: Sie erhalten Ihre erste Rente zwar nicht unbedingt zum angepeilten Termin, aber für eine bestimmte Zeit rückwirkend. Wenn Sie zum Beispiel am 22. Juni 2019 die Altersgrenze für die Regelaltersrente erreichen und Ihre erste Rente ab Juli fließen soll, sollten Sie spätestens bis zum 30. September 2019 Ihren Antrag beim Rentenversicherer eingereicht haben. Dann bekommen Sie ab dem 1. Juli 2019 Ihre Rente – gegebenenfalls rückwirkend. Sie haben ab dem Ersten des Monats, ab dem die erste Rente fließen soll, maximal drei Monate Zeit. Stellen Sie den Antrag erst nach Ende dieser Frist, also beispielsweise am 20. Oktober 2019, erhalten Sie erst ab dem 1. Oktober 2019 Ihre Altersrente.

▶ **Formular verwenden.** Am einfachsten ist es, wenn Sie Ihre Rente mit dem offiziellen Formular der Rentenversicherung beantragen. Sie können es in den Beratungsstellen der Rentenversicherung bekommen oder es sich zuschicken lassen – nutzen Sie dazu die kos-

tenlose Service-Hotline der Rentenversicherung unter 0800/10004800.
- **Antrag ausfüllen.** Der offizielle Rentenantrag (Formular R100) hat 25 Seiten. Keine Angst – so schlimm, wie das zunächst aussieht, ist es nicht. Denn zum Glück müssen Sie bei vielen Fragen nur dann Angaben machen, wenn es noch Lücken in Ihrem Versicherungsverlauf gibt. Einige Angaben lassen sich aber nicht umgehen: Der Rentenversicherer benötigt unter anderem Informationen zur Person, zur Bankverbindung und auch zur Krankenkasse.
- **Weitere Unterlagen einreichen.** Zusätzlich zum ausgefüllten Rentenantrag müssen Sie einige Unterlagen einreichen, zum Beispiel eine Geburtsurkunde. Wollen Sie die Rente für schwerbehinderte Menschen beantragen, reichen Sie eine Kopie Ihres Schwerbehindertenausweises ein. Wenn Sie derzeit Sozialleistungen erhalten, müssen Sie die Kontaktdaten der zahlenden Stelle sowie Ihr Aktenzeichen angeben.
- **Höhe des Einkommens.** Wenn Sie noch berufstätig sind, benötigt der Rentenversicherungsträger außerdem die Information darüber, wie hoch Ihr Einkommen in der Zeit vom Rentenantrag bis zum tatsächlichen Ausstieg aus dem Job ist. Möglich ist, dass der Arbeitgeber für bis zu drei Monate im Voraus mitteilt, wie hoch Ihr Einkommen in dieser

Wer kennt sich aus?

Sie müssen den Rentenantrag nicht allein ausfüllen. Sie können sich zum Beispiel einen Termin in einer Beratungsstelle der Deutschen Rentenversicherung geben lassen. Dort nehmen dann die Ansprechpartner Ihre Daten auf und füllen den Antrag aus. Legen Sie dort auch die notwendigen Zusatzunterlagen vor, die der Berater mit aufnehmen beziehungsweise kopieren kann. Weitere Informationen bietet eine Broschüre mit dem Titel „Ihr Rentenantrag – so geht's", die Sie kostenlos unter deutsche-rentenversicherung.de herunterladen können.

Zeit voraussichtlich sein wird. Anhand dessen rechnet der Rentenversicherer dann die Ansprüche hoch, und Sie verlieren keine Zeit, sodass Ihre erste Rente pünktlich fließen kann.

Allerdings ist das nicht unbedingt die beste Lösung: Denn sollte das Einkommen doch höher sein als vorab erwartet, etwa weil Ihnen der Arbeitgeber noch einen Bonus zahlt, wird dieses Plus bei der Rente nicht mehr berücksichtigt, wenn Sie sich für die vorzeitige Hochrechnung entschieden haben. Falls Sie mit einer Extrazahlung rechnen, sollten

Was bekommen wir raus?
Ob private Rentenversicherung oder Riester-Vertrag: Behalten Sie schon Jahre vor der Auszahlung im Auge, was die Verträge Ihnen bringen werden.

Sie zur Sicherheit im Rentenantrag ankreuzen, dass auf die Hochrechnung des Einkommens verzichtet werden soll. In dem Fall ermittelt der Rentenversicherer erst dann Ihren endgültigen Rentenanspruch, wenn er von Ihrem Arbeitgeber nach Ausscheiden aus dem Job die abschließenden Informationen über die tatsächliche Einkommenshöhe erhält. Damit gehen Sie sicher, dass alles angerechnet wird. Es kann allerdings sein, dass die erste Rente dann mit einigen Tagen Verspätung ausgezahlt wird.

So kommen Sie an Ihre Betriebsrente

Wenn Sie über den Betrieb für das Alter vorgesorgt haben, startet die Auszahlung der Betriebsrente in der Regel mit dem Austritt aus dem Arbeitsleben. Wann und wie Sie an Ihr Geld kommen können, hängt vor allem davon ab, was in den Bedingungen für die Versorgung vereinbart wurde.

- **Termin beachten.** Spätestens wenn Sie den Antrag auf eine gesetzliche Rente stellen, sollten Sie mit dem Arbeitgeber bezüglich der Auszahlung Ihrer Betriebsrente Kontakt aufnehmen.
- **Jobwechsel im Auge behalten.** Am einfachsten ist es für Sie, wenn Sie immer beim selben Unternehmen angestellt waren – Ihnen also nur eine Firma die Vorsorgeleistungen schuldet. Haben Sie den Job gewechselt, sollten Sie auch den oder die früheren Arbeitgeber über den anstehenden Rentenbeginn informieren. Schwierig kann es werden, wenn Sie den Kontakt zu einem der früheren Unternehmen komplett verloren haben und nicht wissen, ob es überhaupt noch existiert oder was nach einem Firmenzusammenschluss gilt. Wenn Ihre betriebliche Altersvorsorge über ein externes Versorgungswerk wie eine Pensionskasse, Pensionsfonds, Direktversicherung oder Unterstützungskasse läuft, können Sie dort um Informationen bitten. Läuft die betriebliche Altersvorsorge über eine Direktzusage und vermuten Sie, dass der ehemalige Arbeitgeber pleite ist, können Sie sich an den „Pensions-Sicherungs-Verein

Stiftung Warentest | Genug Geld fürs gute Leben

Versicherungsverein auf Gegenseitigkeit" (PSVaG) in Köln wenden, telefonisch erreichbar unter 0221/936590. Weitere Kontaktdaten und Informationen finden Sie im Internet unter psvag.de. Der Verein ist eine Selbsthilfeeinrichtung der deutschen Wirtschaft zum Schutz der betrieblichen Altersversorgung bei Insolvenz des Arbeitgebers. Vielleicht kommen Sie auch bei Ihrer Gewerkschaft, beim Arbeitgeberverband oder der IHK an Informationen.

▶ **Rentenanpassungen kontrollieren.** Gerade bei älteren Verträgen über eine betriebliche Altersvorsorge ist es wichtig, die Mitteilung über die Rentenhöhe nicht einfach abzuheften: Der Arbeitgeber muss alle drei Jahre überprüfen, ob eine Rentenanpassung als Inflationsausgleich nötig und aufgrund seiner wirtschaftlichen Lage auch möglich ist. Diese Erhöhung gibt es nicht immer automatisch. Als Empfänger der Leistungen sollten Sie deshalb im Auge behalten, ob der frühere Arbeitgeber die Renten anpasst. Wenn dieser Schritt auf sich warten lässt, haken Sie dort nach und fragen nach den Gründen.

▶ **Kassensturz machen.** Sie sind sich noch nicht sicher, wie lange Sie arbeiten wollen, und überlegen, ob Sie sich den vorzeitigen Ausstieg aus dem Job leisten können? Dann prüfen Sie in Ihren Unterlagen für die Betriebsrente, welche Altersgrenze vereinbart ist. Liegt sie zum Beispiel bei 65 Jahren, fragen Sie in der Personalstelle Ihres Arbeitgebers nach, welche Leistungen Sie bei vorzeitiger Auszahlung erhalten. Das Problem: In der Regel müssen Sie auch bei der Betriebsrente lebenslang mit Abschlägen rechnen, wenn sie vorzeitig ausgezahlt wird. Deshalb kann es eine Alternative sein, zwar vorzeitig die gesetzliche Rente zu beziehen, aber die Auszahlung der Betriebsrente hinauszuschieben, um die Abschläge zu vermeiden. Dann sollten Sie aber gut überlegen, ob Sie als Frührentner erst mal auf diese sichere Zusatzeinnahme verzichten können.

→ **Länger arbeiten?**

Sie möchten gar nicht früher in Rente, sondern lieber länger als bis zum Termin für die Regelaltersrente arbeiten? Auch in diesem Fall sollten Sie mit der Personalstelle Kontakt aufnehmen und mit Ihrem Arbeitgeber klären, ob sich der Vertrag für die betriebliche Vorsorge verlängern lässt.

So bekommen Sie Ihr Geld aus privaten Versicherungsverträgen

Sie erwarten für dieses Jahr die Auszahlung aus Ihrer Kapitallebensversicherung? Oder die erste Rente aus Ihrem Versicherungsvertrag, in den Sie seit vielen Jahren einzahlen, soll in einigen Monaten fließen? Dann können Sie damit rechnen, in absehbarer Zeit

Post von dem privaten Versicherungsunternehmen zu bekommen.

- **Termin beachten.** Aus Ihren Vertragsunterlagen wissen Sie, zu welchem Termin die Leistung fällig wird. Der Versicherer wird Sie vor diesem Termin anschreiben und über die anstehende Auszahlung informieren. Es kann sein, dass dieses Schreiben ein halbes Jahr davor kommt, vielleicht aber auch erst wenige Wochen vorher. Das entscheiden die Versicherer. Je nach Vertragsgestaltung ist es häufig auch möglich, vorzeitig Geld aus den privaten Verträgen zu erhalten. Oder es kann sein, dass Sie die erste Auszahlung aufschieben können.
- **Unterlagen einreichen.** Der Versicherer fordert Sie auf, Ihre aktuellen Kontodaten anzugeben. Je nach Vertrag müssen Sie weitere Unterlagen einreichen, zum Beispiel eine Kopie Ihres Personalausweises, wenn Sie Geld aus einer Rentenversicherung erhalten. Wenn Sie eine Kapitallebensversicherung abgeschlossen haben, werden Sie aufgefordert, den Versicherungsschein (die Police) einzuschicken. Womöglich stellen Sie dann fest, dass Sie den Versicherungsschein nicht finden können. Das heißt aber nicht, dass Ihre Auszahlung verloren ist. Sie müssen dann eine Verlustanzeige des Versicherers ausfüllen. Er wird Ihnen den Verlust bestätigen, und Sie bekommen Ihr Geld. Ihre ursprüngliche Police wird damit ungültig.
- **Geldanlage in Ruhe auswählen:** Wenn Sie eine größere Summe aus einer Lebensversicherung erhalten, sollten Sie sich darauf gefasst machen, dass Ihr Ansprechpartner bei der Versicherung Ihnen ein Angebot unterbreitet, wie Sie das Geld neu bei ihm anlegen können, zum Beispiel in Form einer Sofortrente. Lassen Sie sich nicht unter Druck setzen, sondern überlegen Sie gut, was Sie mit der Auszahlung anstellen wollen. Sie können Ihr Erspartes jetzt auch zu einem anderen Anbieter mitnehmen. Mehr Informationen zur Geldanlage im Ruhestand finden Sie im Kapitel „Ersparnisse nutzen – Geld neu anlegen" ab S. 51. Auch eine Sonderzahlung in die gesetzliche Rentenkasse kann eine Alternative sein.
- **Zahlung verschieben.** Je nach Vertrag besteht bei den Rentenversicherungen die Möglichkeit, die Zahlung vor dem vereinbarten Fälligkeitstermin abzurufen. Sprechen Sie Ihren Versicherer darauf an, wenn Sie diese variable Abrufmöglichkeit nutzen wollen.

So kommen Sie an Ihr Erspartes im Riester-Vertrag

Als Riester-Sparer haben Sie mehrere Möglichkeiten für die Auszahlphase: Sie können zum Beispiel Ihre Ersparnisse komplett verrenten lassen, Sie können einen Teil auf einen Schlag entnehmen, oder Sie können Ihr Geld zur Finanzierung Ihrer Immobilie nut-

> **ℹ Wenn Sie sich scheiden lassen,** werden sämtlichen Versorgungsansprüche beider Partner – egal ob aus der gesetzlichen Rente, aus privaten Vorsorgeverträgen oder Betriebsrenten – aufgeteilt. Jeder Partner hat Anspruch auf die Hälfte der während der Ehe erworbenen Versorgungsansprüche. Es ist möglich, dass sämtliche Verträge hälftig geteilt werden. Alternativ sind auch andere Lösungen denkbar: Ein Partner verzichtet beispielsweise auf die Leistungen aus den privaten Rentenversicherungen und behält dafür die Eigentumswohnung. Die Bedingungen für den Versorgungsausgleich werden im Zuge des Scheidungsverfahrens geklärt.

zen – etwa um Restschulden zu tilgen oder Ihre Wohnung altersgerecht umzubauen. Grundsätzlich gilt:

- **Termin beachten.** Seit Vertragsabschluss steht der Beginn der Auszahlphase zumindest ungefähr fest. Er wird gewöhnlich in etwa mit dem Beginn Ihrer Altersrente zusammenfallen. Sie können Ihre Zahlung aber auch schon früher bekommen: Bei Verträgen, die bis Ende 2011 geschlossen wurden, ist eine Auszahlung ab dem 60. Geburtstag möglich, bei später geschlossenen Verträgen ab dem 62. Geburtstag.
- **Informationen studieren.** Ihr Riester-Anbieter wird Sie über die Höhe Ihrer Ansprüche und über die anstehende Auszahlung informieren – je nach Vertrag zu ganz unterschiedlichen Zeiten. Wenn Sie Fondssparer sind, kann es sein, dass Sie die erste Info zur Auszahlung bereits einige Jahre vor Beginn der Auszahlphase erhalten und gut ein Jahr vor Ablauf noch einmal. Als Riester-Kunde mit einer Rentenversicherung werden Sie das Schreiben dagegen häufig erst im Jahr des Rentenbeginns in Ihrem Briefkasten finden.
- **Auszahlung überlegen.** Ihr Riester-Anbieter wird einige Punkte abfragen – neben den Daten zum Konto, auf das die Auszahlung fließen soll, zum Beispiel auch, ob Sie auf einen Schlag eine größere Summe Kapital entnehmen wollen: Bis zu 30 Prozent Ihres angesparten Vermögens dürfen Sie als Einmalzahlung anstatt einer Rente erhalten. Das ist ein Vorteil, wenn Sie etwa Geld für Reisen oder einen größeren Umzug benötigen oder sich abzeichnet, dass Sie auf Pflege angewiesen sind. Aber Vorsicht: Auf die Auszahlung werden Steuern fällig. Durch die Progression kann Ihr Steuersatz deutlich steigen. Versuchen Sie, die Auszahlung in Ihr erstes volles Rentenjahr zu verschieben.

Meist ist dann das Einkommen niedriger, und auch der Nachteil durch die Progression ist nicht so groß.
▸ **Über weitere Anlage entscheiden.** Je nach Vertragsart gibt es Unterschiede.
– Bei einer Riester-Rentenversicherung wird das Geld mit Beginn der Auszahlphase als Leibrente gezahlt.
– Bei einem Riester-Banksparplan können Sie entscheiden, ob Sie Ihr Vermögen gleich als Sofortrente aus einem Versicherungsvertrag erhalten oder ob es erst einmal über einen Bankauszahlplan entnommen wird. Ab dem 85. Lebensjahr wird es allerdings auf jeden Fall als Sofortrente ausgezahlt. Ihre Bank wird dafür einen Teil des Sparvermögens abzweigen und in eine private Rentenversicherung investieren.
– Auch für Riester-Kunden mit Fondssparplan gilt: Spätestens ab dem 85. Geburtstag fließt eine lebenslange Rente. Vorher werden die Fondsgesellschaften die Auszahlung in der Regel über einen Entnahmeplan organisieren, der eine monatliche Mindestauszahlung garantiert. Ihr Erspartes wird weiter an der Börse angelegt, sodass die Auszahlungen auch höher ausfallen können.
– Ist Ihre Riester-Rente sehr gering – 2018 liegt die Grenze bei 30,45 Euro monatlich – , kann der Anbieter entscheiden, auf eine Rentenzahlung zu verzichten und Ihnen Ihr Sparvermögen auf einen Schlag auszuzahlen.

Ab ins Ausland – mit Ihrer Rente

Wenn Sie den Winter im sonnigen Süden verbringen oder zu Ihren Kindern nach Kanada ziehen wollen, kann das Folgen für die Auszahlung Ihrer Rente und für Ihre privaten Altersvorsorgeverträge haben.
▸ **Gesetzliche Rente.** Sie können sich auch nach einem Umzug darauf verlassen, dass Sie weiter Ihre Altersrente bekommen. Sie wird Ihnen im Ausland auf ein Konto vor Ort überwiesen. Je nach Land können dafür aber Gebühren anfallen. Außerdem müssen Sie womöglich einige Abstriche hinnehmen, wenn Sie dann nicht mehr im Euroraum leben. Um die Rentenzahlung kümmert sich der RentenService der Deutschen Post. Informationen erhalten Sie in den Postfilialen oder unter deutschepost.de/rentenservice im Internet.
▸ **Riester-Rente.** Auch sie wird Ihnen ins Ausland überwiesen – zumindest in die EU-Staaten und die Länder des Europäischen Wirtschaftsraums. Wenn Sie Ihren Wohnsitz im Alter jedoch in einen anderen Staat verlegen, müssen Sie die staatliche Förderung, die Ihnen im Erwerbsleben zugeschrieben wurde, zurückzahlen.
▸ **Private Versicherer.** Klären Sie am besten frühzeitig vor dem Umzug, ob und wie Sie im Ausland an Ihr Geld kommen: Zahlt der Versicherer es auch auf ein ausländisches Konto und fallen dafür eventuell Gebühren an?

Versorgung für Beamte

Die Altersversorgung der Beamten unterscheidet sich an einigen Stellen deutlich von der gesetzlichen Rente. Profitieren können Pensionäre aber von Pension und Rente.

Für die Beamten in Deutschland spielt die gesetzliche Rente in der Regel zumindest auf den ersten Blick nur eine untergeordnete Rolle. Sobald sie aus dem Berufsleben ausscheiden, können sie sich in erster Linie auf ihre Pension – ihr Ruhegehalt – verlassen. Auch ihre Angehörigen können darauf bauen, dass sie im Ernstfall nicht vollkommen mittellos dastehen, wenn ihr Ehepartner oder ihre Eltern sterben. Dafür sorgen das Witwen- beziehungsweise das Waisengeld.

Aber natürlich gibt es zum Beispiel diejenigen, die vor der Verbeamtung als Angestellte gearbeitet und so den Anspruch auf Leistungen der gesetzlichen Rentenversicherung erworben haben. Ebenso spielen Riester- und Rürup-Verträge als zusätzliche private Altersvorsorge eine Rolle.

Auf die besondere Situation der Beamten wollen wir an dieser Stelle zumindest kurz eingehen: Wie hoch werden ihre Pensionsansprüche sein? Und wie können sie die gesetzliche Rentenversicherung im Alter um die 60 noch für sich nutzen?

Die Unterschiede zwischen Rente und Pension sind enorm. Beispiel: die Berechnung der Höhe der Leistungen. Entgeltpunkte spielen beim Ruhegehalt des Beamten keine Rolle. Stattdessen hängt die Pensionshöhe davon ab,

① **wie hoch das letzte Gehalt** während seiner beruflichen Tätigkeit war und
② **wie viele Dienstjahre** er vorweist.

Vereinfacht gesagt gilt: Ein Beamter erwirbt pro Dienstjahr eine Pensionsanwartschaft von rund 1,8 Prozent seines Bruttoendgehalts. Nach 40 Dienstjahren erreicht er eine Bruttopension von 71,75 Prozent seines letzten Bruttogehalts. Ein höherer Pensionsanspruch ist nicht möglich. Das bedeutet auch: Wenn jemand vor seiner Zeit als Beamter angestellt beschäftigt war und in dieser Zeit als Pflichtversicherter einen Anspruch auf eine gesetzliche Altersrente erworben hat, wird diese Altersrente auf die Pension angerechnet – im Ruhestand darf das Einkommen nicht höher als 71,75 Prozent des letzten Gehalts liegen.

Anders ist das, wenn sich Beamte mit freiwilligen Beiträgen an die Rentenkasse eine Altersrente sichern (siehe Abschnitt „Gesetzliche Rente als Chance", S. 47).

Eine weitere Besonderheit der Pension: In ihr ist die betriebliche Altersversorgung

Gut lachen
Für Beamte gibt es attraktive Möglichkeiten, kurz vor der Pensionierung zusätzlich vorzusorgen. Was viele nicht wissen: Freiwillige Beiträge zur gesetzlichen Rente machen sich oft bezahlt.

quasi mit enthalten – anders als für Angestellte gibt es für Beamte nicht die Möglichkeit, einen Teil des Bruttogehalts etwa in eine Direktversicherung einzuzahlen.

Einen Überblick, wie hoch die Pensionsansprüche aktuell sind, können Beamte mittels der Versorgungsauskunft erhalten. Bundesbeamte haben darauf einen Rechtsanspruch. Für Beamte in den einzelnen Bundesländern sind die Möglichkeiten, sich über den aktuellen Stand zu informieren, je nach Land unterschiedlich.

So schickt Baden-Württemberg seit 2017 allen Beamten auf Lebenszeit alle fünf Jahre automatisch eine Versorgungsauskunft zu. Anders läuft es beispielsweise in Nordrhein-Westfalen. Hier können die Beamten ihre Versorgungsauskunft auf Antrag bekommen, in der Regel ab dem 55. Lebensjahr, aber höchstens zwölf Monate vor Eintritt in den Ruhestand.

Wann endet das Berufsleben?
Die reguläre Altersgrenze für die Pensionierung wurde wie bei der gesetzlichen Rente für die meisten Beamten von 65 auf 67 Jahre angehoben. Ähnlich wie bei der gesetzlichen Rente ist es aber auch für Beamte möglich, vorzeitig aus dem Berufsleben auszuscheiden – frühestens ab einem Alter von 63 Jahren. Allerdings müssen sie auch dann, ähnlich wie Rentner, Abschläge in Kauf nehmen – bis zu 14,4 Prozent von ihren bis zu diesem Zeitpunkt erworbenen Pensionsansprüchen.

Dazu kommt: Je früher Sie aus dem Berufsleben ausscheiden wollen, desto weniger Dienstjahre werden Sie vorweisen können. Dementsprechend werden Sie häufig allein schon dadurch einen niedrigeren Pensionsanspruch haben.

Denken Sie als Beamter über den vorzeitigen Austritt aus dem Dienst nach, gilt wie für Rentner: Prüfen Sie genau, ab wann Sie mit welchen Abschlägen gehen können. Überlegen Sie gut, ob Sie sich den Schritt leisten können. Reicht auch die reduzierte Pension, um die zu erwartenden Ausgaben zu decken? Worauf es beim Finanzcheck zum vorzeitigen Ruhestand ankommt, finden Sie ab S. 29 im Kapitel „Kann ich es mir leisten, früher in Rente zu gehen?".

Stiftung Warentest | Genug Geld fürs gute Leben

→ **Selbst rechnen im Internet**

Wie hoch wird meine Pension sein? Über das Landesamt für Besoldung und Versorgung (LBV) in Nordrhein-Westfalen haben Beamte die Möglichkeit, sich online eine unverbindliche Versorgungsauskunft erstellen zu lassen (beamtenversorgung.nrw.de). Auch Beamte aus anderen Bundesländern können diese frei zugängliche Möglichkeit nutzen.

Wie bei Rentnern auch gehen wir davon aus, dass Ihnen im Ruhestand monatlich etwa 80 Prozent des letzten Nettogehalts zur Verfügung stehen sollten. Das können Sie allein aus der Pension gar nicht erreichen – schließlich gilt ja eine Obergrenze für die Pensionshöhe von 71,75 Prozent.

Sie haben mehrere Möglichkeiten, diese Lücke zu schließen. Beispielsweise können Sie einen Riester- oder einen Rürup-Vertrag abschließen. Das hat den besonderen Vorteil, dass Sie von staatlicher Förderung profitieren – entweder nur von Steuervorteilen (Rürup-Vertrag) oder von staatlichen Zulagen plus Steuervorteilen (Riester-Vertrag).

Bei der Rürup-Rente sind deutlich höhere geförderte Einzahlungen möglich als bei einem Riester-Vertrag. Verdient zum Beispiel ein Beamter 50 000 Euro brutto im Jahr, könnte er bis zu 14 000 Euro im Jahr steuerlich gefördert in einen Rürup-Vertrag einzahlen. Dadurch kann auch in wenigen Jahren bis zum Ruhestand noch eine ansehnliche Rente herauskommen. Für Riester-Sparer werden hingegen höchstens Jahresbeiträge bis 2 100 Euro staatlich gefördert. Aber: Die Rürup-Rente hat auch beträchtliche Schwächen. So sind mit dem Vertragsabschluss Kosten verbunden, und die Verträge sind eher unflexibel. Deshalb sollten Sie sich vor einem Abschluss gut informieren. Weitere Informationen rund um die Rürup-Rente und dazu, was beim Abschluss zu beachten ist, finden Sie unter test.de/ruerup.

Gesetzliche Rente als Chance

Gerade für pensionsnahe Jahrgänge jenseits der 60 ist noch eine andere Option interessant, um die Pensionslücke zu schließen: die Zahlung freiwilliger Beiträge an die gesetzliche Rentenversicherung. Beamte haben die Möglichkeit, für bis zu fünf Jahre freiwillige Beiträge an die Rentenkasse zu zahlen, um sich so eine gesetzliche Rente zu sichern.

Warum sollte ich das tun, wird sich mancher Beamte nun fragen – freiwillige Beiträge in das vermeintlich schwächere Alterssicherungssystem zahlen? Zunächst: Die Renditen der gesetzlichen Rentenversicherung können sich im Vergleich zu einer klassischen privaten Rentenversicherung (ohne staatliche Förderung) und auch zur staatlich geförderten Rürup-Rente auf jeden Fall sehen lassen. Darüber hinaus haben die freiwilligen Rentenbeiträge zwei weitere Vorteile: Da die gesetzliche Rente für den Beamten aus freiwilligen und nicht aus Pflichtbeiträ-

> **Wer kennt sich aus?**
>
> **Nutzen Sie auch als Beamter** das Beratungsangebot der gesetzlichen Rentenversicherung, um sich über die Bedingungen und Chancen für die freiwillige Beitragszahlung zu informieren.

gen hervorgeht, wird sie nicht auf seine Pension angerechnet. Sie kommt also zur Pension hinzu. Außerdem sind die meisten Pensionäre privat krankenversichert, und für privatversicherte Pensionäre erhöht sich die gesetzliche Rente noch um einen Zuschuss: Derzeit zahlt die Rentenkasse 7,3 Prozent der Rente als Zuschuss zur Krankenversicherung. Aus einer gesetzlichen Monatsrente von 200 Euro werden so 214,60 Euro.

Wenn Sie diesen Schritt planen, lassen Sie sich am besten schon mehrere Jahre vor dem avisierten Ruhestand zu Ihren Möglichkeiten beraten. Wie lange müssen Sie einzahlen, um einen Rentenanspruch zu haben? Für die geforderten fünf Jahre Wartezeit zählen nicht nur Jahre, in denen Sie Beiträge geleistet haben, sondern auch Kindererziehungszeiten. Sie können freiwillige Rentenbeiträge zahlen, bis Sie die Regelaltersgrenze erreichen. Planen Sie diesen zeitlichen Rahmen und einen entsprechenden Vorlauf für Ihre Zahlungen ein.

Auffangnetz Grundsicherung

Reicht das eigene Einkommen nicht zum Leben, bleibt die staatliche Grundsicherung als Alternative. Wenn Sie wenig Rente bekommen, lohnt es sich, einen Antrag zu stellen.

→ **Die Rente ist gering.** Im Berufsleben fehlten die nötigen Mittel, um Geld für später zurückzulegen. In einer solchen Situation versuchen es viele Rentner mit einem Nebenjob, um sich aus dieser finanziellen Misere zu befreien. Doch das klappt längst nicht immer – schon gar nicht, wenn die Gesundheit eine berufliche Tätigkeit im Alter nicht mehr zulässt. Ein Ausweg kann dann die Grundsicherung im Alter und bei Erwerbsminderung sein. Diese Leistungen sind im Sozialgesetzbuch XII geregelt und werden über Steuermittel finanziert. Anspruch auf Grundsicherung haben diejenigen, die die Altersgrenze für die Regelaltersrente – also je nach Geburtsjahr zwischen dem 65. und dem 67. Geburtstag – erreicht haben, sofern sie unter einer bestimmten Einkommensgrenze bleiben und damit als bedürftig gelten. Außerdem können Bedürftige darauf zurückgreifen, die das 18. Lebensjahr vollendet haben und unabhängig von der jeweiligen Arbeitsmarktlage aus gesundheitlichen Gründen dauerhaft voll erwerbsgemindert sind.

Die Grundsicherung soll Ihnen ermöglichen, unter anderem die Ausgaben für den Lebensunterhalt, für Unterkunft und Heizung sowie für Kranken- und Pflegeversicherung zu decken. Für einzelne Personengruppen, etwa Menschen mit Behinderung, wird ein Mehrbedarf berücksichtigt.

Ist Ihre Rente eher niedrig (im zweiten Halbjahr 2018 höchstens 865 Euro im Monat), erhalten Sie vom Rentenversicherer automatisch in Ihrem Rentenbescheid den Hinweis, dass Sie Anspruch auf Grundsicherung haben könnten. Das Antragsformular verschickt er gleich mit. Es ist jedoch nur ein Hinweis – der Rentenversicherer kann nicht beurteilen, ob Ihr Antrag tatsächlich Erfolg haben wird. Denn er weiß nicht, ob und in welcher Höhe Sie neben der Rente andere Einkünfte haben, die einem Anspruch auf Grundsicherung entgegenstehen.

Zuständig für die Grundsicherung ist nicht die Rentenversicherung, sondern der Sozialhilfeträger an Ihrem Wohnort. Wollen Sie Grundsicherung beantragen, senden Sie Ihren Antrag am besten direkt dorthin. Oder Sie schicken den Antrag zunächst an den Rentenversicherungsträger, der ihn an die zuständige Stelle weiterleitet.

Bevor Sie Grundsicherung erhalten, prüfen die Sozialhilfestellen ganz genau, welches Einkommen Ihnen und den Mitgliedern in Ihrem Haushalt insgesamt zur Verfügung steht. Angerechnet werden zum Beispiel Alters- und Witwenrente und nach Abzug eines Freibetrags auch Arbeitseinkommen. Vorhandenes Vermögen wie Sparguthaben müssen Sie erst verbrauchen, ehe Sie Grundsicherung erhalten können.

Als Bedarfssatz für den Lebensunterhalt, der Dinge wie Lebensmittel, Kleidung und Haushaltsgeräte einschließt, werden für den Haushaltsvorstand 2018 monatlich 416 Euro gezahlt. Leben Ehepartner oder eingetragene Lebenspartner zusammen im Haushalt, gelten 374 Euro im Monat pro Person als Regelbedarf.

Dazu kommen die Ausgaben für die Unterkunft, die per Gesetz angemessen sein müssen. Ist die Mietwohnung, in der Sie leben, nicht zu groß, kommt der Sozialhilfeträger für Miete und Nebenkosten auf. Beim Eigenheim kann es zum Beispiel Hilfe für noch zu zahlende Kreditzinsen oder Reparaturkosten geben.

Das Sozialamt übernimmt außerdem die Kosten für die gesetzliche Kranken- und Pflegeversicherung. Privatversicherte müssen eventuell einen Teil ihrer Beiträge selbst aufbringen.

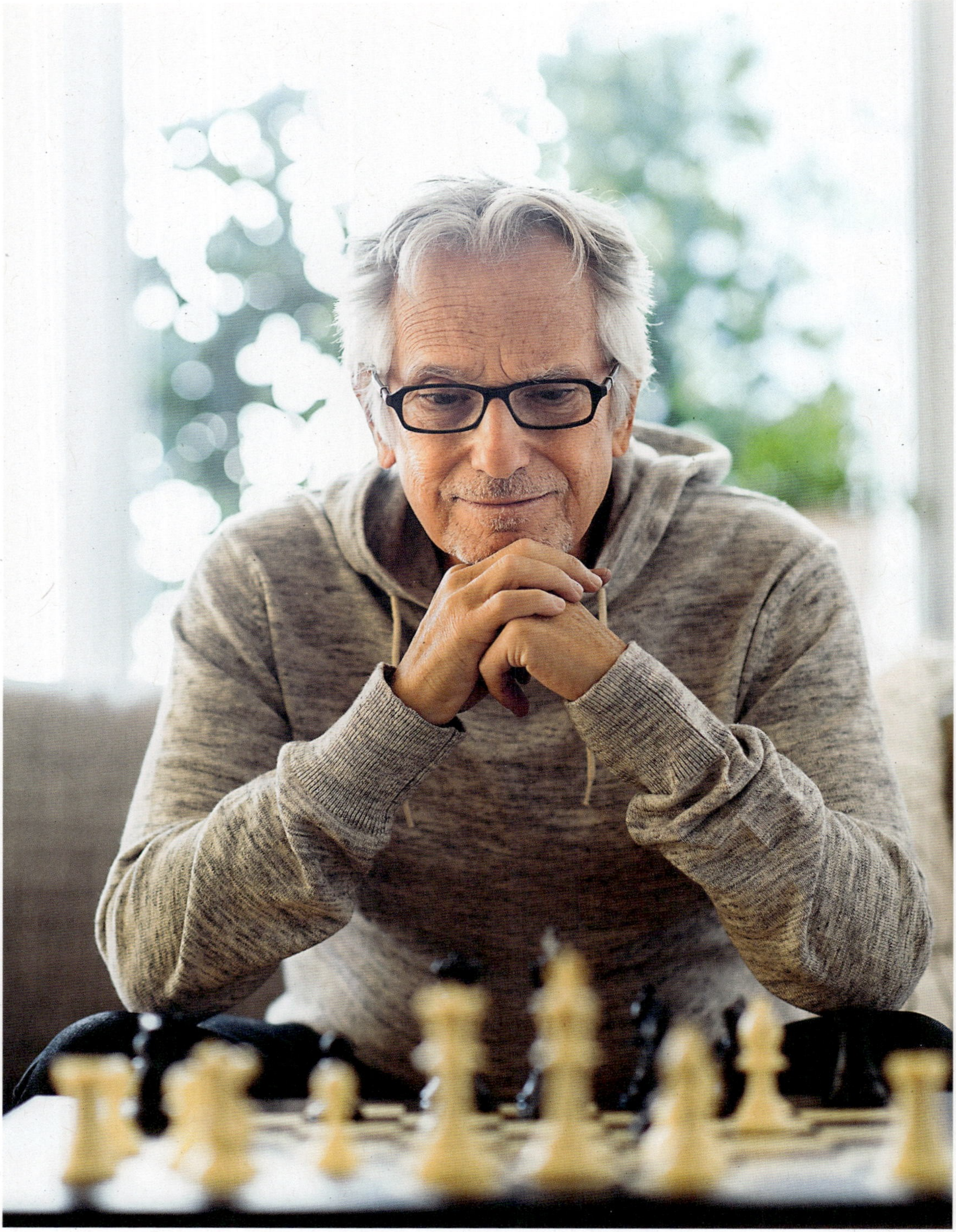

Ersparnisse nutzen – Geld neu anlegen

Ein Polster aus Ersparnissen bringt mit Beginn des Ruhestands zusätzliche Sicherheit und mehr Freiräume. Doch gerade in Zeiten niedriger Zinsen fällt es nicht leicht, die richtige Entscheidung für die weitere Geldanlage zu treffen.

Bis zum Ende des Berufslebens haben sich viele ein gewisses finanzielles Polster geschaffen: Neben der gesetzlichen Rente steht zum Beispiel eine Betriebsrente zur Auszahlung bereit, vielleicht auch die Kapitallebensversicherung. Auf der Bank liegen mehrere Tausend Euro Erspartes, und eventuell können sie sogar zusätzlich auf eine kleine Erbschaft bauen.

Wenn Sie ein solches Finanzpolster haben, können Sie davon zehren, sobald Sie statt Ihres bisherigen Gehalts „nur" noch Ihre Rente oder Pension bekommen – wenn also jeden Monat weniger Geld aufs Konto fließt als früher. Aus Ihren Ersparnissen können Sie sich quasi eine Zusatzrente erschaffen. Diese kann zum Beispiel als Sofortrente aus einer privaten Rentenversicherung fließen. Oder Sie ziehen regelmäßig – ohne Versicherungsvertrag – Geld aus Ihren Sparanlagen oder auch aus vorhandenem Fondsvermögen. Für eine solche Zusatzrente können Sie auf vorgefertigte Produkte und Auszahlpläne der Banken zurückgreifen, oder aber Sie organisieren sich Ihre Entnahmen selbst.

Wenn Sie hingegen das Geld aus Lebensversicherung und Sparverträgen aktuell nicht benötigen, können Sie es so anlegen, dass es sich mehrt und Sie erst später darauf zurückgreifen oder Sie es so für die Familie aufbewahren.

Eine Vielzahl an Produkten

Es gibt zahlreiche Möglichkeiten, das eigene Geld auch im Ruhestand weiter für sich arbeiten zu lassen: zum Beispiel Festgelder, Sparbriefe oder Indexfonds. Jede der genannten Formen hat Vor- und Nachteile. Welche Produkte für Sie geeignet sind, hängt von vielen Faktoren ab, unter anderem von Ihrer aktuellen finanziellen und familiären Situation, von Ihrer Risikobereitschaft und vor allem davon, wofür Sie das Geld benötigen und für welchen Zeitraum Sie es anlegen möchten.

Wer heute eine regelmäßige Zusatzeinnahme benötigt, muss seine Anlagestrategie anders gestalten als jemand, der beispielsweise davon ausgeht, erst in zehn oder 15 Jahren ein Notfallpolster für den Ernstfall Pflegebedürftigkeit zu benötigen:

▶ **Beispiel 1:** Anne ist Anfang 60. Ihre Altersrente wird nur gering ausfallen, da sie sich vorwiegend um die Erziehung ihrer mittlerweile erwachsenen Kinder gekümmert hat, während ihr Mann Georg für das Einkommen der Familie gesorgt hat. Von Georgs Rente kann das Paar gut leben. Sollte er jedoch sterben, könnte es für Anne allein finanziell eng werden, denn aus ihrer eigenen Altersrente und der nach Georgs Tod zu erwartenden Witwenrente wird es schwer, den Lebensunterhalt zu bestreiten. Dazu hat das Paar einige Tausend Euro angespart, und die Auszahlung aus der Kapitallebensversicherung steht an.

Was tun? Wichtig ist, dass Anne eine zusätzliche Sicherheit bekommt für den Fall, dass Georg vor ihr stirbt. Möglich ist das über eine klassische private Rentenversicherung, die ihr eine lebenslange Rente garantiert. Die Erträge sind zwar nicht überragend, aber auf Dauer sicher.

Das Paar sollte jedoch möglichst genau kalkulieren, wie viel Geld Anne zusätzlich als regelmäßige Einnahme benötigt, um ihren Grundbedarf zu decken. Am besten lassen die beiden sich bei mehreren privaten Rentenversicherern ausrechnen, wie viel von den Ersparnissen sie dafür in eine solche Sofortrente investieren müssen.

Es empfiehlt sich, nicht mehr als notwendig einzuzahlen, sondern für die restlichen Ersparnisse flexiblere Geldanlagen wie Festgeldkonten oder Sparbriefe zu wählen. Auch hier sind die Zinsen derzeit zwar mager, aber in dem Fall geht Sicherheit vor Rendite.

▶ **Beispiel 2:** Karla und Olaf waren lange berufstätig – er als Abteilungsleiter in einem großen Unternehmen, sie als verbeamtete Lehrerin. Von ihrem Einkommen konnten sie immer gut leben. Olafs gesetzliche Rente und eine Betriebsrente sowie Karlas Pension werden so hoch ausfallen, dass die Eheleute davon im Ruhestand all ihre regelmäßig anfallenden Ausgaben decken können. Durch das doppelte Einkommen war es für sie während des Berufslebens kein Problem, eine Eigentumswohnung abzubezahlen und zusätzlich Geld zur Seite zu legen. Insgesamt 100 000 Euro stehen zur Verfügung. Ein Teil davon ist sicher angelegt in Sparprodukten der Banken, ein anderer Teil steckt in Indexfonds.

Was tun? Das Paar hat viele Freiräume für die weitere Geldanlage. Sie haben beide eigene sichere Einnahmen und könnten auch beim Tod ihres Partners finanziell über die Runden kommen. Weil Karla und Olaf genug regelmäßige Einnahmen haben, um alle Fixkosten und ein bisschen mehr zu decken, spricht nichts dagegen, dass sie einen Teil ihres Vermögens weiterhin in Indexfonds, sogenannten ETF, liegen lassen. Denn ETF sind eine gute Möglichkeit, die höheren Renditechancen an der Börse zu nutzen. Sie können dann zum Beispiel von ihrem ETF-Vermögen jährlich einen bestimmten Betrag entnehmen und sich so eine Zusatzrente schaffen. Aber was sind ETF? Wie lassen sich die Risiken begrenzen? Und was ist bei der Auswahl zu beachten? Das erfahren Sie unter „ETF und mehr" ab S. 67.

→ Setzen Sie nicht alles auf eine Karte!

Ganz gleich, wie Ihre finanzielle Ausgangsposition ist: Einige Grundsätze für die Anlageentscheidung gelten immer, zum Beispiel, dass Sie Ihr Geld auf verschiedene Anlageformen verteilen. Das erhöht in der Regel die Sicherheit.

Steuern gering halten

Sicher wissen Sie das längst: Von den Erträgen, die Sie mit Ihren Geldanlagen erwirtschaften, verlangt auch das Finanzamt einen Anteil. Auf Zinsen, Dividenden und Gewinne aus Wertpapierverkäufen werden Steuern fällig – lediglich Erträge bis 801 Euro im Jahr sind steuerfrei. Für zusammenveranlagte Ehe- und Lebenspartner sind es insgesamt 1 602 Euro im Jahr.

Meist zieht Ihre Bank oder Sparkasse die fälligen Abgaben direkt von den Erträgen ab und überweist sie an das Finanzamt, nur den Rest erhalten Sie. Gerade für Ruheständler zahlt es sich aber häufig aus, wenn sie es nicht bei dieser Abrechnung durch die Bank belassen. Wenn Sie diese Rechnung durch das Finanzamt im Zuge der Steuererklärung prüfen lassen, stehen die Chancen nicht schlecht, dass Sie zumindest einen Teil oder sogar alle Abgaben zurückbekommen (siehe „Mit etwas Mühe: Chance auf niedrigere Steuern nutzen", S. 119).

Gern gesehene Kunden

Und wie kommen Sie nun an die für Sie passenden Produkte? Prinzipiell gibt es zwei Möglichkeiten: Sie informieren sich selbst, zum Beispiel über dieses Buch und mithilfe unserer Tests, und kaufen sie dann über eine Direktbank. Direktbanken sind nur online oder telefonisch zu erreichen, das aber rund um die Uhr. Ihre Vorteile: Sie bieten in der Regel bessere Konditionen als Filialbanken, weil sie kein teures Filialnetz unterhalten müssen. Auch ist die Auswahl bei manchen Produkten größer. Dafür leisten sie allerdings keine Beratung.

Das ist nicht jedermanns Sache. Vielleicht ziehen Sie eine Bank mit Filialen vor. Aber auch dann sollten Sie sich vorher informieren und nicht unvorbereitet ins Beratungsgespräch gehen. Nehmen Sie sich Zeit und führen Sie sich Ihre finanzielle Situation vor Augen, bevor Sie Ihre Bank aufsuchen. Das Gleiche gilt, wenn Sie mit dem Vertreter Ihrer Versicherung über Geldanlage sprechen. Überlegen Sie, welches Risiko Sie eingehen wollen und können, was Ihre Anlageziele sind und wann Sie Ihr Geld wieder brauchen (siehe Checkliste „Gut gewappnet für das Beratungsgespräch", S. 55).

Selbst wenn Sie sicher sind, dass Sie kein oder nur ein geringes Risiko bei Ihren Geldgeschäften eingehen wollen, heißt das nicht automatisch, dass Sie bei der Bank das passende Produkt dafür bekommen. Der Berater sollte zwar Ihren Wünschen gerecht werden, doch vielleicht wird er auch versuchen, Ihnen etwas anderes zu verkaufen – ein Produkt, das ihm selbst eine höhere Provision verspricht oder ihm hilft, hausinterne Abschlussquoten besser zu erfüllen. Deshalb ist es wichtig, dass Sie im Gespräch deutlich machen, was Sie wollen und was nicht.

Ihre Anlageziele, Ihre finanziellen Verhältnisse und die Erfahrungen, die Sie mit Geldgeschäften haben, werden für das sogenannte Beratungsprotokoll abgefragt. Das Verfahren kostet ein wenig Zeit und mag Ihnen aufwendig erscheinen, doch es kann helfen, damit der Berater Ihnen nur die Produkte empfiehlt, die zu Ihrem Risikoprofil, zu Ihren Wünschen und zu Ihrer persönlichen Situation passen. Je komplexer das angebotene Produkt ist, desto besser muss der Berater über die jeweilige Geldanlage informieren und das am Ende protokollieren.

Er muss Ihnen unter anderem erklären, wie die Geldanlage genau funktioniert, welches Risiko Sie eingehen und welche Kosten mit der Investition für Sie verbunden sind.

66 Holen Sie Alternativangebote ein und vergleichen Sie die Konditionen.

Letztlich gilt: Lassen Sie sich nicht drängen, falls der Berater Druck machen sollte, und glauben Sie nicht ungeprüft alles, was er Ihnen erzählt. Fragen Sie hartnäckig nach, wenn Sie etwas nicht verstehen, und hinterfragen Sie grundsätzlich, was Ihnen angeboten wird. Wenn der Berater seine Anlagevorschläge nicht mit einfachen Worten erklären kann, lassen Sie besser die Finger davon: Sie sollten sich nur für Produkte entscheiden, die Sie verstehen und die zu Ihrer persönlichen Situation passen.

Und: Gerade bei größeren Investments oder auch vor dem Abschluss einer Versicherung sollten Sie Alternativangebote einholen und die Konditionen vergleichen.

Checkliste

Gut gewappnet für das Beratungsgespräch

Grundsätzlich gilt: Schalten Sie Ihren gesunden Menschenverstand ein, bevor Sie sich für eine Geldanlage entscheiden. Sofort müssen Sie gar nichts unterschreiben, überschlafen Sie Ihre Entscheidung erst einmal. Gut ist, wenn jemand Sie beim Bankbesuch begleitet, der als Zeuge auftreten kann, sollte es zum Streitfall kommen.

- **Keine Überraschungen.** Bereiten Sie sich gut auf das Beratungsgespräch vor. Achten Sie darauf, ob Ihnen der Berater etwas empfiehlt, was nicht zu Ihren Zielen und Wünschen passt.

- **Gesundes Misstrauen.** Verlassen Sie sich nicht auf die Anlagevorschläge Ihres Beraters. Führen Sie am besten mehrere Beratungsgespräche und vergleichen die Ergebnisse miteinander.

- **Geheimnisse lüften.** Lassen Sie sich für jeden Anlagetipp die Kosten aufschlüsseln. Fragen Sie nach den Vertriebsprovisionen, die der Vermittler oder die Bank für die Vermittlung eines Produkts kassiert. Eine hohe Provision ist ein Indiz dafür, dass ein Produkt nur empfohlen wird, weil die Bank oder der Vermittler daran sehr gut verdienen.

- **Neutraler Berater.** Sie haben die Sorge, dass die Bank ihre Angebote an Sie nicht nach Ihren Interessen ausrichtet? Dann kann es sich lohnen, sich durch einen nicht auf Provisionsbasis arbeitenden Honorarberater beraten lassen. Klären Sie, wonach sich dessen Vergütung bemisst (zeitabhängig, volumenabhängig oder pauschal). Wenn Ihr Honorarberater auch Finanzprodukte für Sie vermittelt, lassen Sie ihn unterschreiben, dass er alle Provisionen offenlegt und an Sie auszahlt oder Versicherungsprodukte mit Honorartarifen, also ohne Provisionen, auswählt. Eine weitere Möglichkeit wäre, dass Sie die Beratungsangebote der Verbraucherzentralen nutzen.

- **Im Ernstfall geschützt.** Fragen Sie Ihren Berater, ob er eine Vermögensschaden-Haftpflichtversicherung hat. Diese zahlt, wenn er Sie falsch beraten hat.

Ihre Strategie für die Geldanlage

Das Girokonto ist der falsche Ort für Ihr Vermögen. Wird Ihr Geld verzinst, kann das Finanzpolster über viele Jahre eine ansehnliche Zusatzeinnahme bringen.

→ **Wie weit komme ich** mit meinen vorhandenen Ersparnissen? Beschäftigt auch Sie diese Frage, zum Beispiel, weil die Auszahlung Ihrer Kapitallebensversicherung ansteht? Vielleicht liegt das Geld aus dem Vertrag schon auf einem Konto bei Ihrer Bank – zusammen mit Festgeldern, Sparbriefen und anderen Investments, bei denen Sie heute unsicher sind, was in der nächsten Zukunft aus diesem Polster werden soll. Mit Ihren Ersparnissen können Sie einiges erreichen:

Beispiel: Michael hat 20 000 Euro in diversen Sparprodukten bei mehreren Banken sicher angelegt. Aus seiner Lebensversicherung wird er in Kürze rund 30 000 Euro erhalten. Zudem hat der Autohändler ihm zugesagt, dass ihm nach Umtausch des bisherigen Wagens in einen kleinen Stadtflitzer noch rund 10 000 Euro extra bleiben werden. Das macht insgesamt ein Polster von 60 000 Euro, die Michael neben seiner zu erwartenden gesetzlichen Rente und seiner Betriebsrente zur Verfügung stehen.

Wenn Michael dieses Geld weiterhin anlegt, kann er daraus auch über einige Jahrzehnte eine ansehnliche regelmäßige Zusatzeinnahme erzielen. Legt er die 60 000 Euro zum Beispiel zu einem Zinssatz von 1,5 Prozent an, kann er immerhin für 25 Jahre jeden Monat 240 Euro vom Ersparten entnehmen, ehe das Vermögen aufgebraucht ist. Entnimmt er jeden Monat nur 166 Euro, reicht das Geld sogar für 40 Jahre (siehe Tabelle S. 57). Zum Vergleich: Würde er bei seiner Geldanlage nicht nur auf Sicherheit setzen, sondern beispielsweise mit Fonds eine Rendite von 5 Prozent erwirtschaften, könnte er 40 Jahre lang sogar 285 Euro Zusatzrente erzielen. Steuerliche Aspekte sind bei diesen Beispielen aber nicht berücksichtigt.

Hat Michael mit Anfang 60 sogar 100 000 Euro auf der hohen Kante, sind seine finanziellen Freiräume natürlich entsprechend größer, selbst wenn er ausschließlich auf sichere Geldanlagen setzt. Legt er die 100 000 Euro auf Dauer zu 1,5 Prozent weiter sicher an, könnte er zum Beispiel 40 Jahre lang monatlich 277 Euro entnehmen, bevor alles verbraucht ist und die Konten auf null stehen (siehe Tabelle „100 000 Euro gespart", S. 58).

Stiftung Warentest | Erspartes nutzen – Geld neu anlegen

60 000 Euro gespart: So viel monatlich parat

Anleger können über viele Jahre hinweg ihre Ersparnisse verbrauchen: Beim Zinssatz von 2 Prozent reichen zum Beispiel 60 000 Euro 20 Jahre lang für 300 Euro jeden Monat.

Jahre	Monatlich zur Verfügung stehende Auszahlung (Euro) vor Steuern bei einem Zins (Prozent) von …								
	0,0	1,0	1,5	2,0	2,5	3,0	4,0	5,0	6,0
5	1 000	1 026	1 038	1 051	1 064	1 077	1 103	1 129	1 156
10	500	526	538	552	565	578	605	633	661
15	333	359	372	386	399	413	442	471	501
20	250	276	289	303	317	332	361	392	424
25	200	226	240	254	268	283	314	347	381
30	167	193	207	221	236	252	284	318	354
35	143	169	183	198	214	230	263	299	336
40	125	152	166	181	197	213	248	285	324
Ewig	–	50	74	99	124	148	196	244	292

Die passenden Anlagen finden
Die Tabellen und das Beispiel zeigen: Selbst wenn Sie es trotz der derzeit sehr niedrigen Zinsen bei sicheren Geldanlagen belassen, können Sie aus vorhandenen Ersparnissen einiges machen. Eine deutlich höhere Auszahlung wäre allerdings möglich, wenn Sie höhere Renditen erzielen würden.

Doch ist es ratsam, auch jenseits der 60 bei der Geldanlage ein gewisses Risiko einzugehen? Das kann eine weitere Frage sein, die Sie umtreibt – zum Beispiel, wenn Sie bereits vor einigen Jahren in Investmentfonds investiert haben und nun überlegen, ob und wie dringend Sie aus- und umsteigen sollten.

100 000 Euro gespart: So viel monatlich parat

Legen Sie Ihr Geld zu einem Zinssatz von 2 Prozent sicher an, können Sie 20 Jahre lang jeden Monat rund 500 Euro von Ihren Ersparnissen entnehmen.

Jahre	Monatlich zur Verfügung stehende Auszahlung (Euro) vor Steuern bei einem Zins (Prozent) von …								
	0,0	1,0	1,5	2,0	2,5	3,0	4,0	5,0	6,0
5	1667	1709	1731	1752	1773	1795	1838	1882	1926
10	833	876	897	919	941	964	1009	1055	1102
15	556	598	620	643	665	689	736	785	835
20	417	460	482	505	529	553	602	654	707
25	333	377	399	423	447	472	524	578	635
30	278	321	345	369	394	419	473	530	589
35	238	282	306	330	356	383	438	498	560
40	208	253	277	302	328	356	414	475	539
Ewig	–	83	124	165	206	247	327	407	487

Wie schon die Beispiele zu Beginn des Kapitels gezeigt haben: Die eine richtige Empfehlung für die Geldanlage im Ruhestand gibt es nicht. Wie viel Risiko Sie eingehen können und welche Anlagen die passenden für Sie sind, hängt von Ihren persönlichen Lebensumständen ab. Dafür sorgen die unterschiedlichen Eigenschaften, die die einzelnen Geldanlagen haben. Um sie zu charakterisieren, bietet sich das „Magische Dreieck der Geldanlage" an. Wer sein Geld investiert, kann grundsätzlich drei Ziele verfolgen: Rendite, Sicherheit und Liquidität – also Verfügbarkeit des angelegten Geldes. Es ist nicht möglich, mit einer Geldanlage alle drei Ziele vollständig zu erreichen. Wer es

> **Erst Kredite tilgen, dann weiter sparen**
> Sie stecken seit der letzten Autoreparatur mit Ihrem Girokonto im Dispo oder müssen noch den Ratenkredit abzahlen, den Sie für die komplette Umgestaltung des Gartens aufgenommen haben? Sofern sich die Chance ergibt und Sie die finanziellen Möglichkeiten haben, tilgen Sie schnellstmöglich diese Kredite. Wenn Sie keine Kreditzinsen mehr zahlen müssen, bringt Ihnen das letztlich mehr, als wenn Sie Ihr Geld in schlecht verzinste sichere Anlagen stecken.

zum Beispiel auf eine möglichst sichere Geldanlage anlegt, muss Abstriche bei der Rendite machen. So sind etwa Sparern mit Festgeldkonto bestimmte Zinsen sicher – doch diese fallen derzeit eher gering aus. Deutlich mehr Rendite könnten sie erzielen, wenn sie sich zum Beispiel für Aktien oder Fonds entscheiden – doch damit gehen sie ein deutlich höheres Verlustrisiko ein.

Oder ein anderes Beispiel: An das Geld auf einem Tagesgeldkonto kommen Anleger schnell heran. Doch wer auf etwas höhere sichere Zinsen Wert legt und sich etwa für ein Festgeldkonto entscheidet, kann nicht kurzfristig über die Ersparnisse verfügen – erst zum Ende der vereinbarten Laufzeit. Das sollten Sie bedenken, wenn Sie über die weitere Anlagestrategie nachdenken.

Mit zunehmendem Alter empfiehlt es sich grundsätzlich, mehr Wert auf die Sicherheit der Geldanlagen zu legen. Anders als junge Berufstätige, die für ihren Ruhestand in einigen Jahrzehnten sparen, bleibt Ihnen mit 60 nicht so viel Zeit. Wenn es Turbulenzen an der Börse gibt, kann es sein, dass Sie zwischenzeitliche Verluste mit Anlagen wie Indexfonds erzielen. Benötigen Sie dann rasch eine größere Summe, etwa weil Ihr Partner pflegebedürftig wird, haben Sie womöglich nicht die Zeit, das Minus auszusitzen und auf bessere Erträge zu warten.

Doch Sie müssen nicht jegliches Risiko meiden. Auch im Ruhestand können ETF eine gute Lösung sein. Es kommt aber darauf an, passende Fonds zu finden und sich das Risiko, das mit dieser Anlage verbunden ist, bewusst zu machen. Sobald Sie merken, dass Ihnen sichere Einnahmen fehlen, um den Alltag zu bestreiten und „Notfälle" durchzustehen, sollten Sie sich eine zusätzliche sichere Einnahmequelle verschaffen.

Deshalb ist es im ersten Schritt ratsam, dass Sie zumindest so viel von Ihrem Geld sicher anlegen, dass es für alle regelmäßigen Ausgaben und auch ein bisschen mehr problemlos reicht. Ist diese Basis geschaffen, kommen Investments mit etwas mehr Risiko infrage.

Machen Sie daher eine ausgiebige Bestandsaufnahme Ihrer Finanzen, bevor Sie die Entscheidungen über Ihre weitere Geldanlage treffen:
- ▶ Welche regelmäßigen Einkünfte sind sicher – neben der gesetzlichen Rente auch solche aus zusätzlicher privater Altersvorsorge, beispielsweise einer Riester-Rentenversicherung?
- ▶ Wie hoch sind sie – nicht nur brutto, sondern vor allem auch netto? Was bleibt also nach Abzug von Steuern und Sozialabgaben?
- ▶ Welche Ersparnisse haben Sie darüber hinaus? Wie ist das Geld angelegt, und zu welchem Zeitpunkt können Sie darauf zugreifen?
- ▶ Mit welchen Ausgaben müssen Sie rechnen? Neben den monatlichen Fixkosten wie Miete oder Telefon sollten Sie unvorhergesehene Posten bedenken wie die Reparatur des Autos oder der Heizungsanlage. Sind Sie auch finanziell für den Fall gewappnet, dass Sie oder Ihr Partner Pflege benötigen?
- ▶ Und: Planen Sie nur für sich allein, oder sind auch Angehörige wie Partner, Kinder und Enkel auf Sie und Ihre Einkünfte angewiesen?

Eines sollten Sie bei Ihren Überlegungen nicht vergessen: Auch die Zusatzeinnahme aus Ersparnissen verliert mit der Zeit an Wert. Durch die Preissteigerungen (Inflation) können Sie sich immer weniger davon leisten. Wenn Sie heute zum Beispiel von monatlichen Ausgaben von 1 500 Euro ausgehen, sind es nach zehn Jahren bei 2 Prozent jährlicher Inflation bereits 1 830 Euro.

▶ Mithilfe eines kostenlosen Finanztest-Rechners können Sie Ihren finanziellen Bedarf ermitteln. Sie finden ihn unter test.de/finanzbedarf und bekommen mit seiner Hilfe zumindest einen ersten Überblick, mit dem Sie weiter planen können.

Wie begrenze ich das Risiko von Aktien? Welche Anleihe soll ich wählen, und was sind Fintechs? Es würde den Rahmen dieses Ratgebers sprengen, auf alle existierenden Anlageprodukte einzugehen. Wir geben auf den folgenden Seiten nur einen Kurzüberblick über die Grundlagen für die Anlagestrategie. Wer tiefer einsteigen möchte, findet zahlreiche weitere Ratgeber der Stiftung Warentest zum Thema Geld wie das „Handbuch Geldanlage", „Geldanlage für Faule" oder „Anlegen mit ETF". Die Bücher können Sie im Handel oder unter test.de/shop erwerben.

Sicherheit zuerst: Anlegen und ruhig schlafen

Ohne eine sichere finanzielle Basis geht es im Ruhestand nicht. Sie benötigen ein ausreichendes Polster für den Alltag und für Notfälle.

Die Zinsen für Sparprodukte wie Tages- und Festgeld sind weiterhin wenig attraktiv. Erschwert wird die Suche nach sicheren Geldanlagen zudem dadurch, dass der Garantiezins für Renten- und Lebensversicherungen mittlerweile ein Rekordtief erreicht hat.

Aber um sich eine sichere Zusatzeinnahme für alltägliche Ausgaben oder ein Sicherheitspolster für Notfälle zu schaffen, sind Sie auf sichere Anlagen angewiesen. Auch als Puffer für Ihr Wertpapierdepot sind die sicheren Zinsen wichtig: Tagesgeld bildet dann quasi das Gegenstück zu einem Fondsinvestment, um Ihr Anlagerisiko insgesamt zu verringern (siehe „Bequem wie ein Pantoffel", S. 69).

Sofortrente: Sichere Auszahlung bis ans Lebensende

Ihr persönlicher Finanzcheck hat ergeben, dass Sie noch eine regelmäßige, sichere Zusatzeinnahme gebrauchen könnten, um die Ausgaben im Alltag zu bestreiten? Dafür können Sie sorgen, wenn Sie eine größere Summe bei einem privaten Versicherer in eine Sofortrente einzahlen. Dann erhalten Sie bereits kurze Zeit später eine monatliche Rente ausgezahlt.

❝ **Viele Versicherer sind dazu übergegangen, komplett auf eine Garantieverzinsung zu verzichten.**

Der Vorteil dieser Versicherung: Sie müssen nicht fürchten, dass das Geld irgendwann aufhört zu fließen – der Versicherer muss die Rente bis zum Lebensende zahlen. Die Renditen dieser Verträge fallen jedoch nicht gerade üppig aus. Die Sofortrente setzt sich meist aus zwei Bestandteilen zusammen – der garantierten Rente und der Überschussbeteiligung. 2018 zahlen die Versicherer für neu abzuschließende Verträge aber höchstens einen garantierten Zinssatz von gerade einmal 0,9 Prozent. Für ältere Verträge liegt die Garantieverzinsung zum Teil noch deutlich höher.

Diesen Zins erhalten Sie aber nicht für Ihr komplettes eingezahltes Vermögen, sondern nur für das, was nach Abzug von verschiedenen Kosten, die bei Vertragsschluss anfallen, übrig bleibt. Da die Versicherer mit unterschiedlichen Ausgaben rechnen, etwa für Verwaltung und Personal, können die garantierten Renten je nach Anbieter ganz unterschiedlich ausfallen. Deshalb ist es umso wichtiger, dass Sie nicht gleich den erstbesten Vertrag unterschreiben, sondern mehrere Angebote vergleichen.

❝ Sie sollten sich fit fühlen und Ihre Lebenserwartung positiv einschätzen.

Bei der garantierten Rente allein muss es aber nicht bleiben. Es kann sein, dass Sie mehr bekommen, wenn der Versicherer mit den Beiträgen seiner Kunden insgesamt erfolgreich am Kapitalmarkt gewirtschaftet hat. Davon können Sie in Form der sogenannten Überschussbeteiligung profitieren, durch die Ihre Rente noch etwas höher ausfallen kann. Garantiert ist das aber nicht.

Viele Versicherer sind sogar dazu übergegangen, komplett auf eine Garantieverzinsung zu verzichten. Sie bieten dafür an, die Kunden stärker an den Überschüssen zu beteiligen, aber diese sind eben nicht sicher.

Wer sich für eine Sofortrente entscheidet, sollte die „volldynamische Variante" wählen. Dann sind keine Kürzungen zu befürchten, falls die Überschüsse einbrechen oder die Unternehmen sie wegen der steigenden Lebenserwartung senken. Hat der Versicherer hingegen eine gute Anlagestrategie parat, kann die Rente im Laufe der Jahre sogar kontinuierlich ansteigen.

Insgesamt lohnt sich die Sofortrente vor allem, wenn der Versicherte sehr alt wird. Wichtiger Punkt deshalb: Sie sollten sich fit und gesund fühlen und Ihre Lebenserwartung positiv einschätzen. Rechnen Sie sich außerdem vor Vertragsabschluss möglichst genau aus, wie viel zusätzliche Rente für Ihren Lebensunterhalt notwendig ist, und zahlen Sie nur so viel in den Vertrag ein.

Das kommt im Ernstfall auch Ihren Angehörigen zugute. Denn die Versicherung schützt nur denjenigen, der den Vertrag abschließt. Stirbt er, gehen die Angehörigen leer aus. Es sei denn, der Kunde hat vorgesorgt und mit dem Versicherer zum Beispiel eine sogenannte Rentengarantiezeit vereinbart. Beträgt die Garantiezeit beispielsweise zehn Jahre, muss der Versicherer die monatliche Leistung für zehn Jahre auszahlen, selbst wenn der Kunde bereits ein oder zwei Jahre nach Beginn der Auszahlung gestorben ist.

Eine Rentengarantiezeit von zehn Jahren kostet Sie nicht allzu viel von Ihrer privaten Rente. Soll die Garantie allerdings für einen längeren Zeitraum gelten, müssen Sie deutlichere Einbußen bei der möglichen Rente hinnehmen.

→ Vorsorgen mit Partnerpolice

Eine andere Möglichkeit, den Partner besonders abzusichern, wäre eine Partnerpolice. Das heißt: Beide schließen die Rentenversicherung gemeinsam ab. Dann ist gesichert, dass der eine nach dem Tod des anderen weiter bis zu seinem Lebensende die Partnerrente bezieht. Nachteil der Partnerpolice: Die Zahlungen aus der gemeinsamen Rentenversicherung sind niedriger, als wenn beide Partner jeweils eine eigene Versicherung abschließen. Allerdings hätte der Überlebende im Ernstfall immer noch mehr Geld zur Verfügung, als wenn er nur die Rente aus seinem Einzelvertrag bekäme.

Kapitallebensversicherung durchhalten

Ein Neuabschluss einer Kapitallebensversicherung ist aktuell nicht zu empfehlen. Doch was wird aus einem bestehenden Vertrag? Die Verunsicherung unter den Kunden, die vielleicht in Kürze oder zumindest in einigen Jahren die Auszahlung aus einem langjährigen Vertrag erwarten, ist groß: daran festhalten oder kündigen?

Wenn möglich sollten Sie bis zum Schluss durchhalten! Durch die Kündigung machen Sie in aller Regel Verlust.

Wenn Sie dennoch kündigen wollen – etwa aus Frust oder Verunsicherung –, sollten Sie einen weiteren Punkt im Auge behalten: Je nachdem, wann Sie kündigen, können für die Erträge anders als erwartet Steuern fällig werden oder mehr Steuern als gedacht.

Hintergrund: Haben Sie Ihren Vertrag vor 2005 abgeschlossen, ist es möglich, die Erträge aus der Police steuerfrei einzustreichen. Haben Sie Ihren Vertrag erst seit 2005 oder später, können die Erträge immerhin zur Hälfte steuerfrei sein. Nur der Rest wird nach dem persönlichen Steuersatz steuerpflichtig. Damit Sie von dieser günstigen Besteuerung profitieren, müssen aber einige Bedingungen erfüllt sein.

Für den Steuervorteil für ab 2005 geschlossene Verträge ist zum Beispiel eine Voraussetzung, dass der Vertrag mindestens

---

ⓘ Gerade für die rentennahen Jahrgänge kann auch eine freiwillige Zahlung an die gesetzliche Rentenversicherung eine gute Alternative sein. Sie besteht aber nur unter bestimmten Bedingungen. Es lohnt sich, wenn Sie sich über die Voraussetzungen informieren. Mehr unter „Aus eigener Kraft Rente erhöhen", S. 21.

zwölf Jahre lief und mindestens fünf Jahre Beiträge gezahlt wurden. Kündigt der Versicherte vor Ablauf der zwölf Jahre, verlangt das Finanzamt 25 Prozent Abgeltungsteuer für die bis zu diesem Zeitpunkt erzielten Kapitalerträge. Nur wenn Sie Ihren Sparerpauschbetrag von 801 Euro im Jahr nicht ausgeschöpft haben, können Sie in so einer Situation der Steuer entgehen.

Überlegen Sie sich also gut, ob Sie sich tatsächlich vorzeitig von Ihrer Police trennen wollen oder ob Sie noch etwas länger durchhalten. Wenn Sie unsicher sind bezüglich der Zeiten und Fristen, erkundigen Sie sich im Lohnsteuerhilfeverein oder bei einem Steuerberater.

Auszahlplan der Bank

Versicherungen sind nicht jedermanns Sache. Vielleicht scheuen Sie den Kontakt zum Vermittler, wissen, dass der Abschluss häufig mit hohen Kosten verbunden ist, oder Sie wollen sich nicht für die nächsten Jahrzehnte an einen Vertrag binden. Wenn Sie Ihr Geld trotzdem sicher anlegen möchten, werden Sie bei den Banken Alternativen finden, doch auch sie haben Nachteile.

Eine Möglichkeit, sich – ähnlich wie bei der privaten Rente – eine regelmäßige sichere Zusatzeinnahme zu verschaffen, wäre ein Bankauszahlplan. Kurz zusammengefasst funktioniert er so: Sie zahlen einen größeren Betrag bei der Bank ein und erhalten über eine vorher festgelegte Laufzeit ebenfalls festgelegte regelmäßige – meist monatliche – Auszahlungen daraus. Auch der Zinssatz, zu dem Ihr Geld in dieser Zeit angelegt wird, steht von Beginn an fest.

Denkbar sind zwei Varianten eines Auszahlplans: entweder mit Kapitalverzehr oder ohne. Mit Kapitalverzehr bedeutet, dass Ihr Erspartes samt Zinsen etappenweise ausgezahlt wird. Ohne Kapitalverzehr würde bedeuten, dass Ihnen nur die Zinsen auf Ihr Erspartes ausgezahlt werden, während das ursprünglich investierte Kapital

---

Gibt es eine Alternative zur klassischen Rentenversicherung, um sich mehr Einnahmen im Alter zu sichern? Wenn Sie noch einige Jahre bis zum Rentenbeginn haben, kann eine Rürup-Rente dank staatlicher Unterstützung interessant sein. Durch Ihre Beiträge ist ein enormer Steuervorteil möglich. Je höher Ihr Steuersatz, desto attraktiver ist das Produkt. Allerdings ist der Vertragsabschluss in der Regel mit hohen Kosten verbunden. Ehe Sie sich dafür entscheiden, prüfen Sie die Möglichkeiten für freiwillige Zahlungen an die gesetzliche Rentenkasse.

> **Auf der Suche nach einer sicheren Geldanlage** erhalten Sie vielleicht auch das Angebot für einen Bausparvertrag. Das kann sinnvoll sein – wenn Sie Wohneigentum haben und das Ersparte zum Beispiel als Vorsorge für mögliche Reparaturarbeiten nutzen wollen oder davon ausgehen, dass ein Umbau der Wohnung notwendig werden könnte. Als reine Geldanlage ist ein solcher Vertrag bei der derzeitigen Zinslage hingegen nicht geeignet.

komplett erhalten bleibt. In der derzeitigen Niedrigzinsphase wird diese Variante aber kaum infrage kommen, weil sich damit keine nennenswerten regelmäßigen Auszahlungen erreichen lassen.

Der Bankauszahlplan kann eine Möglichkeit sein, um sich selbst eine regelmäßige Zusatzeinnahme zu verschaffen. Er kann aber auch interessant sein, wenn Sie zum Beispiel planen, Ihre Kinder oder Enkel finanziell mit einer bestimmten Summe zu unterstützen. Wollen Sie etwa Ihrem Enkel die drei Jahre bis zum Examen erleichtern, legen Sie einen bestimmten Betrag an, der Schritt für Schritt an ihn ausgezahlt wird.

Allerdings wird es für Sie nicht ganz einfach sein, ein passendes Angebot zu finden. Nur wenige Kreditinstitute bieten Auszahlpläne an. Auf test.de können Sie prüfen, ob es einen aktuellen Test gibt.

Ein weiterer Nachteil: Ein Auszahlplan ist alles andere als flexibel. Sie können während der vereinbarten Laufzeit nicht an Ihr Erspartes heran. Deshalb empfiehlt es sich genau wie bei der Sofortrente, höchstens so viel Geld in den Auszahlplan zu stecken, dass Sie die „Zusatzrente" in der gewünschten Höhe erreichen können. Auch über die Laufzeit sollten Sie sich Gedanken machen. Je länger Sie sich binden, desto höher die Zinsen. Allerdings gilt: Anleger, die davon ausgehen, dass die Zinsen in absehbarer Zeit steigen, sollten lieber keine Laufzeit von zehn Jahren wählen.

Eines sollten Sie zudem bedenken: Anders als bei der Sofortrente fehlt bei einem Auszahlplan die lebenslange Sicherheit – zumindest bei den Angeboten mit Kapitalverzehr ist am Ende das Geld verbraucht.

Trotz der Nachteile: Wollen Sie Ihre Kinder oder Enkel unterstützen, sind ein Auszahlplan oder andere Sparprodukte der Banken häufig die bessere Lösung als etwa eine Ausbildungsversicherung. Sie funktioniert quasi wie eine Kapitallebensversicherung und kombiniert Sparen mit Risikoschutz: Sollten Sie sterben, ist das eingezahlte Geld nicht weg, sondern wird an die Enkel ausgezahlt. Die Kombination empfiehlt sich in der Regel nicht.

Sicher und flexibel anlegen

Sie können natürlich auch sicher sparen und von Ihren Ersparnissen leben, ohne sich an einen fest organisierten Auszahlplan zu binden. Bei den Banken und Sparkassen finden Sie dafür viele weitere Möglichkeiten. Wenn Sie diese Angebote geschickt miteinander kombinieren, können Sie sich quasi Ihren eigenen Auszahlplan erschaffen und flexibler reagieren.

Einen Teil Ihres Geldes sollten Sie auf jeden Fall auf ein Tagesgeldkonto legen – quasi als Reserve für Notfälle. Faustregel: Das Notpolster sollte etwa das Zwei- bis Dreifache Ihres Monatseinkommens betragen. An dieses Geld können Sie täglich herankommen, wenn zum Beispiel eine dringende Autoreparatur ansteht oder die Heizungsanlage plötzlich überholt werden muss.

Ebenfalls sicher sind Anlagen wie Festgeldkonten und Sparbriefe. Allerdings haben Sie hier nicht so viele Freiheiten wie beim Tagesgeld. Vorab wird festgelegt, mit welchem Zinssatz Ihr Geld angelegt wird und für wie lange – zum Beispiel für ein halbes Jahr, ein Jahr oder auch drei Jahre. Früher kommen Sie nicht heran.

Trotz dieser festen Laufzeiten ist es mit etwas Aufwand möglich, Ihren eigenen Auszahlplan zu entwickeln: wenn Sie Ihr Geld aufteilen und zum Beispiel auf mehreren Festgeldkonten so anlegen, dass alle paar Monate eine Auszahlung fällig wird. Dann können Sie jeweils entscheiden, wie viel Sie von der frei werdenden Summe verbrauchen und wie viel Sie direkt wieder anlegen möchten.

Behalten Sie aber den Überblick, wann welche Geldanlage fällig wird. Denn kündigen Sie Ihr Festgeldkonto nicht rechtzeitig, kann es Ihnen passieren, dass die Bank das Geld gleich wieder neu anlegt – zu den dann gültigen Konditionen. Womöglich ist der Zins dann niedriger als vorher, und Sie kommen wieder für eine längere Zeit nicht an Ihr Geld. Teilen Sie Ihrer Bank daher rechtzeitig mit, was nach Laufzeitende aus der Anlage werden soll.

→ Günstig Geld leihen

So ärgerlich die niedrigen Zinsen für Sparer sind – einen Vorteil haben sie: Geldleihen ist derzeit besonders günstig. Aber Achtung: Wenn Sie alles über Ihr Girokonto und den dort angebotenen Dispositionskredit (Dispo) laufen lassen, wird es unnötig teuer. Hier verlangen die Banken zum Teil immer noch deutlich über 10 Prozent Zinsen von ihren Kunden. Wenn Sie dringend Geld benötigen und der Notgroschen nicht reicht, ist es günstiger, einen Ratenkredit aufzunehmen. Prüfen Sie vorher außerdem, ob es staatliche Fördermöglichkeiten gibt. Hat beispielsweise die KfW-Bank ein Angebot für Sie, wenn Sie Ihre Immobilie behindertengerecht umbauen wollen?

ETF und mehr: Mit etwas Risiko erfolgreich anlegen

Nur weil Sie 60 oder älter sind, müssen Sie nicht die Hände von Fonds lassen: Wenn Sie auf einer sicheren finanziellen Basis aufbauen können, eignen sich vor allem Indexfonds (ETF).

Höhere Renditechancen als die sicheren Zinsanlagen und Versicherungen versprechen Börseninvestments wie Fonds und Aktien. Für Anleger jenseits der 60 eignen sich börsengehandelte Indexfonds, sogenannte ETF („Exchange Traded Funds"), besonders. Sie sind sehr bequem und damit gerade für alle, die sich nicht regelmäßig mit ihren Finanzen beschäftigen wollen oder können, interessant.

Sie können einmalig eine größere Summe in ETF investieren oder zahlen regelmäßig Geld ein. Auch der umgekehrte Weg ist möglich: Sie entnehmen regelmäßig Geld aus vorhandenem Fondsvermögen und basteln sich so selbst eine Zusatzrente.

Wichtige Voraussetzung ist aber: Sie haben genügend sichere finanzielle Mittel, um die Ausgaben für den Lebensunterhalt zu bestreiten, denn auch mit ETF sind Verluste möglich. Am besten ist, wenn Sie das investierte Geld voraussichtlich die nächsten zehn, besser noch 15 Jahre nicht benötigen und ein mögliches Börsentief aussitzen können. Ungünstig wäre, wenn Sie zu einem festen Termin auf Ihr Geld angewiesen sind.

Eine breite Palette an Fonds

Indexfonds sind nur eine Gruppe in der breiten Palette an Fonds, die heute angeboten werden. Doch was genau ist das überhaupt, ein Fonds?

Das Management eines Fonds sammelt die Gelder der Anleger ein und kauft dafür Wertpapiere. Kauft der Fonds überwiegend Aktien, spricht man von einem Aktienfonds. Investiert er das Geld in Anleihen, handelt es sich um einen Rentenfonds. Erwirbt er sowohl Aktien als auch Anleihen, ist von einem Mischfonds die Rede. Daneben gibt es noch Immobilienfonds. Sie investieren in Bürogebäude, Shopping-Center oder Hotels. Das sind bereits die wichtigsten Fondsgruppen.

Anleger können vor allem mit Aktienfonds eine deutlich höhere Rendite erzielen als mit sicheren Sparprodukten der Banken. Im Gegenzug müssen sie einkalkulieren, dass sie je nach Markt- und Börsenlage auch Geld verlieren können. Das Verlustrisiko ist jedoch geringer, als in einzelne Wertpapiere zu investieren, also zum Beispiel nur Aktien von einem oder zwei Unternehmen zu erwerben. Ein Aktienfonds streut die eingesammelten Anlegergelder auf viele verschiedene Aktien. Falls eine davon Verlust macht, lässt sich das leichter durch andere erfolgreiche Aktien ausgleichen.

Ein Großteil der Aktien- und Rentenfonds wird aktiv gemanagt. Das heißt, die Fondsmanager wählen aktiv die Anlagen aus, in die das Geld fließt. Von ihren Entscheidungen hängt es maßgeblich ab, ob der Fonds gut läuft oder nicht.

Das ist bei den zu Beginn empfohlenen ETF anders. Diese Fonds bilden den Verlauf eines bestimmten Index nach. Deshalb spricht man auch von Indexfonds. Ein bekannter Index ist der Dax – der Deutsche Aktienindex, der die Wertentwicklung der 30 größten Aktiengesellschaften am deutschen Markt misst. Ein ETF auf den Dax kopiert den Verlauf der Aktien dieser 30 Unternehmen. Da sich im Dax ausschließlich deutsche Aktien befinden, ist ein ETF auf den Dax aber eher riskant (siehe Kasten „Aktienfonds" unten). Mehr Sicherheit haben Anleger, die sich für einen ETF auf einen Index mit breiter Ausrichtung entscheiden. Dazu gehört zum Beispiel der MSCI World. Er misst die Entwicklung von rund 1 600 Unternehmen weltweit.

ETF können Sie über jede Bank an der Börse kaufen. Sie machen Ihnen wenig Mühe und kosten zudem weniger jährliche Verwaltungsgebühren als ein aktiv gemanagter Fonds. Sie können einmalig eine größere Summe in ETF stecken oder Sparpläne abschließen, in die Sie zum Beispiel jeden Monat eine bestimmte Summe ab 25 oder 50 Euro einzahlen. Sind Ihre finanziellen Möglichkeiten vorübergehend begrenzter, können Sie die Raten ändern oder aussetzen.

Der Neueinstieg ist nicht schwer

Vielleicht gehören Sie zu den Anlegern, die schon in den vergangenen Jahren auf die Chancen von ETF gesetzt haben. Wenn nicht, gilt: Im ersten Schritt benötigen Sie

---

Aktienfonds ist nicht gleich Aktienfonds. Je nach Ausrichtung kauft er zum Beispiel nur Aktien von Unternehmen in Deutschland oder in einem anderen Land oder von Unternehmen einzelner Branchen. Eine solche begrenzte Ausrichtung bedeutet ein höheres Risiko. Sicherer gehen Anleger mit breit streuenden Fonds, die die Kundengelder über verschiedene Branchen und Länder verteilen. Solche Fonds nennen sich beispielsweise Aktienfonds Welt oder Aktienfonds Europa. Sie sind eher für Börsenneulinge geeignet. Mehr dazu unter „Bequem wie ein Pantoffel" ab S. 69.

ein Wertpapierdepot. Haben Sie noch kein Depot, können Sie eines bei Ihrer Hausbank eröffnen. Oder Sie richten ein (deutlich günstigeres) Depot bei einer Direktbank im Internet ein. Wenn Sie bei Ihrer Filialbank oder Sparkasse bleiben wollen, beantragen Sie dort ein Onlinedepot.

Wollen Sie Wertpapiere lieber bei Direktbanken und -brokern lagern, laden Sie das Formular zur Depoteröffnung beim Anbieter im Netz herunter. Nach dem Ausfüllen muss das Geldinstitut nun nur noch Ihre Identität überprüfen, etwa mithilfe des Post-Ident-Verfahrens. Das heißt: Sie gehen mit dem Post-Ident-Formular der jeweiligen Bank und mit Ihrem Personalausweis zur Post, und die Mitarbeiter dort bestätigen der Bank Ihre Identität.

Wenige Tage später erhalten Sie per Post die notwendigen Daten und Dokumente für Ihr Depot. Dorthin überweisen Sie Geld von Ihrem Girokonto, um davon die Fonds zu kaufen. Das Depot hat eine Kontonummer. Es dient aber nicht dem Zahlungsverkehr, sondern dazu, Fonds und Wertpapiere zu verwahren.

Die Bank muss Sie darüber informieren, dass mit dem Investment ein gewisses Risiko verbunden ist.

Haben Sie bereits ein Depot, wollen aber zu einem günstigeren Anbieter wechseln, stellen Sie dort einen Depotantrag. Ihre neue Depotbank kümmert sich dann um den Umzug der Wertpapiere. Beachten Sie, dass Sie während dieser Wechselphase über mehrere Tage, eventuell sogar einige Wochen, keine Wertpapiere verkaufen können.

Haben Sie nun das passende Depot und wollen Sie in monatlichen Raten in ETF investieren, benötigen Sie zusätzlich einen speziellen Sparplan. Die meisten Filialbanken bieten allerdings nur Sparpläne für aktiv gemanagte Fonds an. Bei Direktbanken werden Sie jedoch in der Regel fündig, sodass Sie auch mit kleineren Sparraten mit ETF starten können.

Es folgt der nächste entscheidende Schritt: die Auswahl des passenden Fonds. Denn längst nicht jeder ETF eignet sich für jeden Anleger. Für die meisten Anleger sind global oder europaweit ausgerichtete ETF die beste Lösung. Doch wie finde ich die passenden Fonds? Gerade für Börsenneulinge ist die Entscheidung nicht einfach zu treffen. Aber auch erfahrenen Anlegern fällt sie oft schwer angesichts von Tausenden von Fonds. Um sie zu erleichtern, bewertet die Stiftung Warentest regelmäßig aktiv gemanagte Fonds und ETF. Außerdem hat sie vor einigen Jahren mit den „Pantoffel-Portfolios" verschiedene Depotvorschläge entwickelt. Dieses Anlagekonzept mit ETF eignet sich auch für Einsteiger. Wenn Sie sich danach richten, investieren Sie sowohl in Aktien als auch in sichere Zinsanlagen.

Bequem wie ein Pantoffel

Für Börsenneulinge kommt insbesondere der „Welt-Pantoffel" infrage (siehe Kasten „Welt-Pantoffel", S. 71). Sie kaufen dann als

Auf die bequeme Art

Egal ob Börsenneuling oder erfahrener Anleger: Finanztest hat Depotvorschläge für verschiedene Anlegertypen zusammengestellt. Diese können Ihr Risiko in Grenzen halten.

Rendite-Baustein Anteile an einem Aktien-ETF Welt. Dazu mischen Sie als Sicherheitsbaustein Zinsanlagen. Das kann vorzugsweise Tagesgeld sein oder aber ein Rentenfonds, der beispielsweise in gemischte Anleihen investiert.

Die Stiftung Warentest hat die Depotvorschläge in sicherer, ausgewogener und riskanter Form zusammengestellt. Die ausgewogene Variante: Sie investieren jeweils gleich viel Geld in einen Aktien-ETF und in Zinsanlagen. Wenn Sie einen sichereren Weg gehen wollen, wählen Sie zu 75 Prozent Zinsanlagen und kaufen nur zu 25 Prozent Anteile am Aktien-ETF. Wenn Sie gute Nerven haben und sich ein höheres Risiko leisten können und wollen, wäre eine Aufteilung in 75 Prozent Aktien-ETF und 25 Prozent Zinsanlagen denkbar.

Kaufen und dann erst einmal abwarten

Sie haben sich für die passenden Bausteine entschieden? Dann wenden Sie sich an einen Ansprechpartner bei Ihrer Filialbank und beauftragen ihn mit dem Kauf. Kunden von Direktbanken geben den Kauf mit ein paar Klicks im Internet selbst in Auftrag.

Der große Vorteil der Pantoffel-Portfolios für den Kunden: Wenn er die vorgeschlagenen Fonds erst einmal gekauft hat, hat er anschließend wenig Mühe mit seiner Investition. Sie können sich gewissermaßen bequem zurücklehnen und Ihr Geld für sich arbeiten lassen. Ab und zu sollten Sie allerdings schauen, ob die ursprüngliche Aufteilung von zum Beispiel 50 Prozent Aktienfonds und 50 Prozent Zinsanlage noch in etwa stimmt. Macht ein Baustein mittlerweile mindestens 60 Prozent aus, schichten Sie Aktien- und Zinsanteil am besten so um, dass das ursprüngliche Verhältnis wiederhergestellt ist.

Finanztest hat die Pantoffel-Portfolios vor mittlerweile fünf Jahren entwickelt. Aktuelle Berechnungen zeigen: Wer damals zum Start 100 000 Euro ins Welt-Pantoffel-Portfolio gesteckt hätte, besäße heute knapp 148 000 Euro. Das entspricht einer Rendite von 8,2 Prozent pro Jahr.

Es müssen aber natürlich keine 100 000 Euro sein, die Sie investieren, Sie können auch mit deutlich weniger einsteigen. Am wenigsten Kapital benötigen Sie, wenn Sie sich für die ausgewogenen Modelle – also 50 Prozent Aktienfonds / 50 Prozent Tagesgeld – entscheiden. Als Kunde einer Direktbank können Sie bereits mit 2 000 Euro loslegen. Aufgrund der Bankgebühren, die beim Handel mit den Fondsanteilen mindestens fällig werden, wäre es allerdings besser, wenn Sie mit 10 000 Euro starten könnten.

Direktbanken sind aber nur per Telefon oder Internet zu erreichen. Wenn Ihnen ein direkter Ansprechpartner wichtig ist und Sie daher lieber bei der Bank um die Ecke bleiben, sollten Sie etwa mit den doppelten Summen rechnen, denn die Filialbanken verlangen deutlich höhere Gebühren als Direktbanken.

Fondsentnahme richtig angehen

Geht es Ihnen nicht darum, weiteres Vermögen anzusparen, sondern vorhandene Ersparnisse jetzt und in der nächsten Zeit zu verbrauchen? Auch dazu können Sie das

Der Welt-Pantoffel

Geeignet für alle Anlegertypen als Basisanlage, vor allem für Sparer, die wenig Fondserfahrung mitbringen oder nur eine geringe Summe investieren wollen.

Bestandteile	1. Aktienfonds Welt	2. Sicherheitsbaustein
Fonds zur Wahl	Es kommen ETF auf den Weltaktienindex MSCI World infrage, die es von verschiedenen Anbietern gibt: Amundi (Isin*: LU 168 104 359 9), Comstage (LU 039 249 456 2), db x-trackers (LU 027 420 869 2), HSBC (DE 000 A1C 9KL 8), Invesco (IE 00B 60S X39 4), iShares (IE 00B 4L5 Y98 3), Lyxor (FR 001 031 577 0), UBS (LU 034 028 516 1).	Als Sicherheitsbaustein eignen sich Tagesgeld oder ein gemischter Rentenfonds auf den Index Barclays Euro Aggregate: iShares Euro Aggregate Bond (IE 00B 3DK XQ4 1), SPDR Barclays Euro Aggregate Bond (IE 00B 41R YL6 3). Aktien Welt 50% / Sicherheitsbaustein 50% **Ausgewogene Variante**
Aufbau	Je nach Risikobereitschaft mit 25, 50 oder 75 % Aktienfonds.	

*Kurz für „International Securities Identification Number", eine Art Bestellnummer für Wertpapiere.

Checkliste

Fonds-Entnahme: So kommen Sie zum Erfolg

Wie lange soll das Geld reichen? Wie hoch sollte die Rate mindestens sein? Welches Risiko wollen und können Sie eingehen? Wenn Sie diese Ausgangsfragen für sich geklärt haben, helfen Ihnen die folgenden Tipps beim Einstieg:

- **Aufbau.** Für einen Entnahmeplan empfehlen wir Ihnen als Sicherheitsbaustein Tagesgeld. Sie können auch besser verzinstes Festgeld und Tagesgeld miteinander kombinieren. Für den Renditebaustein eignen sich am besten börsengehandelte Indexfonds auf den MSCI World. Ein ETF auf den MSCI World legt in 1 600 Unternehmen auf der ganzen Welt an. Passende ETF finden Sie im Kasten „Welt-Pantoffel" auf S. 71.

- **Entnahme aus Tagesgeld.** Sie brauchen ein Tagesgeldkonto. Achten Sie bei der Anlage größerer Summen bei der Wahl Ihrer Bank auf die Einlagensicherung. Gesetzlich gesichert sind in der EU nur 100 000 Euro pro Bank und Person. Sie können das Geld auch auf mehrere Banken aufteilen. Die Stiftung Warentest vergleicht regelmäßig die aktuellen Zinsangebote. Top-Tagesgeldkonten finden Sie zum Beispiel im Internet unter test.de/zinsen. Wenn Sie Ihre Bank nicht ständig wechseln wollen, wählen Sie einen Anbieter, der als „dauerhaft gut" gekennzeichnet ist. Auszahlungen können Sie kostenlos vornehmen. Sie überweisen dazu das Geld auf Ihr Girokonto.

- **Entnahme aus ETF.** Bei den ETF verkaufen Sie am besten die errechnete Auszahlung für ein Jahr auf einen Schlag. Günstig ist dafür zum Beispiel der Onlinebroker Onvista, der derzeit pro Order pauschal 5 Euro berechnet. Einen Depotkostenvergleich finden Sie online (test.de/depotkosten). Sie verbrauchen dann das Geld innerhalb eines Jahres und verkaufen im Folgejahr erneut Fondsanteile.

- **Feste Auszahlpläne:** Einige wenige Banken bieten auch extra Auszahlpläne für ETF an. Bei diesen Angeboten werden monatlich Anteile im gewünschten Wert verkauft.

Stiftung Warentest | Erspartes nutzen – Geld neu anlegen

Pantoffel-Portfolio nutzen. Um das Risiko zu begrenzen, empfehlen wir auch hier einen ETF auf den weltweiten Index MSCI World. Als Sicherheitsbaustein sollten Sie lieber Tagesgeld nutzen und keinen Rentenfonds, da der Wert eines Tagesgeldkontos nicht ins Minus rutschen kann. Bei Rentenfonds kann das passieren.

Für die Planung Ihrer Entnahme beantworten Sie sich am besten vorab die folgenden Fragen:
▶ Wie lange soll die Auszahlung dauern?
▶ Wie riskant darf das Portfolio sein – zum Beispiel 50/50?
▶ Wie viel Geld brauen Sie extra? Wie viel Geld wollen Sie also monatlich zur Verfügung haben?

Wollen Sie am liebsten bis ans Lebensende von den Ersparnissen zehren, sollten Sie – gerade wenn Sie fit und gesund sind – zur Sicherheit ab Rentenbeginn mit einer Laufzeit von mindestens 30 Jahren kalkulieren. Zum Start teilen Sie Ihr vorhandenes Vermögen auf die gewünschte Laufzeit auf, um zu ermitteln, wie viel Geld Sie je nach Ihrem persönlichen Plan entnehmen können. Ähnlich machen Sie es in den Folgejahren und teilen das jeweils vorhandene Vermögen durch die Restdauer.

Um das ganze Verfahren einfach zu halten, verkaufen Sie am besten einmal im Jahr auf einen Schlag die Fondsanteile, die für die errechnete Auszahlung nötig sind. Ebenso überweisen Sie regelmäßig die jeweiligen Summen vom Tagesgeld- auf Ihr Girokonto (siehe Checkliste „Fonds-Entnahme: So kommen Sie zum Erfolg", S. 72).

Wenn Sie beispielsweise ein Vermögen von 100 000 Euro haben und eine Laufzeit von 30 Jahren anpeilen, stehen Ihnen zu Beginn monatlich knapp 280 Euro zur Verfügung. Je nach Fondsentwicklung können die Auszahlungen jedoch im Laufe der Jahre deutlich steigen, denn trotz regelmäßiger Entnahmen stehen die Chancen gut, dass Ihr Portfolio weiter anwächst.

Anpassen an veränderte Lebensumstände
Entscheiden Sie sich für die Entnahme mithilfe des Pantoffel-Portfolios, haben Sie einen weiteren Vorteil: Sie bleiben flexibel und können auf neue Lebensumstände reagieren – wenn Sie zum Beispiel regelmäßig höhere Auszahlungen benötigen, um Ausgaben für die Pflege zu decken. Es ist auch problemlos möglich, die ursprünglich angedachte Laufzeit später anzupassen.

▶ Hilfe beim Aufbau des Pantoffel-Portfolios bietet Ihnen die Themenseite test.de/pantoffel-portfolio. Weitere passende Fonds finden Sie im Produktfinder Investmentfonds unter test.de/fonds. Unser Ratgeber „Anlegen mit ETF" fasst alle wichtigen Daten und Informationen ausführlich zusammen. Sie können ihn unter test.de/shop oder im Handel erwerben.

Investieren statt sparen: Immobilien als Alternative?

Die Zinsen sind immer noch niedrig. Umso verlockender erscheint es, Geld für eine Eigentumswohnung oder ein Haus auszugeben. Doch die Investition sollte gut vorbereitet werden.

Als Alternative zu Sparanlagen, Investmentfonds und Versicherungen denken gerade jetzt viele über Investitionen in Sachwerte nach: Vielleicht doch noch in ein Eigenheim umziehen? Das vorhandene Wohnhaus modernisieren? Geld für eine zu vermietende Eigentumswohnung ausgeben? Alles ist denkbar, doch die nächsten Schritte sollten gut überlegt sein.

Am einfachsten können Sie planen, wenn Sie wissen, dass Sie auf Dauer in Ihrem eigenen Haus bleiben wollen. Dann wäre der aktuelle Zeitpunkt mit den niedrigen Zinsen sicher günstig, um vorhandenes Geld zum Beispiel in den sowieso in absehbarer Zeit geplanten altersgerechten Umbau zu investieren, anstatt es in mäßig verzinste Sparbriefe zu stecken. Geht es nicht ohne geliehenes Geld, können Sie derzeit davon profitieren, dass das nötige Darlehen preiswert zu haben ist.

Die eigene Immobilie finanzieren

Auch wenn Sie um die 60 Jahre alt sind, muss der Traum von den eigenen vier Wänden noch nicht ausgeträumt sein, wenn Ersparnisse vorhanden sind, um daraus zumindest einen Großteil der Kosten zu finanzieren.

> **Suchen Sie nach einem möglichst flexiblen Angebot.**

Für die restliche Finanzierung müssen Sie sich auf die Suche nach einem passenden Darlehen machen. Es kann sein, dass Sie hier als etwas älterer Kunde nicht bei jeder Bank etwas Passendes finden. Denn eine Standardfinanzierung mit festen Tilgungsraten ist in der Regel nicht die beste Wahl für Sie. Achten Sie vielmehr darauf, dass Sie ein Darlehen mit langer Zinsbindung finden, bei dem Sie die anfangs vereinbarte Rate jederzeit nachträglich wechseln können.

Mit anderen Worten: Suchen Sie nach einem möglichst flexiblen Angebot. Vereinbaren Sie für die Jahre, in denen Sie noch berufstätig sind, eine Tilgung, die Sie mit Ihrem Einkommen stemmen können. Und sichern Sie sich dann für die Zeit des Ruhe-

ℹ **Hilfreich für die Finanzierung** ist es, wenn Sie in absehbarer Zeit eine Kapitallebensversicherung ausgezahlt bekommen oder wenn Sie sich bei Rentenbeginn aus einer betrieblichen Altersvorsorge auf einen Schlag eine größere Summe auszahlen lassen können. Versuchen Sie mit Ihrer Kreditbank zu vereinbaren, dass Sie solche Zahlungen direkt für eine Sondertilgung Ihres Darlehens nutzen können. Auch Ihre Riester-Ersparnisse – aus welcher Art von Vertrag auch immer – können Sie zur Tilgung eines Baukredits einsetzen.

---

stands die Möglichkeit, die Tilgung herunterzuschrauben, sodass Sie die Raten auch von der monatlichen Rente oder Pension aufbringen können. Optimal wäre es natürlich, wenn Sie bis zum Ruhestand bereits alle Schulden getilgt hätten, aber das kann in wenigen Jahren natürlich schwierig sein.

Die gute Nachricht: Es gibt solche Angebote speziell für ältere Kunden, doch womöglich knüpfen die Banken ihre Kredite an Bedingungen. Es kann sein, dass sie je nach Alter zum Beispiel Auskunft über die Erbfolge verlangen oder fordern, dass ein Erbe den Kreditvertrag mit unterschreibt. Es gibt auch Banken, die den Kredit für Kunden ab 60 oder 65 begrenzen, zum Beispiel auf 80 Prozent des Immobilienwerts.

Wollen Sie sich mit Anfang 60 einen Überblick über Ihre finanziellen Möglichkeiten verschaffen, geben Ihnen die Rentenauskunft oder die Versorgungsauskunft schon einen konkreteren Überblick als in jüngeren Jahren, mit welchen Einnahmen Sie im Ruhestand sicher rechnen können.

Auch aus den Standmitteilungen zu privater und betrieblicher Vorsorge wissen Sie, welche Leistungen Sie in etwa erwarten können. Entscheidend für Ihre weiteren Planungen sind aber nicht die Bruttorenten, sondern das, was Ihnen netto zur Verfügung steht – also nach Abzug von Steuern und Sozialversicherungsbeiträgen.

→ **Förderung nutzen**

Besonders wenn Sie Ihr Haus altersgerecht umbauen oder so sanieren, dass Ihre Energiekosten künftig sinken, lohnt es sich, dass Sie sich nach Fördermöglichkeiten erkundigen. Bei der staatlichen KfW-Bank können Sie unter bestimmten Voraussetzungen günstige Darlehen für Bau, Kauf oder Modernisierung der eigenen vier Wände erhalten. Weitere Informationen unter kfw.de sowie telefonisch unter 0 800 75 39 90 02 (kostenfreie Servicenummer).

Teure Sahnestücke
Gerade in den Innenstädten sind die Immobilienpreise zum Teil enorm angestiegen. In Randgebieten können Investoren noch Erfolg versprechende Objekte finden. Achten Sie aber immer auf eine gute Lage der Immobilie.

Die passende Immobilie finden

Ob Sie sich für ein Eigenheim oder auch für eine zu vermietende Immobilie entscheiden: Kalkulieren Sie die Sache gut durch und riskieren Sie nicht, dass Ihnen durch die verlockende Investition finanzielle Mittel fehlen, die Sie eigentlich zum Leben benötigen. Kaufen Sie nicht um jeden Preis, sondern nehmen Sie sich die Zeit, die passende Immobilie zu finden, die zu Ihren Wünschen und Ihrem Budget passt.

▸ **Lage.** Besichtigen Sie die Immobilie für sich selbst oder zum Vermieten ausgiebig. Schauen Sie sie sich samt Umgebung zu unterschiedlichen Tageszeiten und nicht nur am Wochenende an. Achten Sie darauf, wie die Verkehrsanbindung ist, ob Geschäfte, Kindergärten, Schulen und Freizeitangebote in der Nähe oder gut zu erreichen sind. Verschaffen Sie sich einen Überblick zu möglichen Beeinträchtigungen wie Verkehrslärm oder Geruchsbelästigungen.

▸ **Kaufpreis.** Die Immobilienpreise sind zuletzt gerade in Groß- und Universitätsstädten enorm gestiegen. Prüfen Sie deshalb unbedingt, ob der Preis für das Haus oder die Eigentumswohnung angemessen ist. Hilfreich sind zum Beispiel die Marktberichte der Gutachterausschüsse (Adressen unter gutachterausschuesse-online.de). Vergleichen Sie Angebote für ähnliche Immobilien in vergleichbarer Lage. Die Stiftung Warentest hat im Sommer 2018 die Immobilienpreise für 115 Städte und Kreise zusammengestellt. Alle Daten können Sie unter test.de/immobilienpreise-pdf online abrufen.

▸ **Substanz.** Auf den ersten Blick mag es scheinen, als sei die Wunschimmobilie in gutem Zustand – und bei näherem Hinsehen? Klären Sie, wann das Gebäude zuletzt modernisiert wurde. Werfen Sie einen kritischen Blick auf das Dach, den Keller und die Heizungsanlage. Lassen Sie sich außerdem den Energieausweis zeigen. Er gibt Auskunft über den energetischen Zustand des Gebäudes. Als Laie dürfte es für Sie schwirig werden, alle kritischen Punkte zu entdecken. Umso mehr empfiehlt es sich, gerade bei älteren Gebäuden einen Sachverständigen zur Besichtigung mitzunehmen. Fragen Sie zum Beispiel bei der Verbraucherzentrale vor Ort nach Unterstützung. Vielleicht haben Sie auch einen entsprechenden Handwerker oder Fachmann im Freundes- und Bekanntenkreis, der Sie bei der ersten Übersicht unterstützen kann.

▶ **Ausstattung.** Was nützt es, wenn Sie bei Ihrer „günstigen" Immobilie im Nachhinein noch mehr Geld als erwartet in neue Fenster oder bessere Isolierung der im Sommer überhitzten Dachwohnung investieren müssen? Sind die Räume gut aufgeteilt und ausreichend groß? Prüfen Sie auch solche Ausstattungsmerkmale vor dem Immobilienerwerb.

▶ **Nebenkosten.** Verschaffen Sie sich einen Überblick zu den Nebenkosten: Wie viel muss für die Heizung ausgegeben werden, was kosten Müllabfuhr und Straßenreinigung? Denken Sie als möglicher Eigentümer auch an diese Posten, wenn Sie die Immobilie selbst nutzen oder auf Dauer vermieten wollen. Lassen Sie sich Kopien der letzten Abrechnungen aushändigen.

HÄTTEN SIE'S GEWUSST?

Deutlicher Preisanstieg: Die Preise für Eigentumswohnungen lagen im Herbst 2017 durchschnittlich um 7 Prozent über den Vorjahrespreisen.

Teures Pflaster: In München ist Wohnen am teuersten. Eigentumswohnungen in Toplage kosteten im Herbst 2017 mehr als 10 000 Euro pro Quadratmeter. Die Kaufpreise stiegen 2017 um 9,6, die Mieten um 4,9 Prozent.

Plus 50 Prozent: In Berlin, Frankfurt am Main, Hamburg und München sind die Immobilienpreise von Ende 2011 bis Ende 2017 um mehr als 50 Prozent gestiegen.

Quelle: Forschungsinstitut des Verbands der deutschen Pfandbriefbanken

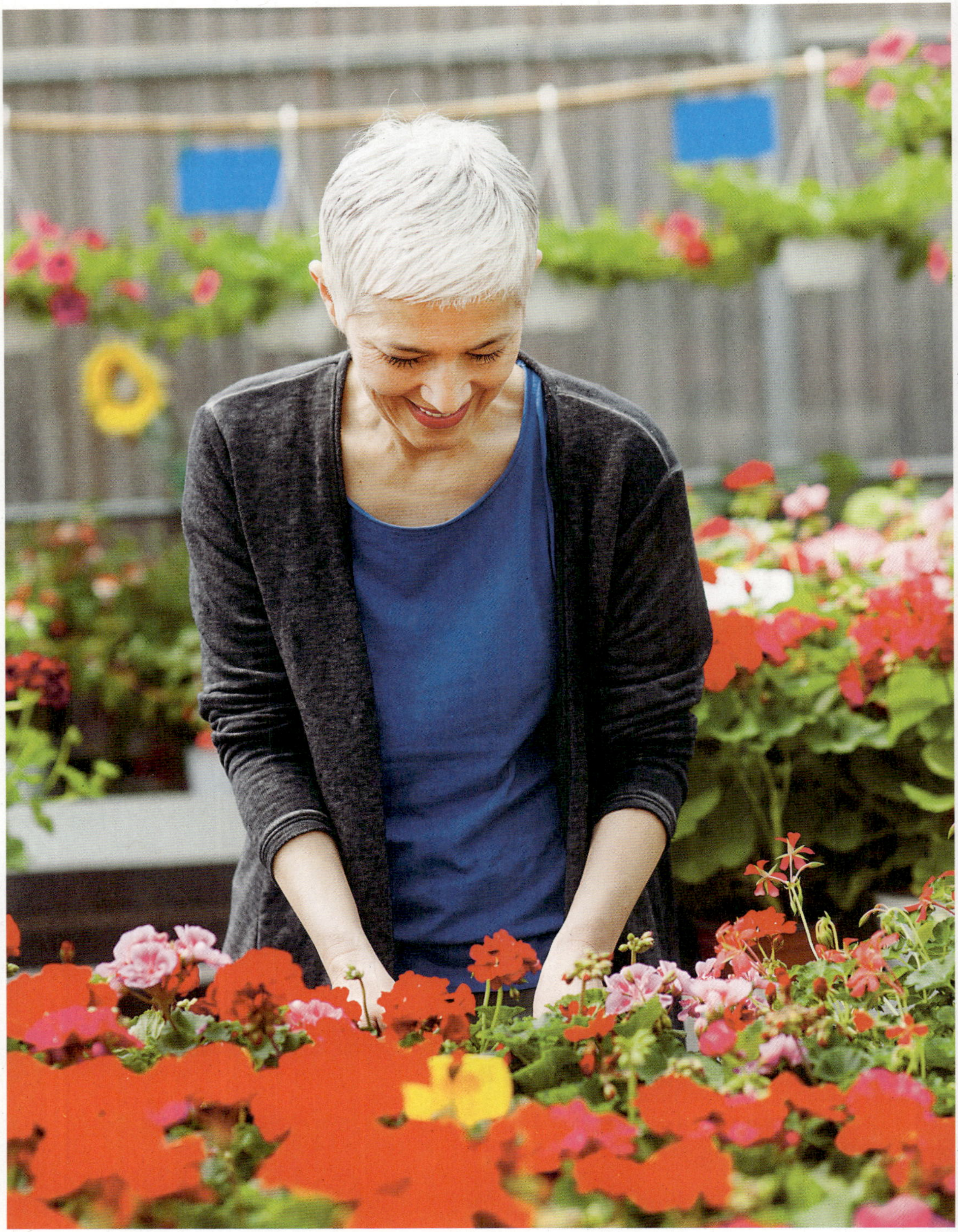

Neben der Rente arbeiten

Finanzielle Gründe, der Wunsch nach einer Aufgabe, die Bitte des Chefs, zu bleiben: Immer mehr Rentner und Pensionäre arbeiten nebenbei. Durch die Flexi-Rente gelten für jobbende Frührentner neue Regeln. Diese zahlen sich aber nicht für jeden aus.

→ **Die Zahl der Rentner mit Nebenjob** steigt stetig an. So hatten Ende 2017 rund 1,1 Millionen Menschen über 65 Jahre einen 450-Euro-Minijob, rund 300 000 gingen einer sozialversicherungspflichtigen Tätigkeit nach (siehe „Hätten Sie's gewusst", S. 80). Hinzu kommen all diejenigen, die noch keine 65 Jahre alt sind und neben einer vorzeitigen Rente eigenes Geld verdienen.

Und warum weiterarbeiten? Zum Teil spielen natürlich finanzielle Gründe eine Rolle, wenn die Rente allein nicht zum Leben reicht. Häufig sind es aber auch andere Gründe, etwa der Wunsch der (Früh-)Rentner, aktiv zu bleiben und unter Leute zu kommen. Auch die Arbeitgeber profitieren, wenn es ihnen gelingt, die erfahrenen Mitarbeiter möglichst lange im Betrieb zu halten, wenn andere Fachkräfte fehlen.

Für das Arbeiten neben der Rente gelten seit Mitte 2017 neue Regeln, bekannt unter dem Begriff „Flexi-Rente". Vor allem für Frührentner mit Nebenjob können sich diese Gesetzesänderungen bezahlt machen, da sie nun mehr hinzuverdienen können, ohne dass eine laufende Rente gekürzt wird. Und wenn sie die geänderten Grenzwerte doch überschreiten, dürfte die Rentenkürzung häufig deutlich geringer sein als früher, als etwa eine vorgezogene Altersrente je nach Verdienst gleich um ein Drittel oder zwei Drittel gekürzt wurde oder ganz entfiel.

HÄTTEN SIE'S GEWUSST?

Kein Ruhestand in Sicht: Ende 2017 hatten rund 1,1 Millionen Menschen über 65 einen Minijob, also eine geringfügige Beschäftigung mit einem durchschnittlichen Verdienst bis 450 Euro im Monat.

Dickes Plus. Innerhalb von zehn Jahren hat sich die Zahl der Minijobber deutlich erhöht: Ende 2007 gab es nur etwa 760 000 Minijobber im Alter von über 65, Ende 2012 waren es knapp 843 000.

Mehr als 450 Euro. Auch die Zahl der Menschen über 65, die einer sozialversicherungspflichtigen Tätigkeit nachgehen ist stetig angestiegen: Ende 2017 waren es rund 308 000 Beschäftigte, Ende 2007 waren es lediglich 112 000 Männer und Frauen, Ende 2012 waren es 169 000.

Quelle: Bundesagentur für Arbeit

Trotz der neuen Regeln, die wir für die einzelnen Rentenarten auf den nächsten Seiten vorstellen: Aus finanzieller Sicht lohnt es sich, wenn Sie vor der Entscheidung für einen Nebenjob gut überlegen, wie viel Sie arbeiten und verdienen. Mögliche Rentenkürzungen sind nur ein Aspekt, den Sie bei dieser Planung berücksichtigen sollten. Hinzu kommt die Frage: Wie viel bleibt netto tatsächlich vom Verdienst übrig?

Denn je nach Verdienst können Steuern und Sozialabgaben für Sie fällig werden: Das sorgt dafür, dass ein Brutto-Zusatzverdienst von 8 000 oder 12 000 Euro im Jahr attraktiv erscheinen mag, doch netto lohnt er sich nur bedingt, wie Beispielrechnungen zeigen werden.

Es ist gut möglich, dass Sie mit einem 450-Euro-Minijob neben der Rente, bei dem der Arbeitgeber Steuern und Sozialabgaben für Sie zahlt, tatsächlich am Monatsende mehr Geld zur Verfügung haben als bei einem deutlich höheren Verdienst.

→ **Kein Frührentner mehr**

Sobald Sie die Altersgrenze für die Regelaltersrente erreichen – je nach Geburtsjahr zwischen dem 65. und 67. Geburtstag –, dürfen Sie so viel zur Rente dazuverdienen, wie Sie wollen, ohne dass Ihre Rente gekürzt wird. Je nach Verdienst müssen Sie aber weiter mit möglichen Steuern und Sozialabgaben rechnen.

Flexi-Rente, ja oder nein? Nicht jeder Job zahlt sich aus

Denken Sie bei Ihren Jobplänen nicht nur an mögliche Rentenkürzungen, sondern auch an Steuern und Sozialabgaben.

Der Gedanke liegt nahe: Je mehr Sie neben der Rente arbeiten und je mehr Sie nebenbei verdienen, desto mehr Geld steht Ihnen zur Verfügung. Das stimmt zwar häufig, aber längst nicht immer. Zumindest finanziell dürfte es sich für manch einen lohnen, eher weniger zu arbeiten, als er könnte. Das liegt an Sozialabgaben und Steuern sowie an den Zuverdienstregeln. Diese unterscheiden sich je nach Rentenart. Im Folgenden finden Sie die Regelungen für

- Altersrentner, die die Regelaltersgrenze erreicht haben,
- Altersrentner, die vorzeitig in den Ruhestand gehen oder gegangen sind,
- Erwerbsminderungsrentner,
- Witwen und Witwer.

Keine Angst vor Kürzungen bei pünktlichem Rentenbeginn

Wenn Sie wie vom Gesetzgeber vorgesehen pünktlich in Rente gehen wollen oder bereits pünktlich gegangen sind – also je nach Geburtsjahr zwischen dem 65. und dem 67. Geburtstag –, können Sie eine Sorge gleich abhaken: Sie müssen nicht fürchten, dass aufgrund eines Nebenjobs Ihre monatliche Altersrente gekürzt wird. Sie dürfen so viel nebenbei verdienen, wie Sie wollen.

Das gilt auch, wenn Sie zwar vorzeitig in Rente gegangen sind, aber nun Ihre Regelaltersgrenze erreichen: Ab diesem Zeitpunkt müssen auch Sie unabhängig von der Höhe Ihres Verdienstes keine Kürzung der monatlichen Rente mehr fürchten.

→ **Mit Nebenjob laufende Rente noch steigern**

Dank der Gesetzesänderungen aus 2017 können Sie nach Erreichen der Regelaltersgrenze mit einem Nebenjob sogar dafür sorgen, dass Ihre Altersrente weiter steigt: wenn Sie dem Arbeitgeber mitteilen, dass er und Sie für Ihren Verdienst weiter Beiträge an die Rentenkasse zahlen. Durch die zusätzlichen Beiträge erhöht sich Ihre Rente. Und Sie erhalten sogar noch eine Belohnung vom Rentenversicherer: Für die hinzugewonnenen Rentenansprüche zahlt er einen Zuschlag von 0,5 Prozent im Monat – also bis zu 6 Prozent im Jahr.

Frührentner rechnen anders

Planen Sie hingegen einen vorzeitigen Rentenbeginn oder sind Sie bereits Rentner, haben aber die Regelaltersgrenze nicht erreicht, haben Sie weniger Freiräume: Je nach Höhe des Nebenverdienstes sind Rentenkürzungen möglich. Doch immerhin gelten seit Sommer 2017 neue, günstigere Regeln, sodass Nebenjobs finanziell etwas attraktiver geworden sind.

Bis zum Sommer 2017 galt für alle, die zum Beispiel im Alter von 63 oder 64 Jahren neben der vorzeitigen Altersrente weiter arbeiten wollten: Grundsätzlich blieb nur ein Verdienst von im Schnitt 450 Euro im Monat ohne Folgen für die Rente. Ein höherer Verdienst sorgte dafür, dass die Rente um ein oder zwei Drittel gekürzt oder sogar komplett gestrichen wurde. Nur in zwei Monaten im Jahr war ein doppelt so hoher Verdienst – bis zu 900 Euro – erlaubt.

Heute gilt: Wenn Sie vorzeitig in Altersrente gehen oder gegangen sind, dürfen Sie verteilt aufs Jahr bis zu 6 300 Euro verdienen, ohne dass Ihnen Abzüge bei der Rente drohen. Wie hoch der Verdienst in den einzelnen Monaten ist, spielt keine Rolle, solange die Grenze von 6 300 Euro jährlich eingehalten wird. Erst wenn Sie im Laufe des Jahres mehr verdienen, wird Ihre Altersrente gekürzt.

Sie beziehen dann keine Vollrente mehr, sondern nur noch eine Teilrente: Der Rentenversicherungsträger ermittelt, um wie viel die erlaubten 6 300 Euro überschritten werden. Den Wert teilt er durch zwölf. Im nächsten Schritt werden 40 Prozent von diesem Betrag auf die Rente angerechnet:

Beispiel: Helga wird in Kürze 64 und bezieht 850 Euro Altersrente. Nebenbei ist sie berufstätig und verdient 800 Euro im Monat. Das sind 9 600 Euro im Jahr 2018. Nach Abzug des Freibetrags von 6 300 Euro bleiben 3 300 Euro. Wird dieser Wert durch zwölf geteilt, ergeben sich 275 Euro. 40 Prozent von diesen 275 Euro – das sind 110 Euro – wird der Rentenversicherer von ihrer Monatsrente abziehen. Letztlich stehen Helga also nur noch 740 Euro Monatsrente zu.

Eine weitere Grenze gibt es bei dieser Rechnung noch zu beachten: wenn Sie aus

Wer kennt sich aus?

Wie viel Nebenjob lohnt sich?
Wenn Sie Frührentner sind und nebenbei arbeiten wollen, lassen Sie sich kostenlos bei der gesetzlichen Rentenversicherung zu Ihren Möglichkeiten und den jeweiligen Freibeträgen beraten. Informieren Sie den Rententräger, wenn sich etwas an Ihrem Verdienst ändert – wenn Sie beispielsweise weniger Stunden arbeiten und damit weniger verdienen als zuletzt.

Ihrer vorzeitigen Altersrente und aus dem Hinzuverdienst ein Einkommen erzielen, das über Ihrem früheren Einkommen als Angestellter liegt. Überspringen Sie diese Grenze, wird Ihre Rente um den gesamten darüberliegenden Wert gekürzt. Entscheidend für diesen Vergleich ist das höchste Einkommen in den vergangenen 15 Jahren.

Den Nebenjob melden
Beziehen Sie eine vorgezogene Altersrente, müssen Sie die Rentenkasse über einen Nebenjob informieren. Sie geben an, wie viel Sie voraussichtlich verdienen werden. Anhand dieser Information wird die Rentenkasse dann ermitteln, wie hoch Ihre Rente voraussichtlich in diesem Jahr und bis zum 30. Juni im darauffolgenden Jahr sein wird.

Meist zum 1. Juli des nächsten Jahres wird dann geprüft, wie hoch der Verdienst tatsächlich war. Das Verfahren nennt sich Spitzabrechnung. Stimmt der Wert nicht mit der Prognose überein, wird Ihre Rente neu berechnet: Haben Sie mehr verdient als erwartet, müssen Sie Geld an die Rentenkasse zurückzahlen. War der Verdienst geringer, erhalten Sie nachträglich Geld.

In jedem Alter Abgaben möglich
So attraktiv der größere Freiraum beim Zuverdienst sein mag: Nur weil Ihnen keine Rentenkürzung droht, heißt es nicht, dass Ihnen ein Verdienst über 450 Euro im Monat tatsächlich etwas bringt. Während Sie als Minijobber für Ihren Verdienst meist keine Steuern und Sozialabgaben zahlen müssen, sind bei einem höheren Verdienst Abzüge einzuplanen.

Denn sicher ist, dass für einen regelmäßigen Verdienst über 450 Euro im Monat Beiträge zur gesetzlichen Kranken- und Pflegeversicherung fällig werden. Als Frührentner mit einem Nebenjob über 450 Euro müssen Sie außerdem Beiträge zur gesetzlichen Renten- und Arbeitslosenversicherung zahlen. Erst ab Erreichen der Altersgrenze fallen die Pflichtbeiträge zur Renten- und Arbeitslosenversicherung weg, Sie können sich dann aber freiwillig für die Zahlung der Rentenbeiträge entscheiden.

Außerdem können für Ihren Verdienst Steuern anfallen. Das richtet sich danach, wie hoch Ihr Einkommen insgesamt ist. All das sorgt dafür, dass Ihnen mit der Kombination aus Rente plus Minijob netto eventuell sogar mehr Geld zur Verfügung steht, als wenn Sie neben der Rente deutlich mehr als 450 Euro verdienen:

Beispiel: Frank ist seit 2017 Rentner. 2018 erhält er insgesamt 18 000 Euro Bruttorente. Davon zieht das Finanzamt einige Posten ab, zum Beispiel den Steuerfreibetrag sowie die Pauschalen für Werbungskosten und Sonderausgaben. So ergibt sich letztlich ein zu versteuerndes Jahreseinkommen von 11 211 Euro. Darauf zahlt Frank 358 Euro Steuern. Legt man diese auf die Monate um und berücksichtigt die Sozialabgaben, die Frank zahlen muss, bleiben netto rund 1 305 Euro Monatsrente.

Checkliste

Engagiert im Ehrenamt

Ein zusätzlicher Verdienst ist das eine Ziel, persönliches Engagement vielleicht das andere Bestreben, wenn Sie eine Nebentätigkeit aufnehmen. Zahlen Ihnen Vereine oder andere Einrichtungen eine Aufwandsentschädigung für den Einsatz, ist das natürlich umso schöner als Anerkennung für die erbrachten Leistungen.

- **Übungsleiterfreibetrag.** Sie dürfen nebenberuflich bis zu 2 400 Euro im Jahr verdienen, ohne dass Sie dafür Steuern und Sozialabgaben zahlen müssen – vorausgesetzt, Sie übernehmen zum Beispiel eine Tätigkeit als
  - **Trainer,** Übungsleiter oder Ausbilder in einem Verein,
  - **Dozent,** Lehrender oder Prüfer an Universitäten, Schulen, Volkshochschulen und anderen öffentlichen Einrichtungen oder Dienststellen,
  - **Pfleger** alter, kranker und behinderter Menschen,
  - **Betreuer** mit pädagogischer Ausbildung für Senioren oder Kinder, etwa als Spielkreis- oder Ferienbetreuer,
  - **Betreuer in Kirchen,** Kulturstätten, im Umwelt- oder Katastrophenschutz,
  - **Darsteller, Chorleiter, Dirigent** oder eine andere ausübende künstlerische Tätigkeit in einem Verein.

- **Voraussetzungen.** Die Übungsleiterpauschale bekommen Sie nur, wenn Sie bei einer öffentlich-rechtlichen oder gemeinnützigen Körperschaft tätig sind. Das sind Universitäten, Volkshochschulen, Schulen, Sportvereine, nicht aber Arbeitgeberverbände, Gewerkschaften oder Parteien. Ihre Tätigkeit muss im gemeinnützigen, mildtätigen oder kirchlichen Bereich sein.

- **Betreuerfreibetrag.** Wenn Sie sich ehrenamtlich als rechtlicher Betreuer, Vormund oder Fürsorgepfleger engagieren, gilt ebenfalls ein Freibetrag von 2 400 Euro im Jahr.

- **Ehrenamtspauschale.** Bis zu 720 Euro im Jahr dürfen Sie sich abgabenfrei in einem gemeinnützigen Verein dazuverdienen, wenn Ihre Tätigkeit nicht im pädagogischen Bereich liegt, sondern Sie beispielsweise als Platzwart, Schiedsrichter oder Vereinsvorstand aktiv sind. Diese Grenze gilt zum Beispiel auch für Betreuer in öffentlichen Jugendclubs oder Helfer in Wohlfahrtsorganisationen.

- **Folgen für die Rente.** Solange Sie die Grenzen wie die 2 400 Euro für Übungsleiter und die 720 Euro Ehrenamtspauschale einhalten, wird der Verdienst nicht auf eine gesetzliche Rente angerechnet.

Angenommen, er hat seit Januar 2018 einen Minijob als Aushilfsfahrer, in dem er jeden Monat 450 Euro hinzuverdient. Sein Arbeitgeber zahlt für ihn die fälligen Sozialabgaben und überweist pauschal Lohnsteuer ans Finanzamt. Dann hat Frank keine Abzüge, sodass ihm netto aus Minijob plus Rente monatlich rund 1755 Euro bleiben.

Und wie sähe der finanzielle Spielraum aus, wenn Frank keinen Minijob angenommen, sondern beispielsweise im Sommer für drei Monate am Stück einen Kollegen vertreten und in dieser Zeit insgesamt 6300 Euro brutto verdient hätte?

Wenn er bis Jahresende nicht noch woanders arbeitet, bleibt er mit seinem Verdienst im Aushilfsjob gerade in dem Rahmen, der noch keine Rentenkürzung zur Folge hat. Ein weiterer Vorteil: Seine Tätigkeit war auf drei Monate begrenzt. Das bringt eine enorme Ersparnis, denn dauert eine Beschäftigung höchstens drei Monate am Stück oder ist sie auf maximal 70 Arbeitstage im Jahr begrenzt, fallen für den Verdienst keinerlei Sozialabgaben an. Aber Achtung: Ab 2019 gelten neue Grenzen. Dann bleibt ein Job nur dann abgabenfrei, wenn er von vornherein auf 50 Tage im Jahr oder auf zwei Monate am Stück begrenzt ist.

Der Verdienst aus einem solchen Job ist aber steuerpflichtig. Die Steuern sorgen dafür, dass Frank – legt man den Verdienst auf das gesamte Jahr um – letztlich aus Rente und Saisonjob nur 1720 Euro netto im Monat bleiben – gut 30 Euro weniger als bei der Kombination aus Rente und Minijob.

Noch niedriger wäre sein Nettogehalt, wenn sich der Jahresverdienst von 6300 Euro auf mehr als drei Monate verteilt hätte. Denn dann müsste Frank zusätzlich zu den Steuern die Beiträge zur Kranken-, Pflege- und Rentenversicherung aufbringen.

Verdient Frank in 2018 sogar mehr als 6300 Euro, muss er zudem eine Rentenkürzung hinnehmen: Angenommen, er verdient das ganze Jahr über jeden Monat

---

ⓘ **Wenn Angehörige Pflege brauchen,** ist es für viele selbstverständlich, dass sie sich darum kümmern oder zumindest einen Teil der Pflegeleistungen übernehmen. Diese besondere „Nebentätigkeit" kann Ihre Rente erhöhen, denn Sie profitieren davon, dass die Pflegekasse des Betroffenen Rentenbeiträge für Sie überweisen muss. Je nach Pflegegrad und Aufwand kann ein Jahr Pflege ein Rentenplus von etwa 6 bis 30 Euro im Monat bringen. Informieren Sie sich zum Beispiel bei der Rentenversicherung oder bei den Sozialverbänden, was zu beachten ist und welche Vorgaben gelten.

1000 Euro brutto. Dann kommt er aus Rente und Job netto auf rund 1771 Euro im Monat. Der Bruttoverdienst von 1000 Euro bringt ihm netto also nicht einmal 20 Euro mehr als ein Minijob. Durch die für den Nebenverdienst geleisteten Rentenbeiträge erwirbt Frank aber immerhin weitere Rentenansprüche, er erhält künftig also etwas mehr Rente.

Sie beziehen neben der gesetzlichen Rente eine Betriebsrente? Dann kann es umso wichtiger sein, dass Sie vor Aufnahme Ihres Nebenjobs genau überlegen, wie viel Sie verdienen. Denn für Empfänger einer Betriebsrente kann ein Verdienst über 6300 Euro im Jahr noch einmal teurer werden: Je nachdem, was in der Satzung des Trägers Ihrer Betriebsrente vereinbart ist, kann es sein, dass Ihre Betriebsrente gekürzt wird, wenn Sie nur eine Teil- statt einer Vollrente beziehen. Je nach Regelung kann es sogar sein, dass die Auszahlung Ihrer Betriebsrente ruht, solange Sie eine Teilrente beziehen.

Erkundigen Sie sich daher am besten beim Träger Ihrer Betriebsrente, ob ein Verdienst über 6300 Euro diese Folgen hätte, und planen Sie das bei der Entscheidung über den Umfang Ihres Nebenjobs mit ein.

Bei Erwerbsminderung Verdienst und Zeit im Blick

Ist eine Erkrankung der Grund für Ihren vorzeitigen Rentenbeginn, wird die ausgezahlte Erwerbsminderungsrente meist nicht gerade üppig ausfallen. Vermutlich wird das Geld allein kaum ausreichen, um davon sämtliche Ausgaben im Alltag finanzieren zu können. Für alle, die keine zusätzliche private Berufs- oder Erwerbsunfähigkeitsversicherung abgeschlossen haben, aus der sie eine Rente beziehen, könnte dann der Nebenjob unbedingt notwendig sein – soweit es die Gesundheit zulässt.

Ein solcher Nebenjob ist grundsätzlich erlaubt. Die Regeln für den Zuverdienst ähneln den Zuverdienstregeln für Jobs neben einer vorgezogenen Altersrente. Es gibt allerdings einige Besonderheiten zu beachten. Zum einen dürfen Sie nicht mehr arbeiten, als es Ihrem „Restleistungsvermögen" entspricht. Das bedeutet: Beziehen Sie eine „Rente wegen voller Erwerbsminderung", geht der Rentenversicherungsträger davon aus, dass Sie keine drei Stunden am Tag irgendeiner Erwerbstätigkeit nachgehen können. Bei einer Rente wegen teilweiser Erwerbsminderung oder der früheren Rente wegen teilweiser Erwerbsminderung bei Berufsunfähigkeit sind es mehr als drei, aber keine sechs Stunden täglich. Sollten Sie nun im Nebenjob mehr arbeiten, riskieren Sie Ihre Rente.

Beim Verdienst gilt: Ein 450-Euro-Job wird ohne Folgen für die Höhe Ihrer Rente bleiben. Auch bei einem höheren Verdienst müssen Sie nicht gleich eine Kürzung fürchten, doch sobald ein Freibetrag überschritten ist, fällt Ihre Rente niedriger aus. Die Höhe des Freibetrags richtet sich unter anderem nach der Art der jeweiligen Rente.

Fachwissen ist gefragt
Die Einführung der Frührente ohne Abschläge war vor allem wegen der Sorge um den steigenden Fachkräftemangel umstritten. Umso mehr liegt es im Interesse vieler Betriebe, erfahrene Mitarbeiter auch nach der ersten Rentenzahlung zu halten.

Freibetrag je nach Art der Rente

Wenn Sie eine Rente wegen teilweiser Erwerbsminderung beziehen, ermittelt der Rententräger Ihren persönlichen Freibetrag für einen Zuverdienst. Dieser Freibetrag wird deutlich höher sein als etwa bei einer vorgezogenen Altersrente. Für die Berechnung werden die Entgeltpunkte berücksichtigt, die Sie in den 15 Jahren vor Eintritt der Erwerbsminderung gesammelt haben. Die höchste Jahrespunktzahl wird in die Rechnung einbezogen.

2018 liegt Ihre Hinzuverdienstgrenze für das gesamte Jahr bei mindestens 14 798,70 Euro. Sie kann aber je nach Ihrem früheren Verdienst auch deutlich höher sein. Erst ein Einkommen über Ihrer persönlichen Hinzuverdienstgrenze wird zu 40 Prozent auf Ihre Erwerbsminderungsrente angerechnet:

Beispiel: Katharina steht eigentlich eine Erwerbsminderungsrente von 600 Euro im Monat zu. Sie verdient nebenbei 1 500 Euro brutto im Monat, 18 000 Euro im Jahr. Dieses voraussichtliche Einkommen hat sie der Rentenkasse gemeldet. Dort wurde für sie aufgrund ihres früheren Einkommens ermittelt, dass sie bis zu 16 500 Euro im Jahr ohne Rentenkürzung hinzuverdienen darf. Mit ihrem Nebenverdienst überschreitet sie den Betrag um 1 500 Euro. Diesen Wert hat der Rentenversicherer durch zwölf geteilt, Ergebnis: 125 Euro. Katharinas Monatsrente wurde daher um 40 Prozent von 125 Euro – also um 50 Euro – gekürzt.

→ Auch hier eine Deckelung

Sind die gekürzte Monatsrente und ein Zwölftel des Jahreshinzuverdienstes in Summe höher als – vereinfacht gesagt – das Einkommen vor Eintreten der Erwerbsminderung, wird die Rente um den darüberliegenden Wert gekürzt. Hier werden wiederum die 15 Jahre vor Eintritt der Erwerbsminderung betrachtet.

Beziehen Sie eine Rente wegen voller Erwerbsminderung, ist Ihr Spielraum für einen Nebenverdienst deutlich geringer. Dann gilt – wie bei der vorgezogenen Altersrente – ein Freibetrag von 6 300 Euro im Jahr. So viel dürfen Sie brutto ohne Rentenkürzung hinzuverdienen. Verdienen Sie mehr, wird wiederum Ihre Erwerbsminderungsrente gekürzt: Auch hier teilt der Rentenversicherungsträger den Verdienst über dem Freibetrag durch zwölf und kürzt die Rente um 40 Prozent dieses Wertes.

Erzielen Sie als Rentner aus der gekürzten Rente und einem Zwölftel Ihres Zuverdienstes ein höheres Einkommen als vor Eintritt der Erwerbsminderung, wird der darüberliegende Betrag voll auf Ihre Erwerbsminderungsrente angerechnet.

Witwenrente komplett anders
Auch wenn Sie Witwe oder Witwer sind, kann ein eigenes Einkommen oder eine eigene Rente Folgen für die Höhe der Hinterbliebenenversorgung haben. Allerdings rechnet die Rentenkasse hier anders als bei der Alters- und der Erwerbsminderungsrente, denn für Witwen und Witwer gibt es einen monatlichen Freibetrag. Verdienen sie mehr, werden 40 Prozent des darüberliegenden Einkommens auf die Hinterbliebenenrente angerechnet:

Beispiel: Elsa wohnt in Hamburg. Ohne eigenes Einkommen ergibt sich für sie ein Anspruch auf 840 Euro Witwenrente im Monat. Da sie in den westlichen Bundesländern lebt, darf sie 2018 bis 845,59 Euro im Monat verdienen, ohne dass ihre Witwenrente gekürzt wird. Sie verdient allerdings 2 200 Euro brutto im Monat.

Um zu ermitteln, um wie viel ihre Rente aufgrund des Einkommens gekürzt wird, rechnet die Rentenversicherung so: Im ersten Schritt kürzt er ihren Bruttoverdienst pauschal um 40 Prozent für Steuern und Sozialabgaben. Von diesem „nettoisierten" Einkommen von 1 320 Euro zieht er den Freibetrag ab (1 320 Euro minus 845,59 Euro). Übrig bleiben 474,41 Euro.

40 Prozent von diesem Betrag rechnet der Rentenversicherer auf die Hinterbliebenenrente an, sodass Elsas Witwenrente um knapp 190 Euro gekürzt wird. Damit bleiben ihr letztlich nur etwa 650 Euro im Monat von ihrer Witwenrente.

Hätte sie nur ein Bruttoeinkommen von 1 500 Euro im Monat, würde der Rentenversicherer ebenfalls zunächst 40 Prozent davon abziehen. Übrig blieben im ersten Schritt 900 Euro nettoisiertes Einkommen. Nach Abzug des Freibetrags von 845,59 Euro blieben 54,41 Euro. 40 Prozent von diesem Wert – knapp 22 Euro – zöge der Rentenversicherer von den 840 Euro Witwenrente ab.

Auch Minijob kann Folgen haben
Für eine Alters- oder Erwerbsminderungsrente gilt: Wenn Sie einen pauschal versteuerten Minijob annehmen und im Schnitt nicht mehr als 450 Euro monatlich verdienen, hat das keinen Einfluss auf die Renten-

höhe. So einfach lässt sich das leider nicht auf die Witwenrente übertragen, denn der Verdienst im Minijob wird mit auf den monatlichen Freibetrag angerechnet: Haben Sie neben dem Minijob weiteres Einkommen, zum Beispiel eine eigene Altersrente, werden die Posten addiert. Kommen Sie dadurch über den Freibetrag von 845,59 Euro in West- und 810,22 Euro in Ostdeutschland, wird Ihre Witwenrente gekürzt.

Welche Posten noch auf den jeweiligen Freibetrag angerechnet werden, hängt davon ab, ob Sie unter das alte oder unter das neue Rentenrecht fallen. Beim neuen Recht zählen zum Beispiel Miet- und Kapitaleinkünfte mit, beim alten Recht nicht.

Alternativen zur Frührente

Die Kombination aus Frührente und Arbeit kann sich finanziell lohnen. Doch es gibt noch andere Möglichkeiten, an mehr Freizeit zu kommen und Rentenabschläge zu vermeiden.

Sie könnten mit Abschlägen vorzeitig in Rente gehen, aber die Einbußen sind Ihnen zu hoch? Für die abschlagsfreie Frührente reichen Ihre Versicherungsjahre nicht, aber Sie hätten trotzdem gern schon jetzt mehr Zeit für sich und weniger Stress? Dann ist es vielleicht attraktiver für Sie, noch nicht in Rente zu gehen, sondern zunächst nur Arbeitsstunden zu reduzieren, wenn der Arbeitgeber zustimmt.

Die Folgen fürs Gehalt: Sie bekommen natürlich weniger. Wenn Sie aber brutto beispielsweise nur noch die Hälfte verdienen, bleibt Ihnen dank der Steuerregeln hierzulande netto doch noch ein bisschen mehr als die Hälfte Ihres früheren Gehalts übrig.

Hatten Sie als Alleinstehender bisher beispielsweise 4 000 Euro brutto und knapp 2 400 Euro netto im Monat, bekommen Sie bei halbierter Arbeitszeit 2 000 Euro brutto und immerhin fast 1 400 Euro netto.

Die Folgen für die Rente: Angenommen, Sie haben zuletzt überdurchschnittlich verdient und in jedem Jahr 1,2 Entgeltpunkte für Ihr Rentenkonto erworben (siehe „Eine Rechnung für sich", S. 17). Wenn Sie nun halbtags arbeiten und brutto nur noch die Hälfte verdienen, erwirtschaften Sie auch nur noch halb so viele Rentenpunkte: Sie sammeln für ein Jahr also 0,6 Punkte auf Ihrem Rentenkonto anstatt der vorherigen 1,2 Punkte.

Wer kennt sich aus?

Was kostet Sie die reduzierte Arbeitszeit heute und in Zukunft? Welche Folgen hätte Altersteilzeit? Lassen Sie sich bei der Rentenkasse ausrechnen, welche Auswirkungen Ihre Entscheidung für Ihre Rentenhöhe hätte. Informieren Sie sich bei Ihrem Arbeitgeber darüber, wie viel Ihnen netto bei reduzierter Stundenzahl bleibt und womit Sie während einer Altersteilzeit rechnen können.

Nach jetzigem Stand fällt Ihre Rente durch den einjährigen Halbtagsjob je nach Wohnort um 18,50 (Ost) oder 19,20 Euro (West) im Monat niedriger aus, als wenn Sie Vollzeit weitergearbeitet hätten. Bei zwei Jahren wäre das Minus doppelt so hoch.

Dennoch zehrt die reduzierte Arbeitszeit weniger an Ihrem Rentenkonto als ein vorgezogener Rentenbeginn. Zum einen, weil Sie ja weiterhin Punkte und damit Rentenansprüche sammeln. Und zum anderen, weil Sie mögliche Rentenabschläge umgehen, wenn Sie doch bis zur gesetzlich vorgesehenen Altersgrenze weiterarbeiten. Oder die Abschläge fallen zumindest niedriger aus, wenn Sie zwar vorzeitig gehen, aber nicht zum frühestmöglichen Termin.

Nehmen Sie sich die Zeit, die einzelnen Szenarien durchzuspielen: Wie hoch würde Ihre Frührente ausfallen, und wie viel davon bleibt Ihnen je nach Höhe des Zuverdiensts übrig? Andererseits: Wie viel Gehalt haben Sie heute bei reduzierter Arbeitszeit, und was bringt all das für die Rente?

Sonderfall Altersteilzeit
Eine besondere Form, um die Arbeitszeit zu reduzieren, ist die Altersteilzeit. Haben sich Angestellter und Chef vor 2010 für eine solche Regelung entschieden, hat die Arbeitsagentur die Verträge finanziell gefördert, wenn der Arbeitgeber den frei werdenden Arbeitsplatz durch einen Arbeitslosen oder einen zuvor Ausgebildeten besetzt hat.

> **Trotz der halbierten Arbeitszeit erwerben Sie mehr als die Hälfte der Rentenansprüche.**

Auch wenn es diese Förderung nur bis Ende 2009 gab, ist die Altersteilzeit weiter in vielen Branchen und Unternehmen möglich. Die Rechnung dahinter: Sie reduzieren für einen vorab festgelegten Zeitraum Ihre Arbeitsstunden um die Hälfte. Entweder arbeiten Sie die gesamte Zeit halbtags, oder – was deutlich häufiger der Fall ist – Sie arbeiten zunächst in Vollzeit weiter und bleiben dann für eine ebenso lange Phase zu Hause.

Durch die halbierte Arbeitszeit fällt Ihr Bruttogehalt natürlich niedriger aus. Aber

Sie müssen nicht fürchten, nur mit der Hälfte Ihres bisherigen Geldes auskommen zu müssen. Zum einen sorgen die Steuerregeln in Deutschland dafür, dass zwar Ihr Brutto-, aber nicht Ihr Nettogehalt halbiert wird. Zum anderen ist der Arbeitgeber verpflichtet, das halbierte Bruttogehalt noch mindestens um 20 Prozent aufzustocken. Je nach Tarif- oder Arbeitsvertrag kann es sein, dass Sie deutlich höhere Zuschläge bekommen.

Das alles kann letztlich dazu führen, dass Ihnen netto sogar deutlich über 80 Prozent Ihres früheren Gehalts bleiben.

Natürlich bedeutet ein niedrigeres Bruttogehalt automatisch, dass weniger Rentenbeiträge gezahlt werden und Sie so während der Altersteilzeit niedrigere Rentenansprüche erwerben. Dennoch halten sich auch hier die Einbußen in Grenzen: Das Altersteilzeitgesetz regelt, dass der Arbeitgeber die Rentenbeiträge für den Arbeitnehmer zum Teil deutlich aufstocken muss.

Fazit: Trotz halbierter Arbeitszeit erwerben Sie mehr als die Hälfte der Rentenansprüche.

Solange die Altersteilzeit läuft, sind Sie weiter als Angestellter beschäftigt und zahlen mit Ihrem Arbeitgeber Sozialabgaben. Auch wenn Sie das sogenannte Blockmodell gewählt haben und bereits in der zweiten Phase sind, die Sie zu Hause verbringen, sind Sie noch kein Rentner, sondern stocken Ihr Rentenkonto nach wie vor auf.

Und was ist, wenn Sie während der Altersteilzeit feststellen, dass das Geld doch nicht reicht? Vielleicht fällt Ihnen auch zu Hause die Decke auf den Kopf, sodass Sie nach einer neuen beruflichen Herausforderung suchen. Die gute Nachricht: Sie dürfen nebenbei Geld verdienen – aber in aller Regel nicht bei Ihrem aktuellen Arbeitgeber.

Wollen Sie woanders arbeiten, schauen Sie am besten im Vertrag mit Ihrem aktuellen Arbeitgeber nach, welche Regelungen er für einen Nebenjob vorsieht. Klären Sie zum Beispiel, ob Sie sich den Nebenjob von ihm genehmigen lassen müssen und wie viel Sie zusätzlich verdienen dürfen. Gerade in älteren Verträgen kann häufig noch festgelegt sein, dass höchstens ein Minijob nebenbei zulässig ist (früher war das eine Voraussetzung dafür, dass die Arbeitsagentur die Altersteilzeit finanziell gefördert hat).

Wenn Sie jetzt überlegen, bald in Altersteilzeit zu gehen, und die Bedingungen noch aushandeln können, versuchen Sie, solche Beschränkungen wie beim Minijob zu vermeiden. Dann sind Sie flexibler, falls Sie doch wieder arbeiten wollen.

→ **Mehr Rente sichern!**

Wenn Sie als Altersteilzeitler doch wieder arbeiten, können Sie Ihre spätere Rente unter Umständen noch erhöhen: Liegt Ihr Verdienst über 450 Euro im Monat, werden dafür automatisch Rentenbeiträge fällig, sodass Sie zusätzliche Punkte für Ihr Rentenkonto sammeln.

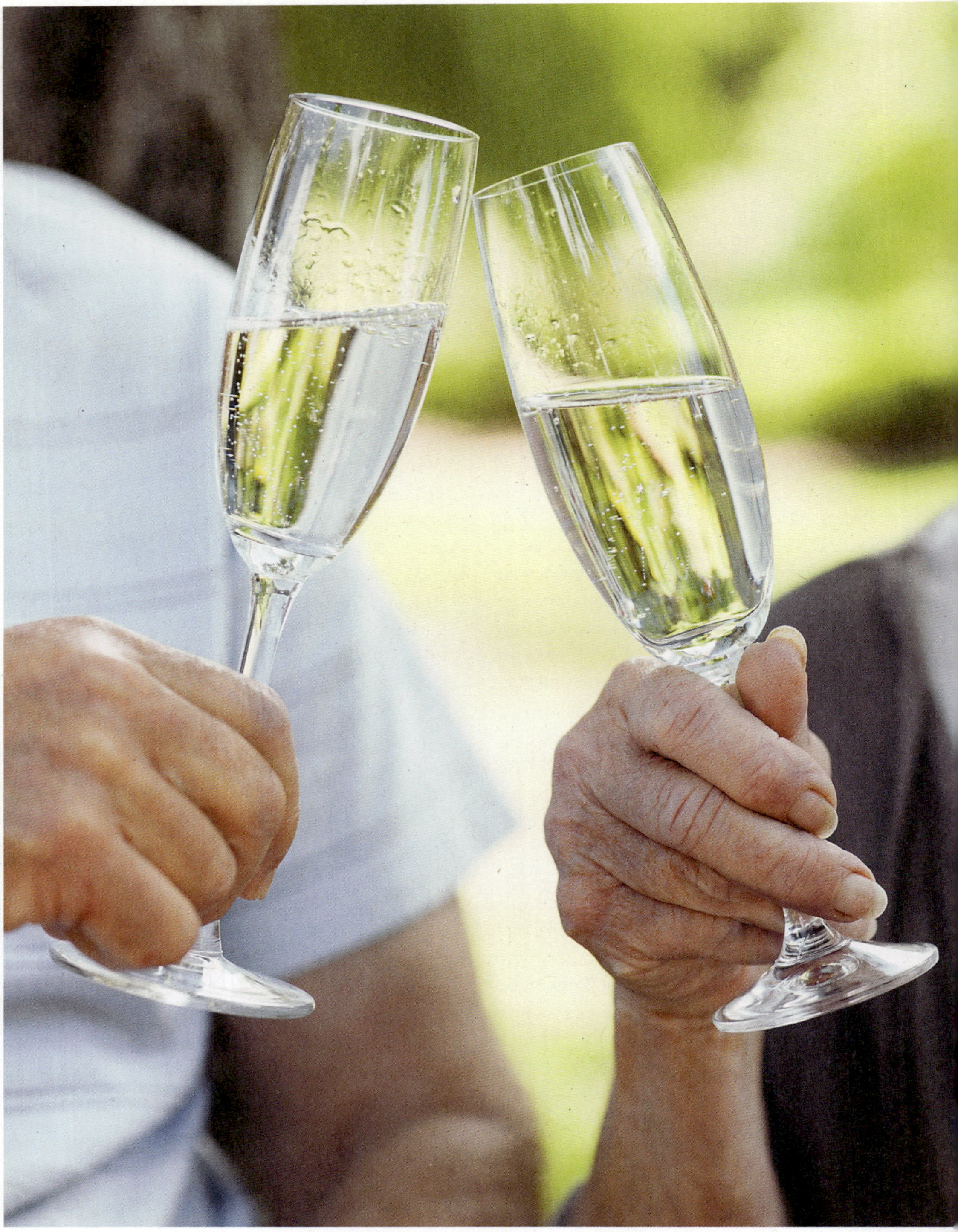

Mehr Netto vom Brutto

Als Rentner kommen Sie an den Beiträgen für die Kranken- und Pflegeversicherung nicht vorbei. Zudem müssen immer mehr Rentner und Pensionäre Steuern zahlen. Aber es gibt Möglichkeiten, die Abzüge gering zu halten.

Sie stehen vor der Frage: Kann ich mir die Frührente leisten? Sie überlegen, ob Sie neben der Rente einen Job benötigen? Sie überschlagen, was Sie sich im Alter finanziell erlauben können?

Wenn Sie für all diese Planungen Renten, Pensionen, Ersparnisse und andere Einnahmen addieren, sollten Sie sich nicht auf einen ersten groben Überblick verlassen: Brutto mag das Finanzpolster komfortabel erscheinen, doch entscheidend ist, wie viel Ihnen davon tatsächlich zur Verfügung steht. Nach Abzug der Beiträge für Kranken- und Pflegeversicherung und eventuell Steuern bleibt vermutlich deutlich weniger übrig, als Sie auf den ersten Blick erwarten.

Vor allem die Sozialabgaben schlagen zu Buche. Wenn Sie etwa eine gesetzliche Rente von 1 500 Euro und eine Betriebsrente von 400 Euro monatlich beziehen, bleiben Ihnen von den 1 900 Euro brutto letztlich nur knapp 1 660 Euro nach Abzug der Sozialabgaben – wenn Sie keine Kinder haben und Ihre gesetzliche Krankenkasse einen Beitragssatz von 15,6 Prozent erhebt.

Es kann sein, dass Sie etwas mehr oder weniger zahlen. Es gibt zwar einen einheitlichen Beitragssatz von 14,6 Prozent, doch die Krankenkassen dürfen Zusatzbeiträge verlangen. 2018 erheben sie bis zu 1,7 Prozent extra. Viele Kassen liegen aber darunter, eine verzichtet ganz auf den Zusatzbeitrag.

Für die Versorgungsbezüge wie die Betriebsrente zahlen gesetzlich versicherte Ruheständler den Krankenkassenbeitrag allein. Anders bei der gesetzlichen Rente: Hier übernimmt die Rentenversicherung einen Teil des Krankenkassenbeitrags als Zuschuss. Die Rentenkasse zahlt bis Ende 2018 den halben Regelbeitrag, also 7,3 Prozent.

Den Zusatzbeitrag müssen Rentner noch allein aufbringen. Ab 2019 ändert sich das, denn dann erhalten sie auch für den Zusatzbeitrag die Hälfte als Zuschuss.

Den Beitrag zur gesetzlichen Pflegeversicherung müssen Versicherte im Ruhestand jedoch immer allein übernehmen. Wer Kinder hat, zahlt derzeit einen Satz von 2,55 Prozent, ebenso wer vor 1940 geboren wurde. Alle anderen zahlen 2,8 Prozent. Ab 2019 sollen die Sätze ansteigen.

Für die meisten Rentner war es das mit den Sozialabgaben: Wenn Sie zum Beispiel Miet- oder Kapitaleinkünfte haben, müssen Sie dafür keine Abgaben aufbringen. Das gilt jedoch nicht für alle, denn manch einer kann sich im Ruhestand nur freiwillig in einer gesetzlichen Krankenkasse versichern. Wem das blüht und warum freiwilliger Schutz deutlich teurer sein kann als eine Pflichtversicherung, können Sie im Abschnitt „Nicht jeder schafft den Sprung" ab S. 98 nachlesen.

Wenn Sie als Rentner nebenbei arbeiten, können allerdings für den Verdienst aus dem Job weitere Sozialabgaben hinzukommen.

Privatpatienten rechnen anders
Für Rentner, die in einer privaten Krankenversicherung geschützt sind, richtet sich der Beitrag nicht danach, welche Art von Einkommen sie haben und wie viel: Sie zahlen ihre Beiträge nach den mit dem Krankenversicherer vereinbarten Bedingungen. Auch sie können aber derzeit bis zu 7,3 Prozent ihrer gesetzlichen Rente als Zuschuss aus der Rentenkasse beziehen. Mehr als die Hälfte ihres Beitrags für die Krankenversicherung übernimmt die Rentenkasse jedoch nicht.

Trotz des Zuschusses kann die private Krankenversicherung für Rentner zu einer enormen finanziellen Belastung werden. Denn mit steigendem Alter steigt auch der Beitrag. Wer in jungen Jahren eine private Krankenversicherung abgeschlossen hat, muss damit rechnen, im Ruhestand etwa das Dreifache des ursprünglichen Beitrags zu zahlen – eventuell mehr.

Für Pensionäre ist die Belastung niedriger. Auch ihr Beitrag für eine private Krankenversicherung wird zwar aufgrund des Alters ansteigen, sie profitieren aber von der Beihilfe zu Gesundheitsleistungen: Ihr ehemaliger Arbeitgeber übernimmt also einen Teil der fälligen Behandlungskosten. Dieser Anteil liegt im Ruhestand in der Regel bei 70 Prozent. Die Pensionäre benötigen also nur Versicherungsschutz für die restlichen 30 Prozent der Behandlungskosten. Dazu kommen allerdings noch die Beiträge für die Pflegepflichtversicherung.

Steuerpflicht ein Thema für sich
Ob Sie darüber hinaus Steuern zahlen müssen, lässt sich nicht pauschal sagen. Das hängt unter anderem davon ab, welche Einnahmen Sie insgesamt haben und in welchem Jahr Sie in Rente gegangen sind.

Dank diverser Freibeträge, die Ihnen im Ruhestand zustehen, sind Ihre Renten nicht komplett steuerpflichtig. Außerdem können Sie mehrere Posten wie die Beiträge zur Sozialversicherung oder zu privaten Policen, Spenden und Kirchensteuern von Ihren steuerpflichtigen Einkünften abziehen.

Entscheidend ist, was am Ende dieser ganzen Rechnung stehen bleibt: Ergibt sich für Sie nach Abzug aller Posten letztlich für 2018 ein zu versteuerndes Einkommen von höchstens 9 000 Euro im Jahr (für zusammenveranlagte Ehepaare 18 000 Euro), müssen Sie keine Steuern zahlen.

Die Krankenkasse verlangt ihren Anteil

Der erste Überblick hat es bereits gezeigt: Bei Betriebsrenten sind die Abzüge für die gesetzliche Kranken- und Pflegeversicherung besonders hoch. Knapp ein Fünftel geht ab.

Im Berufsleben ist die Sache klar: Am Monatsende wird Ihnen nicht das Bruttogehalt ausgezahlt, sondern nur das, was nach Abzug von Steuern und Beiträgen für die einzelnen Zweige der Sozialversicherung übrig bleibt. Wenn Ihre gesetzliche Krankenkasse zum Beispiel einen Beitragssatz von 15,6 Prozent verlangt und Sie keine Kinder haben, wurden Ihnen 2018 von 3 500 Euro brutto 325,50 Euro für die gesetzliche Rentenversicherung, 290,50 Euro für die Krankenversicherung, 53,38 Euro für die Pflegeversicherung und 52,50 Euro für die Arbeitslosenversicherung abgezogen. Je nach Steuerklasse behält der Arbeitgeber noch Lohnsteuer ein – in Steuerklasse I zum Beispiel knapp 560 Euro Lohnsteuer sowie rund 30 Euro Solidaritätszuschlag.

Sobald Sie Rentner sind, fallen meistens einige dieser Posten weg. Wenn Sie zum Beispiel nur Ihre gesetzliche Rente und eine Betriebsrente beziehen, müssen Sie dafür Beiträge zur Kranken- und Pflegeversicherung aufbringen, aber keine Beiträge für die Ar-

Pflichtprogramm in jedem Alter
An Beiträgen zur Kranken- und Pflegeversicherung kommen Sie nicht vorbei – ganz egal, wie Sie im Berufsleben versichert waren und wie Sie im Ruhestand versichert sind.

beitslosen- und Rentenversicherung. Trotzdem werden Sie sich vielleicht über die Höhe der monatlichen Beiträge wundern: Kann es sein, dass etwa von einer Betriebsrente, die brutto bei 400 Euro liegt, nicht einmal 330 Euro auf dem Konto landen?

So viel vorweg: Die Abrechnung stimmt. Wenn Sie als Rentner gesetzlich krankenversichert sind und beispielsweise eine Rente aus einer Pensionskasse oder einer Direktversicherung erhalten, in die Sie über den Betrieb eingezahlt haben, müssen Sie feststellen, dass Ihnen um die 17 bis 18 Prozent Ihrer Rente abgezogen werden: Derzeit werden je nach Krankenkasse etwa 15 bis 16 Prozent Beitrag und 2,55 oder sogar 2,8 Prozent für die Pflegeversicherung fällig. Nur bei Betriebsrenten bis 152,25 Euro monatlich (Stand 2018) entgehen Sie den Abzügen.

Auf Zahlungen aus einer betrieblichen Riester-Rente werden dagegen seit 2018 keine Beiträge mehr fällig. Damit sind sie nun privaten Riester-Verträgen gleichgestellt.

Bei der gesetzlichen Rente sind die Abgaben dank des Zuschusses aus der Rentenkasse niedriger: Hier müssen Sie mit Abzügen von etwa 10 bis 11 Prozent für die gesetzliche Kranken- und Pflegeversicherung rechnen. Je nach Beitragssatz Ihrer Krankenkasse bleiben somit nach derzeitigem Stand zum Beispiel von einer Bruttorente von 1 500 Euro im Monat etwas weniger als 1 350 Euro übrig.

→ **Gute Nachricht aus Karlsruhe**

Haben Sie als Arbeitnehmer über eine betriebliche Direktversicherung oder eine Pensionskasse vorgesorgt und haben Sie diesen Vertrag nach Ausscheiden aus dem Betrieb privat weitergeführt? Dann müssen Sie für den Teil der Rente, der aus diesen privaten Beiträgen angespart wurde, keine Krankenkassenbeiträge leisten. Das hat das Bundesverfassungsgericht kürzlich zu Renten aus Pensionskassen entschieden (Az. 1 BvR 100/15 und 1 BvR 249/15). Bei Renten aus einer Direktversicherung, die aus privatem Nettogehalt angespart wurden, gilt das schon länger.

Stiftung Warentest | Mehr Netto vom Brutto

Für die meisten Ruheständler fallen keine weiteren Sozialabgaben an, selbst wenn sie einige Tausend Euro an Kapitalerträgen erzielen oder eine größere Summe aus der Kapitallebensversicherung erhalten: Solche Auszahlungen und Erträge sind für alle, die in der gesetzlichen Krankenversicherung der Rentner (KVdR) pflichtversichert sind, von Sozialabgaben befreit. Nur wenn sie nebenbei angestellt oder selbstständig arbeiten, können für den Verdienst weitere Sozialabgaben anfallen (siehe „Neben der Rente arbeiten", S. 79).

Nicht so günstig kommen Versicherte davon, die sich im Alter nur freiwillig gesetzlich krankenversichern können. Bei ihnen werden Beiträge zur Kranken- und Pflegeversicherung für das gesamte Einkommen fällig, das dem Lebensunterhalt dient. Die Folge: Sie müssen womöglich auch für Kapital- und Mieteinkünfte Sozialabgaben zahlen. Sogar ihre Riester-Rente bleibt ihnen unter Umständen nicht komplett.

Sie müssen maximal Beiträge für Einkommen bis zur Beitragsbemessungsgrenze aufbringen. Diese liegt 2018 bei 4 425 Euro im Monat, 53 100 Euro im Jahr, 2019 wird der Wert etwas ansteigen.

Sprung in die günstige Pflicht

Um es als Pflichtmitglied in die KVdR zu schaffen, müssen ältere Versicherte zwei Voraussetzungen erfüllen:

❶ **Vorversicherungszeit.** Sie sind in der zweiten Hälfte ihres Arbeitslebens zu mindestens 90 Prozent der Zeit in einer gesetzlichen Krankenkasse versichert gewesen.

❷ **Rentenanspruch.** Sie haben Anspruch auf eine Rente aus der gesetzlichen Rentenversicherung – also auf eine Alters-, Erwerbsminderungs- oder Hinterbliebenenrente.

Die große Mehrzahl der Ruheständler erfüllt beide Vorgaben: Zu den Pflichtversicherten in der KVdR gehören alle Rentner, die im Berufsleben immer gesetzlich krankenversichert waren. Ehemalige Angestellte, die früher ihre Pflichtbeiträge gezahlt haben, sind somit auf der sicheren Seite.

Das gilt übrigens auch für ehemalige Selbstständige und gut verdienende Angestellte, die sich im Berufsleben freiwillig gesetzlich versichert haben, obwohl der private Schutz möglich gewesen wäre. Unproblematisch für die Prüfung der Vorversicherungszeit ist auch, wenn ein Partner – meist die Ehefrau über ihren Mann – familienversichert in einer gesetzlichen Kasse war.

Sind die Voraussetzungen erfüllt, beginnt die Krankenversicherungspflicht in der Regel mit dem Tag, an dem Sie Ihren Rentenantrag stellen. Von der gesetzlichen Rente wird Ihnen automatisch Ihr Beitragsanteil abgezogen. Die restlichen 7,3 Prozent Kassenbeitrag überweist die Rentenversicherung an die Krankenkasse.

Den Beitrag zur Pflegeversicherung zahlen Sie allerdings allein. Für Rentner mit

Kindern und alle, die vor 1940 geboren wurden, liegt der Beitragssatz 2018 bei 2,55 Prozent der Rente. Alle anderen zahlen 2,8 Prozent. 2019 soll der Beitragssatz etwas ansteigen. Der Beitrag wird ebenfalls automatisch von Ihrer Monatsrente abgezogen, ehe sie an Sie ausgezahlt wird.

Für Pflichtversicherte gibt es aber noch eine kleine Chance, dass sie keine Beiträge für Versorgungsbezüge wie ihre Betriebsrente zahlen müssen: Die Beiträge entfallen, wenn ihre Bezüge monatlich nicht höher als 152,25 Euro (Grenze für 2018) sind und sie kein zusätzliches Einkommen aus einer selbstständigen Nebentätigkeit erzielen. 2019 steigt auch diese Grenze leicht an.

Nicht jeder schafft den Sprung

Für Witwen und Witwer gilt die Vorversicherungszeit als erfüllt, wenn der Verstorbene bereits eine Rente bezogen hat und in der KVdR versichert war. Wenn nicht, müssen entweder der Verstorbene oder der Hinterbliebene die geforderte Versicherungszeit in einer gesetzlichen Krankenkasse haben.

Zum Hindernis können die Vorgaben für die Mitgliedschaft in der KVdR aber für einige angehende Ruheständler doch werden. Das gilt vor allem für diejenigen, die im Berufsleben länger privat krankenversichert waren: Selbst wenn sie mehrere Jahre vor Rentenbeginn in eine gesetzliche Kasse zurückgewechselt sind, wird die Kasse genau rechnen, ob das für die nötige Vorversicherungszeit ausreicht. Erfüllen Sie diese nicht, bleibt Ihnen nur, dass Sie sich im Ruhestand freiwillig gesetzlich krankenversichern.

Sind Sie oder Ihr Partner schon Rentner und haben bisher die Vorversicherungszeit für die Pflichtversicherung nicht erfüllt? Es kann sein, dass es doch noch klappt: Erst seit einiger Zeit gilt, dass Kindererziehungszeiten auf die geforderte Vorversicherungszeit angerechnet werden. Wenden Sie sich an Ihre Krankenkasse, um klären zu lassen, ob das für Sie etwas ändert.

✗ **Vorsicht Frührente:** Ein vorzeitiger Rentenbeginn kann beim Eintritt in die günstige Pflichtkrankenversicherung für Rentner zum Hindernis werden: Wenn Sie im Berufsleben Wechsel im Versicherungsschutz hatten – zum Beispiel während eines Auslandsaufenthalts oder wenn Sie als Selbstständiger vorübergehend privat krankenversichert waren –, erkundigen Sie sich frühzeitig bei Ihrer Kasse, ob Sie trotz des vorzeitigen Ausstiegs aus dem Berufsleben die Vorversicherungszeit für die KVdR erfüllen. Ist das noch nicht der Fall, überlegen Sie, den Ruhestand aufzuschieben.

Sie zahlen einkommensabhängige Beiträge für Ihre gesetzliche Rente und für Versorgungsbezüge wie Betriebsrenten.

Sie zahlen einkommensabhängige Beiträge für sämtliche Einnahmen (auch für Miet- und Kapitaleinkünfte und private Renten) bis zur Beitragsbemessungsgrenze.

Die Beiträge sind unabhängig vom Einkommen. Sie können sehr hoch ausfallen und zu einer enormen Belastung werden.

gesetzlich pflichtversichert

freiwillig gesetzlich

privat

Die Krankenkasse prüft, wie lange Sie in der zweiten Hälfte Ihres Berufslebens gesetzlich krankenversichert waren.

Ruhestand / Berufsleben

Nach dem 55. Geburtstag können privat Versicherte in der Regel nicht mehr in die gesetzliche Krankenkasse wechseln.

55 Jahre

Teure Krankenversicherung

Wer im Ruhestand privat oder freiwillig gesetzlich krankenversichert ist, muss oft mit sehr hohen Beiträgen rechnen.

gesetzlich **privat**

Berufsleben

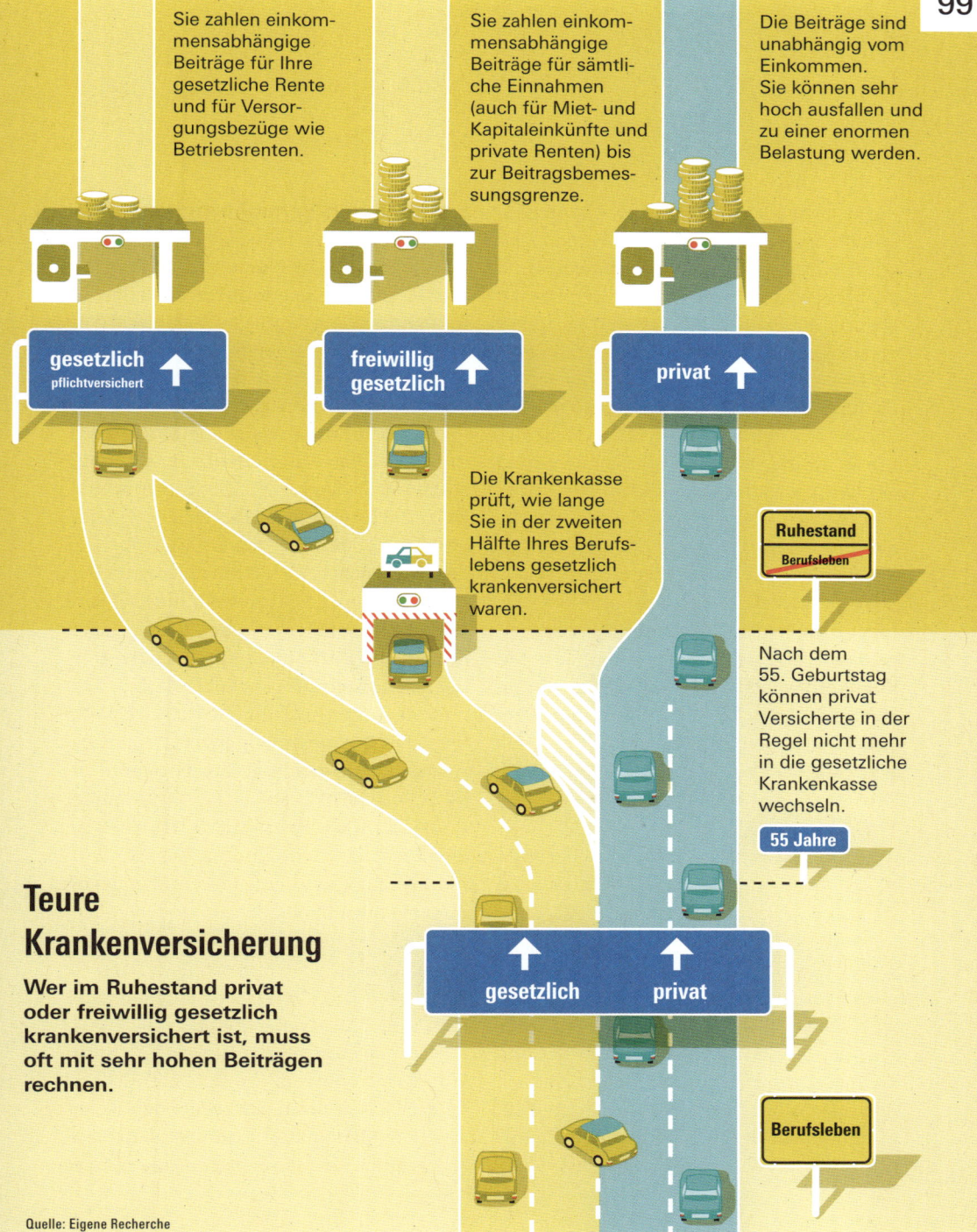

Quelle: Eigene Recherche

Auch die zweite Vorgabe, der Rentenanspruch, kann zu einer Hürde werden. Das gilt zum Beispiel für Ärzte, Architekten und Rechtsanwälte. Sie gehören zu den Berufsgruppen, die über ein berufsständisches Versorgungswerk für das Alter vorsorgen – egal, ob sie angestellt arbeiten oder selbstständig. Ein Anspruch auf Leistungen aus diesen Versorgungswerken reicht nicht aus, um es in die Pflichtkrankenversicherung der Rentner zu schaffen. Doch hier gibt es häufig einen Ausweg: freiwillige Beiträge an die Rentenkasse (siehe Checkliste „Günstige Krankenversicherung sichern", S. 102).

Für ehemalige Beamte scheidet die Pflichtmitgliedschaft in der KVdR dagegen grundsätzlich aus. Selbst wenn sie während ihres Berufslebens freiwillig gesetzlich krankenversichert waren und neben ihrer Pension eine Altersrente aus der gesetzlichen Rentenversicherung beziehen, können sich Pensionäre nur freiwillig gesetzlich krankenversichern oder privat.

Wenn Sie Wechsel in Ihrer Versicherungslaufbahn hatten oder sonst unsicher sind, wie Ihre Krankenversicherung im Alter laufen wird, sprechen Sie mit Ihrer Krankenkasse. Wissen Sie frühzeitig, dass es nicht für die günstige Pflichtversicherung reichen wird, können Sie zumindest besser kalkulieren, mit welchen Abzügen Sie im Ruhestand rechnen müssen. Oder es ergibt sich doch noch eine Möglichkeit, etwa durch freiwillige Rentenbeiträge, den Sprung in die günstige Pflichtversicherung zu schaffen.

Für freiwillig Versicherte kann es teuer werden

Auch wenn es der Name nicht vermuten lässt: Die freiwillige Krankenversicherung für Rentner kann deutliche Nachteile gegenüber der Pflichtmitgliedschaft in der KVdR haben. Freiwillig Versicherte müssen 2018 bis zur Grenze von 4 425 Euro im Monat (53 100 Euro im Jahr) für alle Einnahmen, die für den Lebensunterhalt zur Verfügung stehen, Beiträge zahlen. Da hilft es wenig, dass für Posten wie die Riester-Rente, Mieteinkünfte oder die Auszahlung aus der Lebensversicherung nur ein reduzierter Beitragssatz von 14,0 Prozent für die Krankenversicherung fällig ist. Dazu kommt noch der einkommensabhängige Zusatzbeitrag, den die Kassen jeweils erheben.

Aber immerhin können auch freiwillig Versicherte von der Rentenkasse einen Zuschuss für den auf die gesetzliche Rente fälligen Krankenkassenbeitrag bekommen. Anders als Pflichtversicherte erhalten sie den Zuschuss nicht automatisch, sondern müssen ihn vorab beim Rententräger beantragen (Formular R820).

Letztlich müssen freiwillig Versicherte – je nachdem, welche Einkommensarten sie haben – einkalkulieren, dass sie mehr zahlen als die Pflichtversicherten.

Beispiel: Karin erhält monatlich 1 300 Euro Altersrente und 300 Euro Betriebsrente. Dazu hat sie umgerechnet auf den Monat 200 Euro Mieteinkünfte und 400 Euro Rente aus einer privaten Versicherung. Sie hat

keine Kinder und ist gesetzlich kranken- und pflegeversichert. Ihre Krankenkasse erhebt inklusive Zusatzbeitrag einen Satz von 15,5 Prozent. Ist sie als Rentnerin pflichtversichert, ergibt sich für sie so ein Monatsbeitrag von 197,90 Euro, denn sie zahlt:
- 143 Euro Beitrag zur Kranken- und Pflegeversicherung für ihre Altersrente (8,2 + 2,8 Prozent) und
- 54,90 Euro Beitrag zur Kranken- und Pflegeversicherung für ihre Betriebsrente (15,5 + 2,8 Prozent).

Ist sie hingegen freiwillig gesetzlich versichert, zahlt sie zusätzlich
- 35,40 Euro Beitrag für ihre Mieteinkünfte (14,0 + 0,9 + 2,8 Prozent) und
- 70,80 Euro Beitrag für ihre private Rente (14,0 + 0,9 + 2,8 Prozent).

Dadurch ergibt sich ein Monatsbeitrag von insgesamt 304,10 Euro. Als freiwillig Versicherte zahlt sie etwa 106 Euro mehr als eine Pflichtversicherte in der KVdR.

→ **Eventuell für Partner mitzahlen**

Freiwillig Versicherten kann es passieren, dass sie sogar für Einnahmen des Ehepartners Beiträge zur Kranken- und Pflegeversicherung zahlen müssen. Die Einnahmen des Partners zählen ebenfalls bis zur Beitragsbemessungsgrenze mit, wenn dieser privat krankenversichert ist.

30 SEKUNDEN FAKTEN

14,6 %
verlangen die gesetzlichen Krankenkassen 2018 mindestens als Beitragssatz. Die Metzinger BKK ist die einzige Kasse mit diesem Satz. Sie verzichtet derzeit auf einen einkommensabhängigen Zusatzbeitrag, steht jedoch nur Versicherten in Baden-Württemberg und Thüringen offen.

15,19 %
Diesen Satz zahlen die Mitglieder der zum Stichtag günstigsten, bundesweit geöffneten gesetzlichen Krankenkasse.

16,3 %
Das ist der höchste Beitragssatz, mit dem Kassenpatienten 2018 rechnen müssen – fällig wird ein Zusatzbeitrag von 1,7 Prozent.

Quelle: GKV-Spitzenverband, Stand: September 2018

Checkliste

Günstige Krankenversicherung sichern

Die freiwillige Versicherung in einer gesetzlichen Krankenkasse ist für Rentner oft kostspielig. Je nach Einkommenssituation kann es deshalb umso wertvoller sein, wenn Sie den Sprung in die günstige Pflichtkrankenversicherung (KVdR) schaffen. Dafür müssen Sie nicht nur die Vorversicherungszeit erfüllen, sondern zusätzlich Anspruch auf eine gesetzliche Rente haben. Diesen haben Sie derzeit noch nicht? Dann sollten Sie prüfen, ob der folgende Weg für Sie infrage kommt:

Beispiel: Eine angestellte Ärztin sorgt für das Alter nicht über die gesetzliche Rentenversicherung vor, sondern zahlt Vorsorgebeiträge an ein berufsständisches Versorgungswerk. Damit erwirbt sie sich zwar für das Alter den Anspruch auf eine regelmäßige Auszahlung. Doch eine Altersrente aus dem Versorgungswerk allein reicht nicht aus für den Zugang zur KVdR. Der gelingt Mitgliedern eines Versorgungswerks nur, wenn sie zusätzlich Anspruch auf eine Rente aus der gesetzlichen Rentenversicherung haben.

- **Fünf Jahre.** Für diesen Rentenanspruch sind mindestens fünf Beitragsjahre in der gesetzlichen Rentenversicherung notwendig. Einige Mitglieder in Versorgungswerken schaffen das, wenn sie zum Beispiel vor ihrem Studium eine Ausbildung absolviert oder Kinder haben. Dann können auch sie sich Kindererziehungszeiten für ihr Konto bei der gesetzlichen Rentenversicherung gutschreiben lassen. So kommt manch einer auf die geforderten fünf Jahre.

- **Nachzahlen.** Fehlen für den Rentenanspruch noch Beitragszeiten – vielleicht ein Jahr, vielleicht auch die kompletten fünf Jahre –, können Sie sich bei der gesetzlichen Rentenversicherung melden und freiwillig Beiträge an die Rentenkasse zahlen. Der Mindestbeitrag liegt 2018 bei 83,70 Euro im Monat.

- **Vorteil.** Auch wenn auf diese Weise freiwillige Beiträge von mehr als 5 000 Euro fällig werden können, kann sich die Zahlung lohnen. Erstens sichern Sie sich zumindest eine kleine lebenslange Zusatzrente – derzeit mindestens etwa knapp 25 Euro im Monat. Und zweitens können Sie im Ruhestand eine Menge Sozialabgaben sparen, wenn Sie zum Beispiel Mieteinkünfte oder eine Auszahlung aus einer privaten Rentenversicherung haben: Schaffen Sie den Sprung in die KVdR, fallen für Ihre zusätzlichen Einkünfte keine Beiträge zur Kranken- und Pflegeversicherung an. Je mehr Abgaben Sie so sparen, desto eher zahlen sich also die freiwilligen Rentenbeiträge aus.

Steuern: Immer mehr Rentner müssen handeln

Die Steuererklärung wird für immer mehr Rentner Pflicht. Es ist allerdings längst nicht sicher, dass sie dann tatsächlich Steuern zahlen müssen.

Kosten für den Arbeitsweg, ein Arbeitszimmer zu Hause oder Gewerkschaftsbeiträge: Solange Sie im Berufsleben stehen, sind es zum Beispiel diese Posten, die Ihnen als Werbungskosten Steuervorteile bringen können. Wenn Sie eine Steuererklärung einreichen – egal, ob Sie dazu verpflichtet sind oder es freiwillig tun –, haben Sie gute Chancen, vom Finanzamt Geld zurückzuholen.

Weitere Posten, die beim Steuersparen helfen, sind zum Beispiel Beiträge für Versicherungen, Spenden oder Ausgaben, die Sie für Handwerkerarbeiten hatten.

Sobald Sie aus dem Berufsleben ausscheiden, fallen die Werbungskosten für den Arbeitsweg oder das häusliche Arbeitszimmer in der Regel weg, doch ansonsten gilt: Sie können beim Finanzamt weiter zahlreiche Ausgaben abrechnen. Das kann sich bezahlt machen, denn immer mehr Rentner und Pensionäre müssen eine Steuererklärung abgeben und Steuern zahlen.

Wenn das Finanzamt Ihre Steuerpflicht im Ruhestand prüft, zieht es wie früher im Berufsleben Ihre diversen Einkünfte im jeweiligen Jahr heran – neben der gesetzlichen Rente werden also zum Beispiel auch Einkünfte aus Vermietung, aus einer angestellten oder aus einer selbstständigen Tätigkeit berücksichtigt.

Machen Sie sich keine falschen Hoffnungen: Falls Sie zu den Rentnern gehören, die eine Steuererklärung abgeben müssen, wird das Finanzamt das herausfinden. Denn es weiß, wie hoch Ihre Renten sind. Renten- und Pensionskassen, Lebensversicherer und Versorgungswerke müssen regelmäßig ihre Auszahlungen melden. Nebeneinnahmen – etwa aus einer angestellten Beschäftigung – sind ebenfalls kein Geheimnis.

Sie sind unsicher, ob Sie auch im Ruhestand zur Erklärung verpflichtet sind? Es spricht nichts dagegen, zunächst direkt beim Finanzamt nachzufragen. Wenn Sie oder Ihr Partner fürchten, sogar noch für mehrere Jahre eine Steuererklärung zu schulden, holen Sie sich Expertenrat, zum Beispiel in einem Lohnsteuerhilfeverein oder beim Steuerberater. Klären Sie, wie Sie vorgehen sollten. Eine Steuerschuld verjährt frühestens nach sieben Jahren.

→ **Ausgaben für Unterstützung**
Wenn Sie sich Hilfe beim Steuerberater holen, verlangt dieser ein Honorar. Alternativ können Sie sich an einen Lohnsteuerhilfeverein wenden. Dann wird ein Jahresbeitrag fällig, dessen Höhe sich nach Ihrem Einkommen richtet. Die Jahresbeiträge belaufen sich maximal auf einige Hundert Euro. Erkundigen Sie sich im Bekanntenkreis, ob jemand einen Verein oder Steuerberater empfehlen kann.

Ist die Steuererklärung ein Muss?
Solange Sie im Berufsleben stehen, ist eine Steuererklärung häufig, aber nicht immer Pflicht. Für Angestellte gilt beispielsweise: Sie müssen die Steuerformulare unter anderem dann ausfüllen, wenn sie und ihr Ehe- oder Lebenspartner den Steuerklassen III und V zugeordnet oder beide in Klasse IV + Faktor sind.

Ein Muss ist die Erklärung außerdem, wenn jemand Lohnersatzleistungen wie Kranken- oder Arbeitslosengeld erhalten hat oder wenn die Beschäftigten sich in ihre Lohnsteuerdaten einen zusätzlichen Freibetrag haben eintragen lassen, etwa für ihren Arbeitsweg. Auch wenn Sie neben Ihrer angestellten Beschäftigung Einkünfte von mehr als 410 Euro im Jahr hatten – zum Beispiel aus einer vermieteten Wohnung oder einer Rente –, kommen Sie nicht umhin, mit dem Finanzamt abzurechnen.

Doch es bleiben viele Angestellte, für die keiner dieser verpflichtenden Punkte zutrifft. Für sie dürfte es sich aber lohnen, dass sie freiwillig eine Steuererklärung beim Finanzamt einreichen. Denn der monatliche Lohnsteuerabzug ist immer nur eine mehr oder weniger grobe Vorababrechnung, die Chancen auf eine Steuererstattung nach der Steuererklärung stehen nicht schlecht: zum Beispiel, wenn beide Steuerklasse IV (ohne Faktor) haben oder Ausgaben für Handwerker abrechnen können.

Ab Rentenbeginn oft in der Pflicht
Mit Rentenbeginn verschieben sich für viele die Voraussetzungen. Fließen im ersten Jahr noch Arbeitslohn und dazu die gesetzliche Rente, werden Sie in aller Regel um die Steuererklärung nicht herumkommen: Sobald Sie in einem Jahr neben Arbeitseinkünften mehr als 410 Euro Renteneinkünfte haben, ist die Erklärung ein Muss.

Auch Pensionäre müssen sehr häufig mit dem Finanzamt abrechnen. Das gilt sowohl für ehemalige Beamte als auch für frühere Angestellte, die eine Pension aus betrieblicher Altersvorsorge beziehen: Sobald Sie zusätzlich zur Pension Renten- oder andere Einkünfte von über 410 Euro im Jahr haben, müssen Sie die Steuererklärung einreichen.

Ansonsten gilt: Für 2018 sind Rentner zur Steuererklärung verpflichtet, wenn ihre steuerpflichtigen Einkünfte 9 000 Euro übersteigen, für 2017 bei Einkünften über 8 820 Euro. Ein Teil der Rentner bleibt unter

So viel ist von Ihrer Rente steuerfrei

Der steuerpflichtige Anteil der Rente steigt für jüngere Jahrgänge an. Wer erst 2040 oder später in Rente geht, muss die Leistungen aus der gesetzlichen Rentenversicherung komplett beim Finanzamt abrechnen. Auch für Auszahlungen aus einem berufsständischen Versorgungswerk, aus der landwirtschaftlichen Alterskasse und einem Rürup-Vertrag sinkt für jeden neuen Rentnerjahrgang der steuerfreie Anteil.

Rentenbeginn	Steuerfreier Teil zu Beginn der Rente in Prozent	Rentenbeginn	Steuerfreier Teil zu Beginn der Rente in Prozent
2016	28	2022	18
2017	26	2023	17
2018	24	2024	16
2019	22	2025	15
2020	20	2026	14
2021	19	2027	13

der Grenze, doch immer mehr überschreiten sie. Ein Grund dafür: Von der gesetzlichen Rente ist immer mehr steuerpflichtig, für jeden neuen Rentnerjahrgang steigt der steuerpflichtige Anteil an.

Waren für alle, die 2005 oder früher in Rente gegangen sind, zu Beginn nur 50 Prozent der gesetzlichen Alters-, Hinterbliebenen- und Erwerbsminderungsrenten steuerpflichtig, waren es für Neurentner 2006 schon 52 Prozent. Für alle, die seit 2018 Rentner sind, sind maximal 24 Prozent steuerfrei (siehe Tabelle „So viel ist von Ihrer Rente steuerfrei", oben). Für Neurentner ab 2040 entfällt der Rentenfreibetrag ganz.

Im Jahr nach dem Rentenbeginn legt das Finanzamt für jeden Rentner endgültig fest, wie hoch sein Steuerfreibetrag ist.

Beispiel: Mark ist im Sommer 2018 in Rente gegangen. Im Jahr 2019 bezieht er insgesamt 18 500 Euro Rente. Für ihn sind – aufgrund des Rentenbeginns 2018 – 24 Prozent der Auszahlung steuerfrei. Daraus ergibt sich ein Freibetrag von 4 440 Euro.

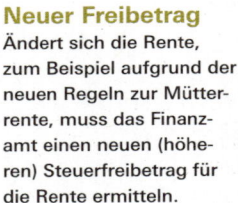

Neuer Freibetrag
Ändert sich die Rente, zum Beispiel aufgrund der neuen Regeln zur Mütterrente, muss das Finanzamt einen neuen (höheren) Steuerfreibetrag für die Rente ermitteln.

Dieser Steuerfreibetrag gilt für Mark im Normalfall während des gesamten Ruhestands. Der einmal festgelegte Steuerfreibetrag bleibt auch dann bestehen, wenn die Renten regelmäßig einmal im Jahr ansteigen. Jede Rentenerhöhung (jeweils zum 1. Juli) ist damit komplett steuerpflichtig.

Mit anderen Worten: So schön es ist, dass Sie Jahr für Jahr mehr Rente bekommen – das Plus führt letztlich dazu, dass Sie mehr steuerpflichtige Renteneinkünfte haben und in die Steuerpflicht rutschen können.

Nur wenn die Rentenkasse Ihre Rente ganz neu berechnet, etwa aufgrund neuer gesetzlicher Vorgaben zur Mütterrente, muss auch das Finanzamt Ihren Rentenfreibetrag neu ermitteln. Geplant ist, dass ab 2019 die Erziehung von Kindern, die vor 1992 geboren wurden, besser bei der Rente honoriert wird. Dieser Zuschlag sorgt dafür, dass den profitierenden Eltern nicht nur mehr Rente, sondern auch ein höherer Steuerfreibetrag für die Rente zusteht.

Zusätzliche Alterseinkünfte

Für ehemalige Beamte ist nicht die gesetzliche Rente die entscheidende Einnahmequelle, sondern die Pension: Ein Teil dieser Zahlung ist dank des Versorgungsfreibetrags steuerfrei. Den größtmöglichen Freibetrag bekommen alle, die 2005 oder früher ihre erste Pension bezogen haben. Für sie liegt der Freibetrag bei 40 Prozent – allerdings sind maximal 3 000 Euro plus 900 Euro Zuschlag steuerfrei.

Der Versorgungsfreibetrag sinkt seither für jeden neuen Pensionärsjahrgang. Alle Pensionen, die ab 2040 ausgezahlt werden, sind voll steuerpflichtig (siehe Tabelle „Versorgungsfreibetrag" rechts).

Neben Pension und gesetzlicher Rente können weitere Einkünfte dafür sorgen, dass die Steuererklärung und die Zahlung von Steuern zur Pflicht werden. Da nicht alle Einkommensarten gleich behandelt werden, ist es nicht ganz einfach, sich einen Überblick zur Steuerpflicht zu verschaffen:

Versorgungsfreibetrag

Für Versorgungsbezüge wie eine Beamten- oder Betriebspension haben Sie Anspruch auf einen Versorgungsfreibetrag. Er wird auf Basis der ersten vollen Monatspension berechnet, die Höhe bleibt für die gesamte Laufzeit gleich. Für jeden Monat, in dem es keine Pension gibt, sinken Freibetrag und Zuschlag um ein Zwölftel. Für Firmenpensionen gibt es den Freibetrag in der Regel aber erst, wenn Sie mindestens 63 Jahre alt sind.

Jahr der ersten Auszahlung	Versorgungsfreibetrag (Prozent/Jahr)	maximal steuerfrei (Euro/Jahr)
2016	22,4	1 680 + 504 Zuschlag
2017	20,8	1 560 + 468 Zuschlag
2018	19,2	1 440 + 432 Zuschlag
2019	17,6	1 320 + 396 Zuschlag
2020	16,0	1 200 + 360 Zuschlag
2021	15,2	1 140 + 342 Zuschlag
2022	14,4	1 080 + 324 Zuschlag
2023	13,6	1 020 + 306 Zuschlag
2024	12,8	960 + 288 Zuschlag
2025	12,0	900 + 270 Zuschlag
2026	11,2	840 + 252 Zuschlag
2027	10,4	780 + 234 Zuschlag
2028	9,6	720 + 216 Zuschlag
2029	8,8	660 + 198 Zuschlag

- **Riester-Renten.** Die Auszahlung aus einem Riester-Vertrag ist komplett steuerpflichtig, ganz egal, in welchem Jahr sie beginnt. Diese Regelung gilt auch für Leistungen aus einem Wohn-Riester-Vertrag, selbst wenn deren Empfänger – anders als etwa bei einer Riester-Rentenversicherung – gar kein Geld mehr aus dem Vertrag bezieht, da er die Ersparnisse zum Beispiel schon zur Tilgung seines Immobilienkredits genutzt hat (mehr zu den Regeln siehe Kasten „Erträge der besonderen Art" auf S. 120). Eventuell profitieren Sie für Ihre Riester-Einkünfte aber vom Altersentlastungsbetrag (siehe Tabelle rechts).
- **Rürup-Renten und Leistungen aus einem berufsständischen Versorgungswerk.** Für diese Renten gelten die gleichen Regeln wie für gesetzliche Altersrenten. Für jeden neuen Rentnerjahrgang steigt also der steuerpflichtige Rentenanteil an (siehe Tabelle „So viel ist von Ihrer Rente steuerfrei", S. 105).
- **Renten aus einer privaten Rentenversicherung – ohne staatliche Förderung.** Für diese Renten ist der steuerpflichtige Anteil deutlich niedriger. Wie viel von der Auszahlung steuerpflichtig ist, hängt davon ab, wie alt der Kunde bei der ersten Rentenzahlung ist. Ist er 65 Jahre alt, sind 18 Prozent der Rente steuerpflichtig, bei Auszahlung ab 67 nur 17 Prozent. Bezieht er sie bereits mit 63 Jahren, sind es 20 Prozent.
- **Betriebsrenten.** Es kommt darauf an: Wurden – wie es bei betrieblicher Vorsorge vor 2002 üblich war – die Beiträge aus voll oder pauschal versteuertem Einkommen bezahlt, ist von der ausgezahlten Betriebsrente wie bei privaten Renten nur der niedrige Ertragsanteil steuerpflichtig. Das ist der Zinsanteil, nicht die eingezahlten Beiträge. Hat der Arbeitgeber hingegen von Ihrem unversteuerten Einkommen Beiträge an Direktversicherung, Pensionskasse oder -fonds abgezweigt, sind die Renten daraus voll steuerpflichtig. Sie können dafür aber vom Altersentlastungsbetrag profitieren, wenn Sie im jeweiligen Steuerjahr am 1. Januar mindestens 64 Jahre alt sind (siehe Tabelle rechts).
- **Zusatzrenten im öffentlichen Dienst.** Sie werden steuerlich zum Teil völlig unterschiedlich behandelt: Es kann eine günstige Besteuerung wie bei privaten Renten vorliegen – möglich ist aber auch, dass sie voll steuerpflichtig sind. Wo Sie diese Renten jeweils in der Anlage R zur Steuererklärung eintragen müssen, entnehmen Sie der Leistungsmitteilung Ihres Anbieters.
- **Zahlungen aus Unterstützungskasse oder Pensionszusage.** Solche Firmenpensionen mit Lohnsteuerabzug werden behandelt wie Beamtenpensionen. Als Empfänger dieser Leistungen steht Ihnen also auch ein Versorgungsfreibetrag zu.

Altersentlastungsbetrag

Anspruch auf den Altersentlastungsbetrag haben Sie ab dem Kalenderjahr nach Ihrem 64. Geburtstag. Auch er sinkt für jüngere Jahrgänge stufenweise.

Anspruch, wenn	Anspruch ab	Höhe des Altersentlastungsbetrags
Geburt vor dem 2. Januar 1953	2017	20,8 Prozent, 988 Euro maximal
Geburt vor dem 2. Januar 1954	2018	19,2 Prozent, 912 Euro maximal
Geburt vor dem 2. Januar 1955	2019	17,6 Prozent, 836 Euro maximal
Geburt vor dem 2. Januar 1956	2020	16,0 Prozent, 760 Euro maximal
Geburt vor dem 2. Januar 1957	2021	15,2 Prozent, 722 Euro maximal
Geburt vor dem 2. Januar 1958	2022	14,4 Prozent, 684 Euro maximal
Geburt vor dem 2. Januar 1959	2023	13,6 Prozent, 646 Euro maximal
Geburt vor dem 2. Januar 1960	2024	12,8 Prozent, 608 Euro maximal
Geburt vor dem 2. Januar 1961	2025	12,0 Prozent, 570 Euro maximal
Geburt vor dem 2. Januar 1962	2026	11,2 Prozent, 532 Euro maximal
Geburt vor dem 2. Januar 1963	2027	10,4 Prozent, 494 Euro maximal
Geburt vor dem 2. Januar 1964	2028	9,6 Prozent, 456 Euro maximal
Geburt vor dem 2. Januar 1965	2029	8,8 Prozent, 418 Euro maximal
Geburt vor dem 2. Januar 1966	2030	8,0 Prozent, 380 Euro maximal
Geburt vor dem 2. Januar 1967	2031	7,2 Prozent, 342 Euro maximal
Geburt vor dem 2. Januar 1968	2032	6,4 Prozent, 304 Euro maximal

- **Renten aus der gesetzlichen Unfallversicherung.** Sie sind steuerfrei.
- **Weitere Einkünfte.** Für Gehälter, Einkünfte aus Vermietung und Verpachtung oder aus selbstständiger Tätigkeit steht Ihnen ebenfalls der Altersentlastungsbetrag zu. Er sinkt für jeden jüngeren Jahrgang. Wurden Sie zum Beispiel am 30. Dezember 1958 geboren, haben Sie ab 2023 Anspruch auf den Entlastungsbetrag. Dann sind pro Steuerjahr aber nur 13,6 Prozent der Einkünfte (maximal 646 Euro) steuerfrei.
- **Kapitaleinkünfte.** Kapitalerträge wie Zinsen und Dividenden sind zum Teil steuerfrei. Anleger profitieren unter anderem vom Sparerpauschbetrag, durch den bis zu 801 Euro an Erträgen pro Jahr steuerfrei bleiben (Ehepaare: 1 602 Euro). Erst für höhere Erträge können Steuern fällig werden. Allerdings zählen nicht immer alle Erträge ab dem ersten Euro für den Pauschbetrag mit: Seit 2018 gilt zum Beispiel, dass von den Erträgen aus einem Aktienfonds 30 Prozent steuerfrei bleiben, nur der Rest belastet den Pauschbetrag. Überspringen Sie dennoch den Sparerpauschbetrag, können Sie für Ihre steuerpflichtigen Kapitaleinkünfte vom Altersentlastungsbetrag (siehe oben) profitieren, allerdings nur, wenn Sie mit der Steuererklärung die sogenannte Günstigerprüfung beantragen und Ihre Kapitalerträge in der Anlage KAP abrechnen.

Bin ich steuerpflichtig?

Und was bedeutet all das für Ihre Steuerpflicht? Eine Steuererklärung für da Jahr 2018 verlangt das Finanzamt, wenn Ihre steuerpflichtigen Einkünfte egal welcher Art insgesamt über dem sogenannten Grundfreibetrag von 9 000 Euro liegen.

Beispiel: Gerhard, geboren am 15. Februar 1952, ist zum 1. September 2017 pünktlich mit 65 Jahren und sechs Monaten in Rente gegangen. In seinen ersten Rentenmonaten hat er 1 489 Euro Altersrente bekommen, seit der Rentenerhöhung im Juli 2018 sind es 1 537 Euro. Zusätzlich bezieht er jeden Monat 250 Euro aus einer privaten Rentenversicherung und 300 Euro aus betrieblicher Vorsorge, in die er vor vielen Jahren eingezahlt hat.

Für 2017 kam Gerhard nicht um die Steuererklärung herum. Schließlich hatte er in dem Jahr nicht nur Renteneinkünfte, sondern auch Einkünfte aus seinem Job, dem er bis Ende August nachgegangen ist. Nun will er wissen, ob er auch für 2018 eine Steuererklärung machen muss, wenn er „nur" noch seine drei Renten hat: Von der gesetzlichen Rente sind für Gerhard 74 Prozent steuerpflichtig. Bei einer Jahresrente von 18 156 Euro in 2018 sind das rund 13 435 Euro. Von der privaten Rente sind 18 Prozent steuerpflichtig – macht 540 Euro im Jahr. Und auch die Betriebsrente schlägt mit 18 Prozent zu Buche – macht 648 Euro. Von diesen steuerpflichtigen Rentenanteilen werden noch Werbungskosten abgezogen – ohne weiteren Nachweis pauschal 102 Euro. Somit kommt Gerhard 2018 auf knapp 14 520 Euro steuerpflichtige Renteneinkünfte.

Er liegt damit über der entscheidenden Grenze von 9 000 Euro steuerpflichtigen Einkünften und muss eine Steuererklärung abgeben. Das heißt noch nicht, dass er Steuern zahlen muss. Denn in der Steuererklärung werden von den Einkünften zahlreiche Posten abgezogen – vor allem die Beiträge zur Kranken- und Pflegeversicherung. Welche Posten sich darüber hinaus bezahlt machen, zeigen die folgenden Seiten mit zahlreichen Tipps für Ihre Steuererklärung.

Keine Angst vor der Steuererklärung

Auch im Ruhestand ergeben sich für Sie Möglichkeiten, um Steuern zu sparen. Wichtig ist, dass Sie Posten wie Versicherungsbeiträge in die Steuererklärung eintragen.

Zunächst mag es Sie ärgern: Auch im Ruhestand noch eine Steuererklärung einreichen – muss das sein?

Die gute Nachricht: Gerade wenn Sie im Ruhestand sind, können Sie von mehreren Regelungen profitieren und Ihre Steuerlast gering halten. Wenn es richtig gut läuft, bringt Ihnen der Steuerbescheid sogar Geld zurück.

Die wichtigsten Steuerformulare

Wenn Sie eine Steuererklärung anfertigen, kommen Sie um das Ausfüllen einiger Steuerformulare nicht herum. Als Rentner sind der Mantelbogen, die Anlage R und die Anlage Vorsorgeaufwand Pflicht. Die Anlage N, die Sie vermutlich aus Ihrer Zeit als Angestellter kennen, benötigen Sie nur noch, wenn Sie eine Pension beziehen oder neben der Rente arbeiten und Ihr Verdienst nach Steuerklasse abgerechnet wird.

Je nach Lebenssituation können aber weitere Formulare hinzukommen. Die einzelnen Formulare im Überblick:

▶ **Mantelbogen.** Hier machen Sie unter anderem Angaben zu Ihrer Person, zu Sonderausgaben und den außergewöhnlichen Belastungen. Auch Ausgaben für Handwerker und haushaltsnahe Dienste rechnen Sie hier ab.

Posten für Posten
Ausgaben für eine Haushaltshilfe oder einen Handwerker machen sich in der Steuererklärung besonders bezahlt. Aber auch kleinere Posten wie eine Spende zu Weihnachten oder Gewerkschaftsbeiträge können sich lohnen.

▶ **Anlage R.** Sie tragen sämtliche Renten ein – neben der gesetzlichen Rente die Leistungen aus privaten Versicherungspolicen, aus staatlich geförderten Riester- und Rürup-Verträgen, aus betrieblicher Altersvorsorge oder Ihre Zusatzrente im öffentlichen Dienst. Aber: Renten aus der gesetzlichen Unfallversicherung oder Schadenersatzrenten gehören nicht in die Anlage R. Sie sind von der Steuerlast befreit.

▶ **Anlage Vorsorgeaufwand.** Hier rechnen Sie Ihre Versicherungsbeiträge ab – neben den Beiträgen für die Kranken- und Pflegeversicherung können sich zum Beispiel auch die Ausgaben für eine private Haftpflicht- oder Unfallversicherung steuerlich bezahlt machen.

▶ **Anlage N.** Wenn Sie im Steuerjahr noch Lohn aus einer angestellten Beschäftigung hatten oder eine Pension Ihres früheren Arbeitgebers beziehen, füllen Sie diese Anlage aus. Die Daten entnehmen Sie der Lohnsteuerbescheinigung, die Sie von Ihrem (ehemaligen) Arbeitgeber erhalten.

▶ **Anlage KAP.** Seit Einführung der Abgeltungsteuer müssen viele Sparer ihre Kapitalerträge nicht mehr in der Steuererklärung angeben. Oftmals kann es sich aber lohnen, Zinsen, Dividenden und Gewinne aus Wertpapierverkäufen freiwillig beim Finanzamt abzurechnen, um Steuern zu sparen. Dann füllen Sie die Anlage KAP aus. Manchmal ist dieses Formular für Sparer sogar Pflicht – wenn Sie zum Beispiel bei einer Bank im Ausland Kapitalerträge erzielen.

▶ **Weitere Anlagen.** Je nach persönlicher Situation können weitere Anlagen Pflicht sein, etwa die Anlage V bei Einkünften aus Vermietung und Verpachtung. Erzielen Sie als Selbstständiger Gewinne aus gewerblicher Tätigkeit, füllen Sie Anlage G aus, Ihre Gewinne aus freiberuflicher Tätigkeit tragen Sie in Anlage S ein. Hier geben Sie ebenfalls Einnahmen an, die Sie als selbstständiger Ehrenamtler erzielt haben – etwa als Übungsleiter im Sportverein. Begünstigt sind bis zu 2 400 Euro im Jahr.

→ Online oder Papier?

Viele Rentner können ihre Steuererklärung auf Papier abgeben. Die Formulare dafür erhalten Sie zum Beispiel beim Finanzamt oder im Internet auf formulare-bfinv.de. Haben Sie jedoch Einnahmen aus einer selbstständigen Tätigkeit, müssen Sie Ihre Steuererklärung online einreichen. Das läuft über das Portal elster.de. Das gilt übrigens auch, wenn Sie eine Photovoltaikanlage auf Ihrem Hausdach betreiben und Strom ins öffentliche Netz einspeisen und so selbstständige Einkünfte erzielen.

Wichtige Posten zum Steuersparen
Es gibt zahlreiche Posten, die Sie unbedingt in der Steuererklärung abrechnen sollten, um nicht zu viel Steuern zu zahlen. Beispiel Sonderausgaben: Dazu zählen unter anderem Spenden und Kirchensteuer.

Auch Unterhaltszahlungen an den Ex-Partner können Sie bei Trennung oder Scheidung als Sonderausgaben abrechnen – vorausgesetzt, der Empfänger der Zahlungen versteuert diese auch. Ohne Nachweis über solche Sonderausgaben rechnet das Finanzamt mit einer Pauschale von 36 Euro im Jahr. Wenn Sie mehr ausgegeben haben, senkt das Ihre Steuerlast.

Auch mit Werbungskosten können Sie im Ruhestand Ihre Abgabenlast verringern. Falls Sie beispielsweise einen freien Rentenberater aufgesucht haben, um sich über die Möglichkeiten und finanziellen Folgen einer Frührente zu informieren, können Sie die Ausgaben für das Honorar als Werbungskosten in der Anlage R abrechnen.

Wer kennt sich aus?

Die Steuererklärung im Ruhestand ist für manch einen eine Herausforderung. Kümmern Sie sich allein darum, hilft Ihnen der Finanztest-Ratgeber „Steuererklärung für Rentner und Pensionäre" weiter und führt Punkt für Punkt durch die Formulare (erhältlich im Buchhandel oder zu bestellen unter test.de/shop). Auf der Seite test.de finden Sie außerdem viele Steuertipps zu Einzelthemen, etwa zu den geänderten Regeln für die Fonds-Besteuerung oder zur Steuerklassenwahl. Expertenhilfe holen Sie sich von einem Steuerberater oder in einem Lohnsteuerhilfeverein.

Machen Sie keine eigenen Angaben zu Werbungskosten, rechnet das Finanzamt automatisch mit einer Pauschale von 102 Euro für Ihre Renten. Höhere Ausgaben können sich also bezahlt machen.

Eine noch größere Ersparnis können die Versicherungsbeiträge bringen, die Sie im Laufe des Jahres für die gesetzliche Sozialversicherung oder auch für private Versicherungen geleistet haben. Als Rentner oder Pensionär sollten Sie all Ihre Ausgaben für die Kranken- und Pflegeversicherung sowie für weiteren Schutz, der in der Anlage Vorsorgeaufwand abgefragt wird, abrechnen.

Leider ist es für Laien nicht einfach zu erkennen, in welcher Höhe diese Beiträge tatsächlich einen Steuervorteil bringen. Denn das muss das Finanzamt in mehreren Schritten ermitteln und die für den Steuerpflichtigen günstigste Abrechnung wählen.

Die Regelung dahinter: Im Zuge dieser sogenannten Günstigerprüfung muss das Finanzamt ausrechnen, ob es die Beiträge für Versicherungen nach den aktuell geltenden gesetzlichen Regeln anerkennt oder ob für Sie die bis 2004 geltende Gesetzgebung günstiger ist. Es kann sein, dass für Sie als Rentner oder Pensionär von heute das alte Recht von Vorteil ist.

Gerade weil nicht auf den ersten Blick ersichtlich ist, wie groß der Steuervorteil letztlich sein wird: Um den Rahmen voll auszuschöpfen, tragen Sie zur Sicherheit all Ihre Versicherungsbeiträge ein, die in der Anlage Vorsorgeaufwand abgefragt werden, also zum Beispiel auch Ausgaben für eine private Unfall- oder Haftpflichtversicherung. Alles, was keinen Vorteil bringt, wird das Finanzamt sowieso streichen.

Ausgaben für Gesundheit und Pflege abrechnen

Mit zunehmendem Alter können vor allem die Ausgaben für die Gesundheit zur finanziellen Belastung werden – die Ausgaben für die eigene Gesundheit, die des Partners oder die der Eltern, für deren Pflege Sie (mit) aufkommen müssen oder möchten. Auch an solchen Kosten können Sie das Finanzamt beteiligen. Dafür sorgen verschiedene Regelungen, von denen Sie als Angehöriger profitieren können.

Wenn Sie etwa Ihren pflegebedürftigen Vater selbst versorgen, steht Ihnen für 2018 der Pflegepauschbetrag in Höhe von 924 Euro zu.

Möglich ist auch, dass Sie eigene Ausgaben, die Sie für die Pflege eines nahen Angehörigen hatten, einzeln beim Finanzamt abrechnen, also zum Beispiel die Ausgaben für einen Pflegedienst, Medikamente oder Fahrten zum Arzt. Bei einem festgestellten Pflegegrad klappt das problemlos. Legen Sie die Rechnungen sowie die Bescheinigung des Pflegegrades vor oder – wenn vorhanden – den Schwerbehindertenausweis mit dem Merkzeichen H (hilflos). Sind Sie selbst auf Pflegeleistungen angewiesen, rechnen Sie Ausgaben für die häusliche Pflege oder die Unterbringung im Heim ebenfalls ab.

Es sei denn, Sie haben Anspruch auf den Behindertenpauschbetrag: Je nach Grad der Behinderung steht Ihnen ein Steuerfreibetrag zwischen 310 und 1420 Euro zu. Dann müssen Sie sich entscheiden, ob Sie die Kosten einzeln nachweisen oder die Pauschale nutzen. Sie können nicht beides miteinander kombinieren.

Viele Ausgaben zählen nicht ab dem ersten Euro

Wenn Sie Ihre Ausgaben einzeln abrechnen, gibt es einen Haken: Diese Ausgaben bringen nicht gleich ab dem ersten Euro einen Steuervorteil. Das Finanzamt erkennt die Pflegekosten erst an, wenn sie zusammen mit anderen Ausgaben unzumutbar hoch sind, wenn die Belastung also außergewöhnlich ist.

Zu den Posten, die nach Abzug der zumutbaren Belastung einen Steuervorteil bringen können, zählen neben den genannten Pflegekosten unter anderem Ausgaben für Medikamente, für Behandlungen durch Ärzte, Zahnärzte, Physiotherapeuten, Heilpraktiker, medizinische Fußpfleger und Logopäden, Zahnimplantate sowie verordnete Brillen, Kontaktlinsen und Augenoperationen mit dem Lasik-Verfahren. Auch eigene Ausgaben und Zuzahlungen für Medikamente, Kuren, Krankenhausaufenthalte oder Hilfsmittel wie Rollstuhl oder Hörgerät können Sie abrechnen.

Außerdem sind die Fahrtkosten mit öffentlichen Verkehrsmitteln zum Arzt, ins Krankenhaus, zur Heilbehandlung oder Selbsthilfegruppe absetzbar. Autofahrer rechnen pro gefahrenem Kilometer 30 Cent ab. Nur Kranke ohne Auto, für die öffentliche Verkehrsmittel nicht zumutbar sind, setzen Taxikosten ab.

Automatisch erkennt das Finanzamt diese Posten aber nicht an. Eine Voraussetzung für den Steuervorteil ist, dass die Behandlung oder Arznei medizinisch notwendig und die Kosten angemessen waren. Im Normalfall reicht dem Finanzamt als Nachweis eine Verordnung von Ihrem Arzt oder Heilpraktiker.

Manchmal sind aber mehr Belege nötig. Beispiel Kur: Die Ausgaben für Anwendungen, ärztliche Behandlung, Unterkunft sowie An- und Abreise mit öffentlichen Verkehrsmitteln bringen nur dann einen Vor-

> **Wer kennt sich aus?**
>
> **Wenn Sie selbst pflegebedürftig** sind oder für Ihre Angehörigen einen Pflegedienst engagieren, ist es nicht immer leicht, den Überblick zu behalten: Welche Ausgaben kann ich wie geltend machen? Hier kann es sich auszahlen, den Rat eines Steuerberaters oder Lohnsteuerhilfevereins einzuholen, um die Ihnen zustehenden Steuervorteile komplett auszuschöpfen.

teil, wenn Sie ein amtsärztliches Attest mit einreichen, das die medizinische Notwendigkeit vor Beginn der Kur bestätigt.

Doch ab wann sparen Sie mit all diesen Ausgaben tatsächlich Steuern? Welche Belastung ist zumutbar, welche ist unzumutbar hoch – also außergewöhnlich? Die Antwort hängt von Ihrer familiären Situation und der Höhe Ihrer Einkünfte ab.

In verschiedenen Einkünftestufen wird ein bestimmter Prozentsatz zugrunde gelegt. Durch ein Urteil des Bundesfinanzhofs aus dem Jahr 2017 ist die Abrechnung nicht ganz einfach, da seither für jeden bis zu drei Prozentsätze bei der Berechnung berücksichtigt werden:

Beispiel: Ella und Heinz sind verheiratet und haben zwei erwachsene Kinder, für die kein Anspruch auf Kindergeld mehr besteht. Sie kommen im Jahr 2018 auf Gesamteinkünfte von 30 000 Euro. Ihre zumutbare Belastung ergibt sich nun wie folgt:

▶ Für ihre Einkünfte bis 15 340 Euro gilt eine zumutbare Belastung von 4 Prozent, da ihre Kinder erwachsen sind (siehe Tabelle unten). Das sind 613,60 Euro.
▶ Für ihre Einkünfte über 15 340 Euro bis 30 000 Euro sind es 5 Prozent – umgerechnet 733 Euro.
▶ In Summe ergibt sich dadurch für Ella und Heinz eine zumutbare Belastung von insgesamt 1 346,60 Euro.

So berechnen Sie Ihren Eigenanteil

Die Einkünfte werden beim Berechnen der zumutbaren Belastung gesplittet (siehe Beispiel oben). Kinder bringen Vorteile, solange Anspruch auf Kindergeld besteht.

Zumutbare Belastung	Prozentsatz je Anteil an den Gesamteinkünften (ohne Kapitaleinkünfte)		
	Anteil bis 15 340 Euro	15 341 bis 51 130 Euro	Über 51 130 Euro
Single ohne Kind	5	6	7
Paar ohne Kind	4	5	6
1 oder 2 Kinder	2	3	4
3 oder mehr Kinder	1	1	2

Mit jedem Cent, den die zwei über diesen Wert hinaus für ihre Gesundheit ausgeben, sparen sie Steuern.

→ Verfassungsgericht ist gefragt

Ist es rechtens, dass das Finanzamt bei Krankheitskosten überhaupt einen Eigenanteil – die zumutbare Belastung – abziehen darf? Zu dieser Frage muss das Bundesverfassungsgericht entscheiden (BVerfG, Az. 2 BvR 221/17). Bis Redaktionsschluss stand dieses Urteil noch aus.

Andere Posten bringen als außergewöhnliche Belastung gleich ab dem ersten Euro einen Steuervorteil, für 2018 zum Beispiel Unterhaltszahlungen bis 9 000 Euro für Angehörige oder Lebensgefährten plus deren Beiträge zur Kranken- und Pflegeversicherung, wenn Sie diese gezahlt haben. Als Witwe oder Witwer mit Anspruch auf eine Hinterbliebenenrente steht Ihnen ein Pauschbetrag von 370 Euro im Jahr zu.

Haushaltshilfe, Handwerker & Co.

Ihre Steuerlast senken können Sie außerdem, wenn Sie Handwerker ganz legal auf Rechnung beauftragt haben, wenn Sie eine angestellte Haushaltshilfe beschäftigen oder andere Ausgaben für haushaltsnahe Dienstleistungen hatten. Wenn Sie Ihre Steuererklärung für 2018 anfertigen, ist eine Ersparnis von bis zu 5 710 Euro im Jahr möglich. Die Regeln dahinter:

DIE 3 BESTEN STEUERTIPPS

1 Handwerker: Haben Sie im laufenden Jahr die 6 000 Euro, die Sie für Handwerkerarbeiten beim Finanzamt abrechnen dürfen, ausgeschöpft? Wenn nicht, überlegen Sie zum Jahresende, ob Sie bald geplante Arbeiten wie das Streichen von Küche oder Bad vorziehen. So schöpfen Sie in diesem Jahr den Steuervorteil voll aus und haben mehr Luft im nächsten Jahr.

2 Medizinische Versorgung: Kommen Sie dieses Jahr mit Ihren Ausgaben über die zumutbare Belastung, sodass Sie in jedem Fall Steuern sparen? Dann zahlt es sich aus, zum Beispiel den geplanten Brillenkauf vorzuziehen oder den Vorrat an Medikamenten in der Hausapotheke aufzustocken.

3 Werbungskosten: Im Jahr des Übergangs in den Ruhestand stehen Ihnen zwei Pauschalen für Werbungskosten zu – die 1 000 Euro für Arbeitnehmer und die 102 Euro als Rentenempfänger. Prüfen Sie, ob Sie künftige Ausgaben vorziehen können, um sicher über die Pauschalen zu kommen.

- **1 200 Euro** für Handwerksarbeiten: Wenn Sie etwa Ihr Wohnzimmer renovieren oder das Badezimmer neu fliesen lassen, können Sie bis zu 6 000 Euro Arbeits- und Fahrtkosten des Handwerkers in der Steuererklärung abrechnen. 20 Prozent dieser Ausgaben – maximal 1 200 Euro im Jahr – zieht das Finanzamt direkt von Ihrer Steuerlast ab.
- **4 000 Euro** für Haushaltshilfen: Beschäftigen Sie eine angestellte oder selbstständige Haushaltshilfe, können Sie Ausgaben bis 20 000 Euro beim Finanzamt angeben. 20 Prozent davon – maximal 4 000 Euro im Jahr – zieht es direkt von der Steuerlast ab. Abrechnen können Sie nicht nur die Ausgaben für eine Putzhilfe, sondern auch Ausgaben für Pflegeleistungen zu Hause.
- **510 Euro** für einen Minijobber: Ausgaben bis 2 550 Euro für eine bei der Minijobzentrale angemeldete 450-Euro-Kraft tragen Sie in der Steuererklärung ein. Das Finanzamt zieht 20 Prozent der Ausgaben – maximal 510 Euro im Jahr – direkt von der Steuerlast ab. Diesen Vorteil haben Sie aber nur, wenn Sie Ihre Haushaltshilfe bei der Minijobzentrale anmelden. Von dort erhalten Sie die notwendige Bescheinigung, um mit dem Finanzamt abzurechnen.

Die Liste der begünstigten Ausgaben in Haushalt und Garten ist sehr lang: Wenn Sie einen Handwerker beauftragen, sind neben Renovierungs- und Ausbesserungsarbeiten (zum Beispiel Streichen, Tapezieren, Arbeiten am Dach) auch Montagearbeiten – etwa der Aufbau von Möbeln – begünstigt.

> **Für Handwerkerarbeiten zählen allerdings immer nur Arbeits-, Maschinen- und Fahrtkosten.**

Sogar Wartungs- und Reparaturarbeiten können Sie unter bestimmten Voraussetzungen geltend machen: Kommt ein Handwerker zum Beispiel zu Ihnen nach Hause, um die Waschmaschine zu reparieren, können Sie auch diese Ausgaben in der Steuererklärung angeben.

Für Handwerkerarbeiten zählen allerdings immer nur Arbeits-, Maschinen- und Fahrtkosten – die Ausgaben für die verarbeiteten Materialien wie Tapeten oder Wandfarbe sind außen vor. Lediglich Kosten für Verbrauchsmittel wie Reinigungsmittel oder beim Winterdienst das Streugut erkennt das Finanzamt an.

Im Haushalt sind unter anderem Ausgaben für eine Hilfe begünstigt, die das Putzen und Kochen übernimmt oder sich um die Wäsche kümmert. Auch wenn Sie für Arbeiten auf Ihrem Grundstück jemanden engagieren, ist das Finanzamt mit von der Partie: zum Beispiel bei Ausgaben für die Garten-

Anmelden und Steuern sparen
Beschäftigen Sie im Haushalt einen Minijobber, können Sie die Ausgaben beim Finanzamt geltend machen, aber nur, wenn Sie die Hilfe bei der Minijob-Zentrale angemeldet haben.

pflege, für Hausmeistertätigkeiten oder den Winterdienst. Und sogar wenn Sie Unterstützung für Ihre Haustiere haben – etwa jemanden, der mit Ihrem Hund Gassi geht –, können Sie die Ausgaben abrechnen.

Ein weiterer großer Bereich sind die Pflegeleistungen zu Hause. Das Finanzamt fördert Pflege- und Betreuungsleistungen zwar vorrangig als außergewöhnliche Belastung, doch für Ihre eigenen Kosten, die als noch „zumutbare Belastung" gelten, können Sie die Steuerermäßigung für Dienstleistungen im Haushalt bekommen.

Sie können in der Steuererklärung die Ausgaben abrechnen, die in Ihrer Hauptwohnung anfallen, aber auch Ausgaben für Ferien- oder Zweitwohnungen oder für eine geerbte Wohnung.

Als Mieter oder Wohnungseigentümer dürfen Sie zudem bestimmte Posten aus der Nebenkostenabrechnung geltend machen: etwa für die Treppenhausreinigung, den Schornsteinfeger und die Gartenpflege. In der Regel sollten diese Posten auf die einzelnen Haushalte umgelegt sein, sodass Sie der Abrechnung entnehmen können, was Sie beim Finanzamt angeben können. Müssen Sie Vorauszahlungen auf diese Nebenkosten leisten, geben Sie die Posten in dem Jahr an, in dem Sie dafür bezahlt haben. Müssen Sie Ausgaben nachzahlen, rechnen Sie die Posten für das Jahr ab, in dem Sie überwiesen haben.

Mit etwas Mühe: Chance auf niedrigere Steuern nutzen

Wenn Sie alles richtig abrechnen, können Sie die Steuerbelastung spürbar senken. Je nach Einkommen kann es sogar sein, dass Sie sich mit der Steuererklärung Geld zurückholen.

Beispiel: Sabine arbeitet neben ihrer Rente in Teilzeit in der Buchhaltung ihres langjährigen Arbeitgebers. Ihr Verdienst wird nach Steuerklasse I abgerechnet. Sie fährt an 100 Tagen im Jahr 20 Kilometer ins Büro. Diese Kosten für den Arbeitsweg (20 km x 30 Cent x 100 Tage) kann sie zusammen mit anderen Werbungskosten – zum Beispiel Ausgaben für ein beruflich genutztes Handy oder eine Fortbildung – in der Steuererklärung geltend machen.

Kommt sie so auf über 1 000 Euro Ausgaben für den Job und überspringt damit die Werbungskostenpauschale, mit der das Finanzamt automatisch rechnet, kann sie sich zumindest einen Teil der vom Arbeitgeber einbehaltenen Lohnsteuer zurückholen.

Gute Chancen auf eine Steuererstattung dank Steuererklärung haben Sie häufig außerdem, wenn Sie Kapitaleinkünfte haben, für die die Bank im Laufe des Jahres Abgeltungsteuer an das Finanzamt überwiesen hat. Das liegt an den Steuerregeln, die für Kapitaleinkünfte – also beispielsweise für Zinsen aus Sparbriefen oder Erträge aus Aktienfonds oder anderen Wertpapieren – gelten. Für Kapitalerträge werden pauschal 25 Prozent Abgeltungsteuer sowie 5,5 Prozent Solidaritätszuschlag und gegebenenfalls Kirchensteuer fällig, sobald der Sparerpauschbetrag von 801 Euro im Jahr je Anleger übersprungen wird (zusammenveranlagte Ehe- und Lebenspartner: 1 602 Euro).

In den meisten Fällen kümmert sich die Bank darum, dass für Beträge oberhalb dieses Sparerpauschbetrags Abgeltungsteuer an das Finanzamt fließt. Nur in bestimmten Situationen müssen die Anleger noch selbst aktiv werden, etwa wenn sie im Ausland Kapitalerträge erzielen. Dann sind sie verpflichtet, ihre Erträge über die Anlage KAP selbst zu erklären.

Dass sich die Bank häufig um alles kümmert, klingt zunächst komfortabel, doch gerade für viele Rentner bedeutet diese Regelung, dass sie unter Umständen eine Menge Geld verschenken, wenn sie sich auf diese pauschale Abrechnung durch ihre Bank verlassen. Besser dran sind sie häufig, wenn sie selbst aktiv werden und ihre Kapitaleinnahmen freiwillig über die Steuererklärung beim Finanzamt abrechnen, denn oftmals zeigt sich dann, dass sie

▶ entweder gar keine Steuern für ihr Kapitalvermögen zahlen müssen, weil sie

---

ℹ Erträge der besonderen Art erzielen Sparer, die einen Wohn-Riester-Vertrag zur Finanzierung ihrer Immobilie abgeschlossen haben. Sie haben im Alter steuerpflichtige Riester-Erträge, obwohl sie gar kein Geld mehr aus dem Vertrag erhalten. Ihr Riester-Anbieter führt für sie ein Wohn-Förderkonto, das Tilgung, Kapitalentnahmen und Zulagen auflistet. Die Werte werden fiktiv mit 2 Prozent im Jahr verzinst. Für das Geld auf dem Konto zahlen Sparer im Ruhestand bis zum 85. Lebensjahr ratenweise Steuern, oder sie begleichen die Steuern auf einen Schlag. Dann erhalten sie zwar einen Steuerrabatt, dennoch ist die Ratenzahlung bisher günstiger.

insgesamt ein sehr geringes Jahreseinkommen haben, oder dass
- ihr persönlicher Steuersatz unter 25 Prozent liegt. Dann müssen sie auch für ihre Zinsen nur diesen niedrigeren Satz zahlen.

Alles, was die Bank zu viel überwiesen hat, fließt an den Sparer zurück. Damit das Finanzamt genau nachrechnet, beantragen Rentner in der Anlage KAP die Günstigerprüfung. Was das bringen kann, zeigt ein Beispiel für das Steuerjahr 2017:

Beispiel: Hanna ist seit 2016 Rentnerin. Die Bruttorente der Alleinstehenden lag 2017 insgesamt bei 18 900 Euro. Zusätzlich hat sie Geld aus einer Erbschaft in Sparbriefen und Festgeld angelegt, sodass sie für 2017 auf 2 401 Euro Zinsen kam. Einer Kirche gehört Hanna nicht an.

2017 hat ihre Bank für ihre Zinsen Abgeltungsteuer und Solidaritätszuschlag an das Finanzamt gezahlt. Dabei hat sie so gerechnet: Nach Abzug des Sparerpauschbetrags von 801 Euro blieben 1 600 Euro steuerpflichtige Kapitaleinkünfte übrig. Davon hat die Bank 400 Euro Abgeltungsteuer (25 Prozent) sowie 22 Euro Solidaritätszuschlag abgezogen und an das Finanzamt überwiesen, insgesamt also 422 Euro.

Hanna kann es bei dieser Steuerrechnung ihrer Bank belassen. Gibt sie in der Steuererklärung ihre Zinsen nicht an, rechnet das Finanzamt nur die Steuerbelastung für ihre Rente aus:

Da Hanna 2016 in Rente gegangen ist, sind von ihrer Jahresrente im Jahr 2017 in Höhe von 18 900 Euro 72 Prozent steuerpflichtig – das sind 13 608 Euro. Davon zieht das Finanzamt im Zuge der Steuererklärung einige Posten ab: 102 Euro als Werbungskostenpauschale und 36 Euro als Sonderausgabenpauschale.

Außerdem werden Hannas Beiträge zur Sozialversicherung und zu anderen Versicherungen berücksichtigt. Dafür hat sie insgesamt 3 200 Euro ausgegeben. Das Finanzamt muss nun eine Günstigerprüfung vornehmen und klären, in welcher Höhe es die Versicherungsbeiträge steuermindernd anerkennen muss. Dabei kommt heraus, dass 2 717 Euro an Versicherungsbeiträgen in die Rechnung einfließen.

So bleibt ein zu versteuerndes Einkommen von 10 753 Euro im Jahr 2017. Dafür erhebt das Finanzamt 308 Euro Einkommensteuer für 2017, Solidaritätszuschlag wird bei dieser Einkommenshöhe nicht fällig. Zusammen mit den 422 Euro Abgeltungsteuer plus Solidaritätszuschlag, die die Bank eingezogen hat, ergeben sich insgesamt Abgaben in Höhe von 730 Euro.

Geht es günstiger für Hanna? Das hängt davon ab, wie hoch die Steuerbelastung für die Rentnerin ist, wenn sie sich die Mühe macht, ihre Kapitalerträge in der Steuererklärung mit abzurechnen.

Wenn sie das tut, sichert sie sich auf jeden Fall einen Vorteil: Weil sie älter als 64 Jahre ist, erhält sie für ihre Zinsen zusätzlich zum Sparerpauschbetrag von 801 Euro den Altersentlastungsbetrag (siehe Tabelle „Altersentlastungsbetrag", S. 109).

Für Hanna, die am 20. Januar 1951 geboren wurde, erkennt das Finanzamt also noch einmal 22,4 Prozent von ihren 1 600 Euro steuerpflichtigen Zinsen als weiteren Freibetrag an. Übrig bleiben diese steuerpflichtigen Zinseinkünfte:

Zinsen	2 401 Euro
Sparerpauschbetrag	– 801 Euro
Altersentlastungsbetrag (22,4 % von 1 600 Euro)	– 358 Euro
Zinseinkünfte insgesamt	**1 242 Euro**

Diese Zinseinkünfte in Höhe von 1 242 Euro addiert das Finanzamt nun zum steuerpflichtigen Anteil von Hannas Rente und zieht von der Summe wiederum Werbungskosten, Sonderausgaben und Versicherungsbeiträge ab:

Zinseinkünfte	1 242 Euro
Steuerpflichtiger Anteil Rente	+ 13 608 Euro
Werbungskosten	– 102 Euro
Sonderausgabenpauschale	– 36 Euro
Versicherungsbeiträge	– 2 717 Euro
Zu versteuerndes Einkommen	**11 995 Euro**

Für das zu versteuernde Einkommen von rund 11 995 Euro erhebt das Finanzamt 546 Euro Einkommensteuer, Solidaritätszuschlag wird nicht fällig. Der Vergleich zeigt also: Für Hanna hat es sich gelohnt, die Steuererklärung zu machen und hier ihre Kapitalerträge abzurechnen: Sie zahlt auf diese Weise insgesamt 546 Euro Einkommensteuer für 2017. Hätte sie nur ihre Rente in der Steuererklärung abgerechnet und es bei der pauschalen Versteuerung ihrer Zinsen durch die Bank belassen, hätte sie für 2017 insgesamt 730 Euro Steuer gezahlt – 422 Euro hatte die Bank bereits überwiesen, 308 Euro hätte sie aufgrund des Steuerbescheids noch zahlen müssen.

Diese Nachzahlung an das Finanzamt fällt nun deutlich niedriger aus: Da ihre Bank bereits 422 Euro Steuern überwiesen hat, muss Hanna nur noch 124 Euro nachträglich überweisen.

❞ **Es ist zwar bequem, wenn die Bank sich um die Zahlung der Steuern kümmert, aber nicht immer von Vorteil.**

Diese Beispielrechnung beinhaltet nur wenige Abzüge, die Rentner wie Hanna für sich nutzen können. Noch besser stünde sie natürlich da, wenn sie weitere Posten abrechnen könnte – zum Beispiel Spenden, Ausgaben für Medikamente oder für Handwerker. Weist sie solche Ausgaben beim Finanzamt nach, müsste sie für ihre Renten- und Kapitaleinkünfte insgesamt noch weniger als die ermittelten Werte zahlen. Je nachdem, welche Posten sie absetzen kann, käme sie im besten Fall nicht nur an der Nachzahlung ans Finanzamt vorbei, sondern bekäme die von der Bank bereits gezahlte Abgeltungsteuer vielleicht sogar komplett zurück

So prüfen Sie den Steuerbescheid
Wenn der Steuerbescheid ins Haus kommt, heften Sie ihn nicht einfach ab. Nehmen Sie sich etwas Zeit zur Durchsicht:

Wurden zum Beispiel Ihre Einkünfte aus nichtselbstständiger Arbeit korrekt berechnet? Wenn Sie eine Pension aus einem früheren Vertrag der betrieblichen Altersvorsorge beziehen, schauen Sie nach, ob der Versorgungsfreibetrag richtig angerechnet wurde. Wie hoch er – je nachdem, in welchem Jahr die Zahlung begann – sein müsste, können Sie der Tabelle „Versorgungsfreibetrag" auf S. 107 entnehmen. Zusätzlich zieht das Finanzamt von Ihren Pensionen pauschal 102 Euro Werbungskosten ab, sofern Sie keine höheren Ausgaben belegen.

Außerdem gilt: Wenn Sie zum Beispiel in den ersten Monaten eines Jahres noch angestellt waren, ehe Mitte des Jahres die erste Pension oder Rente ausgezahlt wurde, steht Ihnen für Ihren Verdienst auch noch die komplette Werbungskostenpauschale für Arbeitnehmer zu – also 1 000 Euro im Jahr.

Falls Sie allerdings bei Auszahlung Ihrer Betriebspension noch keine 63 Jahre alt sind, erhalten Sie in der Regel noch keinen Versorgungsfreibetrag. Dafür dürfen Sie aber den Arbeitnehmerpauschbetrag von 1 000 Euro auf Ihre Pension anrechnen.

Alles korrekt? Wenn nicht, legen Sie unbedingt Einspruch gegen den Steuerbescheid ein. Dafür haben Sie einen Monat Zeit: Die Frist beginnt in der Regel am dritten Tag, nachdem das Finanzamt den Steuerbescheid abgeschickt hat. Sie können per Brief, Postkarte oder Fax Einspruch einlegen. Oder Sie geben den Einspruch mündlich beim Finanzamt zu Protokoll. Begründen Sie, warum Sie Einspruch einlegen. Haben Sie neue Belege oder Hinweise auf aktuelle Urteile, reichen Sie all das mit ein.

→ **Trotz Einspruch in der Pflicht**

Auch wenn Sie Einspruch gegen Ihren Steuerbescheid einlegen, dürfen Sie nicht einfach darauf verzichten, die vom Finanzamt festgesetzte Steuer zu zahlen. Geht das Geld nicht bis zum angegebenen Zeitpunkt ein, verlangt das Finanzamt Säumniszuschläge. Wollen Sie das vermeiden, beantragen Sie mit Ihrem Einspruch „Aussetzung der Vollziehung". Hat dieser Antrag Erfolg, wird die Forderung auf Eis gelegt, Sie müssen noch nicht zahlen. Wird aber Ihr Einspruch abgelehnt, verlangt die Finanzkasse Zinsen für jeden vollen Monat, den sie auf die fällige Steuer warten musste.

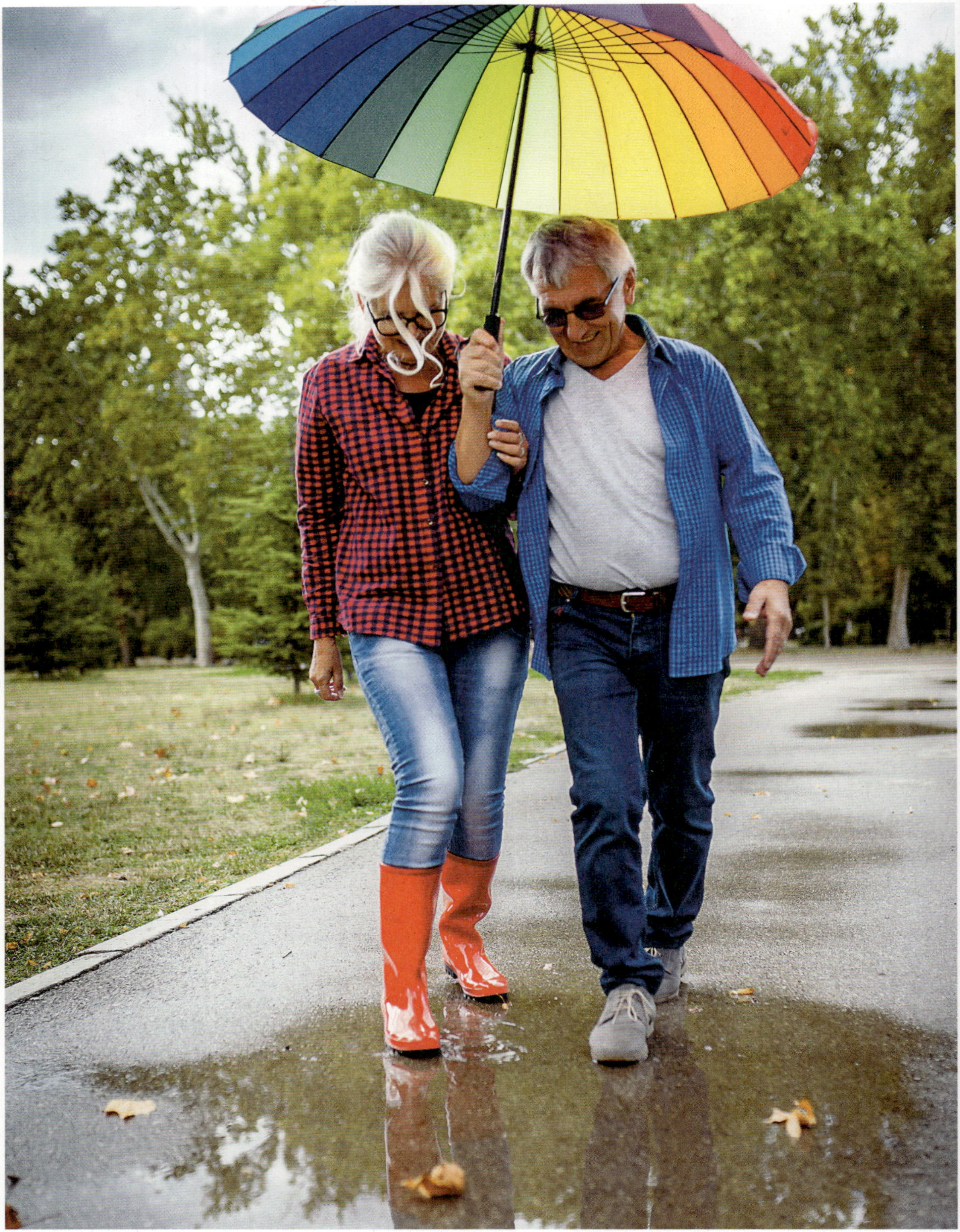

Im Ruhestand gut versichert

Zeit für einen Versicherungs-Check: Welche Verträge haben Sie, welche brauchen Sie? Wenn der Ruhestand näher rückt oder Sie bereits Rentner sind, ist es eine gute Gelegenheit, den Ordner mit den Policen mal wieder auf Vordermann zu bringen.

Mit Rentenbeginn ändert sich einiges bei Ihren Beiträgen für die gesetzliche Sozialversicherung (siehe „Mehr Netto vom Brutto", S. 93). Auch bei Ihren privaten Versicherungen kann es Verschiebungen geben, doch Sie müssen nicht Ihren gesamten bisherigen Schutz umbauen und sich neue Verträge aufschwatzen lassen – nur weil Sie gerade Rentner oder Pensionär geworden sind oder es in Kürze werden. Häufig reichen schon ein paar kleine Veränderungen, um Ihren Schutz zu optimieren.

Ein Beispiel: Sie fahren nicht mehr jeden Tag mit dem eigenen Auto 30 Kilometer zur Arbeit hin und abends 30 Kilometer zurück. Wenn Sie deshalb im Laufe eines Jahres mit Ihrem Wagen deutlich weniger Kilometer unterwegs sind als vorher, sollten Sie das Ihrem Autoversicherer mitteilen, denn dadurch kann Ihr Jahresbeitrag für den Versicherungsschutz sinken.

Bei anderen Verträgen, die es in vielen Haushalten gibt, gilt: Zwingende Veränderungen gibt es mit dem Stichtag „Rentenbeginn" häufig nicht. Beispielsweise laufen Haftpflicht- und Hausratversicherung weiter wie bisher, den Schutz verlieren Sie nicht, nur weil Sie plötzlich im Ruhestand sind. Unabhängig vom Alter sind es eher andere Lebenssituationen, in denen Sie diese Verträge anfassen müssen – etwa wenn Sie umziehen. Dann teilen Sie beispielsweise

Ihrem Hausratversicherer Ihre neue Adresse mit, damit er den Versicherungsschutz entsprechend anpassen kann.

Dennoch bietet es sich an, rund um den Übergang vom Job in den Ruhestand Ihren gesamten Versicherungsordner einmal zu durchforsten und Ihren Schutz an die sich ändernden Lebensbedingungen anzupassen. Ein weiteres Beispiel: Sie merken, dass Ihnen bestimmte Aufgaben im Haushalt mit zunehmendem Alter schwerer fallen. Deshalb wünschen Sie sich Versicherungsschutz, durch den Sie zumindest nach einem Unfall Anspruch auf besondere Serviceleistungen wie Hilfe im Haushalt haben. Dann kann es sich lohnen, anstatt der bisherigen Unfallversicherung einen speziellen Tarif für Senioren abzuschließen, der „Assistance-Leistungen" – also Hilfestellungen – beinhaltet.

Zu wem soll ich gehen?

Vielleicht haben Sie „Ihren" Versicherungsvertreter, dem Sie seit Jahren vertrauen, weil er Sie immer kompetent beraten hat, Sie in Schadensfällen gut unterstützt hat und bei dem Sie das Gefühl haben, dass er Ihre Wünsche bei Vertragsabschlüssen berücksichtigt und Ihnen keine überflüssigen Policen aufgeschwatzt hat. Dann wird er Ihr erster Ansprechpartner sein, wenn Sie sich nach neuen Angeboten umsehen.

Damit nehmen Sie jedoch in Kauf, dass Ihnen eventuell günstigere oder auch bessere Angebote entgehen. Die Tests der Stiftung Warentest bestätigen, dass es keinen Versicherer gibt, der in allen Versicherungssparten gleichermaßen eine Spitzenplatzierung einnimmt. Deshalb gilt: Selbst wenn Sie sich möglichst wenig mit Versicherungen beschäftigen wollen, dürfte es sich lohnen, Vergleichsangebote einzuholen. Achten Sie dabei nicht nur auf den Preis, sondern auch auf die jeweiligen Leistungen. Was bestimmte Verträge wie eine Senioren-Unfallversicherung oder eine Pflegezusatzversicherung beinhalten und welche Klauseln Sie meiden sollten, stellen wir auf den nächsten Seiten vor.

→ Gut geschützt auch im Ausland

Wenn Sie sich für einige Monate im Jahr im Ausland aufhalten, können Sie sich auf den Schutz vieler deutscher Versicherungen verlassen – zum Beispiel auf Ihre Privathaftpflicht- oder Ihre Unfallversicherung. Verlegen Sie jedoch Ihren Wohnsitz komplett nach Spanien oder Griechenland, sollten Sie unbedingt mit Ihrer Krankenkasse und den privaten Versicherern sprechen. Klären Sie, welche Verträge weiterhin gelten, und fragen Sie, ob man Ihnen wenn nötig zum Beispiel vor Ort Partnerunternehmen empfehlen kann, damit Sie und Ihr Zuhause auch im sonnigen Süden gut geschützt sind.

Welchen Schutz brauche ich, was ist überflüssig?

Welche Versicherungen sind im Rentenalter nötig, welche können Sie sich sparen? In diesem Abschnitt bekommen Sie einen Kurzüberblick.

Einige Veränderungen rund um Ihren Versicherungsschutz erfolgen ganz automatisch: Wenn Sie während Ihres Erwerbslebens eine Berufsunfähigkeitsversicherung abgeschlossen haben, endet diese zu einem bestimmten Stichtag, den Sie bei Vertragsabschluss vereinbart hatten. Das ist häufig mit Beginn des Ruhestands oder zumindest in der Nähe dieses Termins.

Etwas organisatorischen Aufwand haben Sie hingegen, wenn Sie eine Kapitallebens- oder eine private Rentenversicherung abgeschlossen haben und an Ihr Geld kommen möchten. Fest steht aber auch hier, ab wann Sie nicht mehr einzahlen müssen.

Bei anderen Verträgen sollten Sie Ihren Schutz an die neuen Lebensumstände anpassen – zum Beispiel wenn Sie sichergehen wollen, dass Sie auch bei beruflichen Veränderungen oder Änderungen im Privatleben ausreichend geschützt sind und nicht mehr als nötig zahlen. Wenn möglich, sollten Sie sich regelmäßig die Zeit nehmen, Ihre Verträge zu überprüfen. Spätestens bei Ereignissen wie einer Hochzeit oder Trennung, nach einem Umzug oder dem Kauf einer Immobilie empfiehlt sich ein Versicherungs-Check. So kann sich zum Beispiel an der Höhe Ihrer Versicherungsbeiträge etwas ändern, wenn Sie aus Ihrem Eigenheim in eine kleinere Wohnung umziehen und auch Ihren Hausrat verkleinern. Entsprechend können Sie die Versicherungssumme reduzieren und Beiträge sparen.

Zum anderen sollten Sie immer wieder einmal überlegen und prüfen, ob Sie zusätzlichen Schutz, also neue Verträge, benötigen oder sich gegebenenfalls auch von manchen Versicherungen ganz verabschieden können. Zahlen Sie beispielsweise noch für eine Glasbruchversicherung, obwohl Sie längst keinen Wintergarten mehr haben? Geben Sie Geld für ein Paket aus privaten Krankenzusatzversicherungen aus, das unter anderem den Besuch beim Heilpraktiker einschließt – dabei waren Sie in den letzten 20 Jahren nie beim Heilpraktiker und werden auch künftig vermutlich keinen Heilpraktiker aufsuchen?

Damit Sie besser prüfen können, welche Verträge Sie vielleicht gar nicht mehr brauchen oder welche Sie unter Umständen neu

30 SEKUNDEN FAKTEN

2 400 €
Etwa so viel geben die Bundesbürger jährlich pro Kopf für Versicherungen aus. Knapp die Hälfte der Beiträge fällt allein für Lebensversicherungen an. Insgesamt gibt es rund

89,3 MIO.
Verträge in diesem Bereich.

4 400 €
jährlich: Etwa so viel zahlen die Finnen für Versicherungsschutz. Sie sind damit Spitzenreiter in der EU. Am wenigsten geben die Griechen aus: knapp

350 €
im Jahr.

Quelle: GDV, Insurance Europe 2015

---

abschließen sollten, haben wir die wichtigsten Versicherungen für Sie kategorisiert. Die entsprechende Übersicht finden Sie in der Tabelle „Versicherungs-Check", S. 130.

Nach diesen Kriterien haben wir die Versicherungen beurteilt:

▸ **Unbedingt notwendig:** Ohne einen solchen Schutz wären Sie oder Ihre Familie im Schadensfall womöglich ruiniert. Zu den Verträgen, die unbedingt notwendig sind, gehört beispielsweise die private Haftpflichtversicherung. Außerdem zählen wir dazu die gesetzlich vorgeschriebene Kranken- und Pflegeversicherung – entweder über einen gesetzlichen oder privaten Anbieter – sowie die Kfz-Haftpflichtversicherung für Fahrzeughalter und die Tierhalterhaftpflichtversicherung für Hundehalter oder Besitzer von Pferden.

▸ **Sehr zu empfehlen:** Ohne diesen Versicherungsschutz wäre im Ernstfall Ihre finanzielle Existenz bedroht. Zu diesen Verträgen zählen etwa die Wohngebäudeversicherung für Immobilienbesitzer und die Auslandsreisekrankenversicherung für diejenigen, die in Deutschland in einer gesetzlichen Krankenkasse versichert sind. Was, wenn Sie zum Beispiel während einer Urlaubsreise vor Ort operiert werden und anschließend zur weiteren Behandlung nach Deutschland zurücktransportiert werden müssen? Ohne Zusatzversicherung könnten dafür je nach Reiseland und Schwere der

Erkrankung Ausgaben von mehreren Zehntausend Euro auf Sie zukommen, denn die gesetzliche Krankenkasse kommt nie für einen Krankenrücktransport auf. Und selbst auf den Behandlungskosten vor Ort können Sie komplett oder zum Teil sitzen bleiben.

▶ **Sinnvoll:** Fehlt der Schutz, können Kosten entstehen, die Sie empfindlich treffen, aber im Regelfall anders als etwa ein abgebranntes Zuhause nicht sofort die finanzielle Existenz bedrohen. Zum sinnvollen Schutz zählten beispielsweise die Hausratversicherung je nach Wert der Einrichtung und die Vollkaskoversicherung für Ihr neues oder noch sehr gut erhaltenes Auto.

▶ **Mit Einschränkungen sinnvoll:** So bewerten wir zum Beispiel die Rechtsschutzversicherung. Sie kann zwar eine wertvolle Hilfe sein, doch unter Umständen gibt es günstigere Alternativen. Wollen Sie sich beispielsweise nur anwaltliche Hilfe für eine Auseinandersetzung mit Ihrem Vermieter sichern? Dann kann die Mitgliedschaft im Mieterbund eine Alternative zur Rechtsschutzversicherung sein.

Nicht jeder Schutz ist notwendig

Es gibt aber auch Versicherungen, die Sie sich – zum Teil auch unabhängig vom Alter – häufig sparen können. Der Grund: Die Verträge decken in der Regel nur ein kleineres Risiko ab oder ein Risiko, das bereits anderweitig abgesichert ist oder anderweitig besser abgesichert werden kann.

Zu den Angeboten, auf die Sie oftmals verzichten können, zählt beispielsweise die Reisegepäckversicherung. Deren Versicherungsbedingungen sind in der Regel sehr streng gestaltet, sodass die Gefahr besteht, dass Sie im Ernstfall gar kein Geld bekommen, etwa wenn Sie „nur mal eben" Ihren Koffer am Flughafen aus den Augen gelassen haben, ehe er gestohlen wurde. Bedenken Sie zudem, dass Sie einen gewissen Schutz für Ihr Reisegepäck automatisch haben, wenn Sie eine Hausratversicherung abgeschlossen haben.

Interessant kann die Gepäckversicherung jedoch für eine Schiffs- oder Busreise sein. Wird das Gepäck beispielsweise aus der Kabine an Bord oder dem Gepäckraum des Busses gestohlen, kann es über die Versicherung Entschädigung geben.

→ Am besten vor Reiseantritt genau erkundigen

Wenn Sie eine Reise oder einen längeren Auslandsaufenthalt planen, klären Sie vorab mit Ihrem Hausratversicherer, welchen Schutz Sie für Ihr Reisegepäck haben, welche Werte versichert sind und wie lange der Schutz gilt. Danach können Sie bei Bedarf und je nach Reise immer noch eine zusätzliche Versicherung für Ihr Gepäck abschließen.

Versicherungs-Check: Im Ruhestand gut geschützt

+++ Unbedingt notwendig. Auf diesen Schutz sollten Sie keinesfalls verzichten.
++ Sehr zu empfehlen. Diesen Schutz sollten Sie nach Möglichkeit haben.
+ Sinnvoll. Dieser Schutz ist sinnvoll, muss aber nicht unbedingt sein.
+– Dieser Schutz ist nur mit Einschränkungen sinnvoll.

Wofür?	Welche Versicherung?	Wie wichtig?	Wer braucht sie?
Wenn Sie andere schädigen	Privathaftpflicht	+++	Jeder – unabhängig davon, ob Sie noch im Berufsleben stehen oder im Ruhestand sind.
	Kfz-Haftpflicht	+++	Pflicht für Kraftfahrzeughalter.
	Tierhalterhaftpflicht	+++	Hundehalter oder Pferdebesitzer. In manchen Bundesländern Pflicht für Hundehalter.
	Gewässerschadenhaftpflicht	+++	Öltankbesitzer.
	Bauherren-Haftpflicht	++	Bauherren.
	Haus- und Grundbesitzerhaftpflicht	++	Eigentümer und Vermieter von Immobilien und von unbebauten Grundstücken.
Krankheit, Unfall und Pflege	Gesetzliche Kranken- und Pflegeversicherung	+++	Für jeden Pflicht, sofern er nicht privat krankenversichert ist oder einen anderen Anspruch auf Absicherung im Krankheitsfall hat.
	Private Krankenvollversicherung und Pflegepflichtversicherung	+++	Alle, die sich in jüngeren Jahren gegen die gesetzliche und für die private Absicherung entschieden haben. Ein Wechsel zurück in die gesetzliche Krankenversicherung ist in der Regel nach dem 55. Geburtstag nicht mehr möglich.
	Private Kranken- und Pflegezusatzversicherungen	+	Gesetzlich Krankenversicherte, die sich mehr Leistungen sichern wollen als die der gesetzlichen Kranken- und Pflegeversicherung, etwa die Chefarztbehandlung im Krankenhaus, eine bessere Zahnversorgung, die Übernahme der Kosten beim Heilpraktiker oder höhere Leistungen im Pflegefall.

Stiftung Warentest | Im Ruhestand gut versichert

Wofür?	Welche Versicherung?	Wie wichtig?	Wer braucht sie?
	Unfallversicherung/ Senioren-Unfallversicherung	+	Erwachsene im Berufsleben, wenn sie aus gesundheitlich Gründen weder eine Berufs- noch eine Erwerbsunfähigkeitsversicherung bekommen. Eine Seniorenunfallversicherung mit Hilfeleistungen ist für ältere Menschen sinnvoll, die niemanden haben, der sich nach einem Unfall um sie kümmern könnte.
Die Familie gut absichern	Risikolebensversicherung	++	Alle, die für andere sorgen.
	Kinderinvaliditätsversicherung	++	Für Kinder und Jugendliche bis zum Ende ihrer Ausbildung, danach Berufsunfähigkeitsschutz.
Zu Hause und im Alltag	Wohngebäudeversicherung	++	Jeden Eigentümer eines Wohnhauses.
	Hausratversicherung	+	Bei Hausrat mit höherem Wert.
	Rechtsschutzversicherung (Verkehrsrechtsschutz siehe unten)	+−	Selbstständige, Angestellte, Mieter und Privatleute je nach Leistungspaket der Versicherung. Gewerkschaften oder Vereine (Mietrecht) bieten für spezielle Probleme häufig preiswerteren Rechtsschutz als die Versicherer.
Unterwegs immer sicher	Auslandsreisekrankenversicherung	++	Alle Kassenpatienten sowie Privatversicherte, wenn die Kostenübernahme für medizinisch notwendige Rücktransporte aus dem Ausland fehlt.
	Reiserücktrittskosten-Versicherung	+	Urlauber, die teure Pauschalreisen buchen.
	Kfz-Vollkaskoversicherung	+	Besitzer neuer Fahrzeuge.
	Kfz-Teilkaskoversicherung	+	Besitzer höherwertiger älterer Autos.
	Verkehrsrechtsschutz	+	Jeder Verkehrsteilnehmer.
	Autoschutzbrief	+−	Autofahrer. Preisgünstig beim Kfz-Haftpflichtversicherer abzuschließen.

Wer kennt sich aus?

Welche Verträge brauche ich, welche eher nicht? Mithilfe unseres interaktiven Versicherungs-Checks im Internet können Sie sich unter test.de/versicherungcheck einen Überblick zu Ihrem Versicherungsbedarf verschaffen. Sie können damit schnell und kostenlos prüfen, wie gut Ihr Schutz tatsächlich ist. Ausführliche Informationen rund um Versicherungen, zu Vertragsbedingungen und Kündigungsrechten finden Sie darüber hinaus im Ratgeber „Gut versichert", den Sie unter test.de/shop bestellen können.

Auf den Gedanken, eine Reisegepäckversicherung abzuschließen, kommen Sie vielleicht gar nicht – schließlich steht eine größere Flugreise oder eine Kreuzfahrt nicht täglich auf Ihrem Programm. Doch auch ohne diese Ereignisse kann es im Alltag Situationen geben, in denen Ihnen Verträge angeboten werden, bei denen Sie unsicher sind, ob sie sinnvoll sind.

Wenn Sie sich zum Beispiel ein neues Handy kaufen oder eine neue Brille zulegen, bekommen Sie den passenden Versicherungsschutz dafür häufig mit angeboten. Ein solcher Schutz ist oftmals nicht ganz billig, und trotz Versicherung kann es aufgrund der Vertragsbedingungen sein, dass Sie bei einem Schaden oder nach einem Diebstahl nicht die erhoffte Leistung erhalten. Auch deshalb sollten Sie sich gut überlegen, ob Sie einen solchen Vertrag wirklich brauchen oder eine mögliche Reparatur oder ein neues Gerät zur Not aus vorhandenen Ersparnissen bezahlen können.

Häufig wird älteren Kunden auch eine Sterbegeldversicherung angeboten. Das Geld, das Sie mithilfe dieser Police ansparen, soll als Basis dienen, um die Kosten für Ihre Beerdigung zu finanzieren. Hier lautet der Tipp: Wenn Sie Ihren Angehörigen die Beerdigungskosten ersparen wollen, sollten Sie eher nicht auf eine solche Versicherung setzen, sondern separat Geld zurücklegen. Je früher Sie damit anfangen, desto mehr kommt zusammen. Für zusätzliche finanzielle Absicherung können Sie mit einer Risikolebensversicherung sorgen.

Auch auf eine Ausbildungsversicherung sollten Sie verzichten. Das Prinzip dahinter: Sie zahlen jeden Monat Geld in einen solchen Vertrag ein, um beispielsweise Ihrer Enkelin finanziell unter die Arme greifen zu können für den Fall, dass deren Eltern frühzeitig sterben. Sparen Sie lieber ohne Versicherungsvertrag. Es handelt sich um kleine Kapitallebensversicherungen, die mit hohen Abschlusskosten verbunden sind. Es gibt günstigere Alternativen, etwa sichere Sparangebote der Banken oder auch ETF-Sparpläne. Eine Übersicht finden Sie auf test.de, Stichwort: „Sparen fürs Kind".

Krankheit, Unfall, Pflegebedürftigkeit

Die Absicherung für medizinische Notfälle bekommt mit zunehmendem Alter immer mehr Bedeutung. Für manche Verträge ist es jenseits der 60 aber schon (fast) zu spät.

→ **In jedem Alter ist es Pflicht**, dass Sie kranken- und pflegeversichert sind. Die Entscheidung, wie Sie im Ruhestand versichert sein werden, fällt bereits im Berufsleben. Eine Übersicht, wer unter welchen Voraussetzungen wie versichert ist, sehen Sie in der Grafik „Teure Krankenversicherung" auf S. 99.

Gesetzliche Kasse: Was sie bietet und wie Sie die passende finden

Die allermeisten sind im Ruhestand über eine gesetzliche Krankenkasse kranken- und pflegeversichert. 2018 gilt ein allgemeiner Beitragssatz von 14,6 Prozent. Je nach Finanzlage erheben die Kassen unterschiedliche Zusatzbeiträge, die vom Mitglied allein zu tragen sind. Im Herbst 2018 verlangen die Kassen Zusatzbeiträge zwischen 0 und 1,7 Prozent. Dadurch werden Beitragssätze bis zu 16,3 Prozent fällig.

Ab 2019 soll sich an diesen Regeln aber etwas ändern: Dann will die Bundesregierung zum „paritätischen" Beitragssystem zurückkehren, das in Deutschland über viele Jahre galt. Das bedeutet, dass dann Arbeitgeber und Arbeitnehmer wieder genau gleich viel Krankenkassenbeitrag zahlen müssen. Auch Rentner müssen den jeweiligen Zusatzbeitrag ihrer Kasse künftig nicht mehr komplett allein aufbringen, sondern erhalten auch hierfür die Hälfte als Zuschuss aus der Rentenkasse (siehe „Mehr netto vom Brutto", S. 93).

Viele werden ihrer Krankenkasse seit langer Zeit treu sein und wollen es vermutlich auch bleiben. Doch wenn Sie nicht zufrieden sind, müssen Sie nicht bleiben: Sie haben in jedem Alter das Recht, in eine andere gesetzliche Krankenkasse zu wechseln. Die Kassen dürfen Sie nicht ablehnen, nur weil Sie älter sind oder etwa an einer chronischen Erkrankung leiden.

Was beim Wechsel zu beachten ist

Der Kassenwechsel ist für Kassenmitglieder und damit auch für Partner, die familienversichert sind, möglich, wenn sie in Ihrer bisherigen Krankenkasse für mindestens 18 Monate versichert waren. Es gilt ein Kündigungszeitraum von zwei Monaten zum Monatsende. Wenn Sie noch keine 18 Monate in

> ### Wer kennt sich aus?
>
> **Sie überlegen,** Ihre Krankenkasse zu wechseln? Erkundigen Sie sich bei Freunden und Bekannten, wo sie versichert sind und welche Erfahrungen sie gemacht haben: Sind sie zufrieden oder gab es Probleme, Leistungen bewilligt zu bekommen? Stimmen Service und Beratung? Wie hoch sind die Beiträge? Bei der Kassenwahl kann auch der Finanztest-Produktfinder helfen: Für 3,50 Euro erhalten Sie auf der Internetseite test.de/krankenkassen einen umfangreichen Überblick zu den Beitragssätzen und Leistungen.

Ihrer derzeitigen Kasse waren, können Sie wechseln, falls Ihre Krankenkasse einen Zusatzbeitrag einführt oder den bisherigen erhöht. Der zweimonatige Kündigungszeitraum gilt aber trotzdem. Vorübergehend müssen Sie den höheren Beitrag zahlen.

Ein Großteil der Leistungen, die die Krankenkassen anbieten, ist gesetzlich vorgeschrieben. So sind etwa 95 Prozent aller Leistungen gleich, sodass nach einem Wechsel auch die neue Kasse sie übernehmen wird. Sie erhalten zum Beispiel notwendige Behandlungen bei einem niedergelassenen Arzt oder in einem Krankenhaus sowie vom Arzt verordnete Medikamente und Hilfsmittel. Einen Teil der Ausgaben müssen Sie allerdings selbst tragen – beispielsweise zahlen Sie für einen Krankenhausaufenthalt 10 Euro pro Tag aus der eigenen Tasche. Was zu beachten ist, damit Sie nicht zu viel selbst zahlen, zeigt die Checkliste „Belege sammeln und sparen" auf S. 135.

Viele gesetzliche Kassen bieten ihren Versicherten über diese vorgeschriebene Grundlage hinaus aber noch deutlich mehr. Sie beteiligen sich zum Beispiel an den Kosten für alternative Arzneimittel, sofern die Präparate von einem Arzt verordnet wurden. Im Normalfall gehören diese Medikamente nicht zum Leistungskatalog der gesetzlichen Krankenversicherung. Weitere Unterschiede gibt es etwa bei der Übernahme der Kosten für Reiseimpfungen. Wollen Sie sich zum Beispiel gegen Typhus oder Gelbfieber impfen lassen, zahlen manche Kassen dafür, obwohl das nicht gesetzlich vorgeschrieben ist.

Diese und andere Zusatzleistungen können Ihnen die Auswahl Ihrer Krankenkasse erleichtern (siehe auch Grafik „Pflicht und Kür der Krankenkassen", S. 137). Manch einen reizen auch andere finanzielle Boni, etwa für gesundheitsbewusstes Verhalten. Die Kassen beteiligen sich beispielsweise an den Kosten für Nordic-Walking- oder Yoga-Kurse. Oder sie belohnen Versicherte, die nicht rauchen, regelmäßig ins Fitnessstudio gehen und Vorsorgeuntersuchungen beim Arzt wahrgenommen haben. So können Sie sich etwas Geld zurückholen.

Checkliste

Belege sammeln und sparen

Zuzahlungen, etwa zu Medikamenten sowie Krankenhaus- und Kuraufenthalten, müssen Sie nicht unbegrenzt leisten, sondern nur bis zur sogenannten Belastungsgrenze.

- **Belastungsgrenze.** Sie liegt für die meisten Versicherten bei 2 Prozent des jährlichen Bruttoeinkommens des Familienhaushalts, für chronisch Erkrankte bei 1 Prozent. Diese Grenze kann schnell erreicht sein. Zum Einkommen zählen neben der Rente und dem Gehalt aus einer Beschäftigung zum Beispiel Gewinne aus einer Vermietung und Einnahmen aus Kapitalvermögen, also etwa Zinsen und Dividenden. Vom gesamten Einkommen werden aber für Kinder und einen weiteren Erwachsenen, der mit im Haushalt wohnt, Freibeträge abgezogen.

- **Ausrechnen.** Bei vielen Krankenkassen besteht die Möglichkeit, sich im Internet selbst seine Belastungsgrenze auszurechnen. Oder Sie sprechen Ihre Krankenkasse direkt an und fragen nach der Höhe Ihrer Belastungsgrenze.

- **Grenze überschritten.** Sobald Sie höhere Zuzahlungen geleistet haben, können Sie sich an Ihre Krankenkasse wenden. Belegen Sie dort Ihre Ausgaben, stellt die Kasse Ihnen eine Bescheinigung aus, mit der Sie von weiteren Zuzahlungen im Laufe des Jahres befreit sind. Verpassen Sie den Zeitpunkt, können Sie sich am Jahresende zu viel geleistete Zuzahlungen von der Kasse erstatten lassen. Wenn Sie schon zu Jahresbeginn sicher sind, dass Sie Ausgaben über der Belastungsgrenze haben werden, ist es bei den meisten Kassen möglich, die komplette Summe vorab zu zahlen. Dann erhalten Sie gleich eine Zuzahlungsbefreiung, die Sie zum Beispiel beim Kauf von Medikamenten in der Apotheke vorlegen können.

- **Steuern sparen.** Auch beim Finanzamt können sich Ihre eigenen Ausgaben für die medizinische Versorgung noch bezahlt machen. Sie können Ihnen als „außergewöhnliche Belastung" beim Steuersparen helfen (siehe S. 114).

Neben dem Beitragssatz, den finanziellen Anreizen und den Leistungen für medizinische Versorgung dürften für einen Teil der Versicherten der Service und die Erreichbarkeit der Kasse entscheidend sein. Ist es Ihnen wichtig, vor Ort eine Filiale zu haben, in der Sie sich persönlich informieren können? Wünschen Sie sich einen Ansprechpartner, mit dem Sie Ihre Fragen persönlich besprechen können oder der beim Ausfüllen von Anträgen hilft? Dann sind Sie bei einer Krankenkasse mit Filialnetz besser aufgehoben als bei einer, bei der der Kontakt auf Telefon und Internet beschränkt ist.

Die Kassen punkten darüber hinaus teils mit weiteren Serviceangeboten und bieten zum Beispiel persönliche Beratungen zu Hause an oder eine medizinische Hotline. Bei einigen Kassen können die Versicherten sogar per Videochat medizinischen Rat von einem Arzt einholen. Gerade bei schweren Krankheiten oder vor schweren Operationen vermitteln einige Kassen ärztliche Spezialisten, von denen sich der Patient beraten lassen kann – teilweise auch schriftlich.

Zudem gehört eine Online-Geschäftsstelle bei immer mehr Kassen zum Angebot. Hier können Versicherte einen Großteil des Schriftverkehrs bequem vom Rechner von zu Hause aus erledigen.

Zusätzlich privater Schutz

Reichen Ihnen die Leistungen der gesetzlichen Krankenversicherung nicht, können Sie den Schutz mit privaten Zusatzversicherungen aufstocken. So können Sie sich zum Beispiel für einen Krankenhausaufenthalt die Chefarztbehandlung sichern. Oder Sie haben eine Zusatzversicherung, die Ihnen bei den Ausgaben für Brille, Heilpraktiker und Zahnersatz unter die Arme greift.

Unverzichtbar ist unter den Zusatzversicherungen die Auslandsreisekrankenversicherung. Sie sorgt dafür, dass Sie nicht auf den Kosten für eine Behandlung im Reiseland und für den Rücktransport nach Deutschland sitzen bleiben.

Der Schutz für Auslandsreisen muss gar nicht teuer sein: Zum Beispiel kann ein 60-Jähriger eine sehr gute Auslandsreisekrankenversicherung ab 8 Euro im Jahr bekommen. Mit diesem Vertrag können Sie im Laufe eines Jahres so oft Sie wollen verreisen. Auslandsaufenthalte bis sechs Wochen sind dann kein Problem, je nach Vertrag auch einige Wochen länger.

Wenn Sie länger verreisen wollen, wird der Schutz teurer – je nach Reiseland, Reisedauer und Alter des Urlaubers können mehrere Hundert oder sogar einige Tausend Euro Beitrag fällig werden. Trotzdem sollten Sie nicht auf den Schutz verzichten. Aktuelle Testergebnisse finden Sie auf test.de, Suchwort: Auslandsreise-Krankenversicherung. Ein Preis- und Tarifvergleich lohnt in jedem Fall.

Bei den übrigen Zusatzversicherungen gilt: Sie sind klar im Vorteil, wenn Sie diese Versicherungsverträge bereits in jüngeren Jahren abgeschlossen haben. Wenn Sie erst

flicht und Kür der Krankenkassen

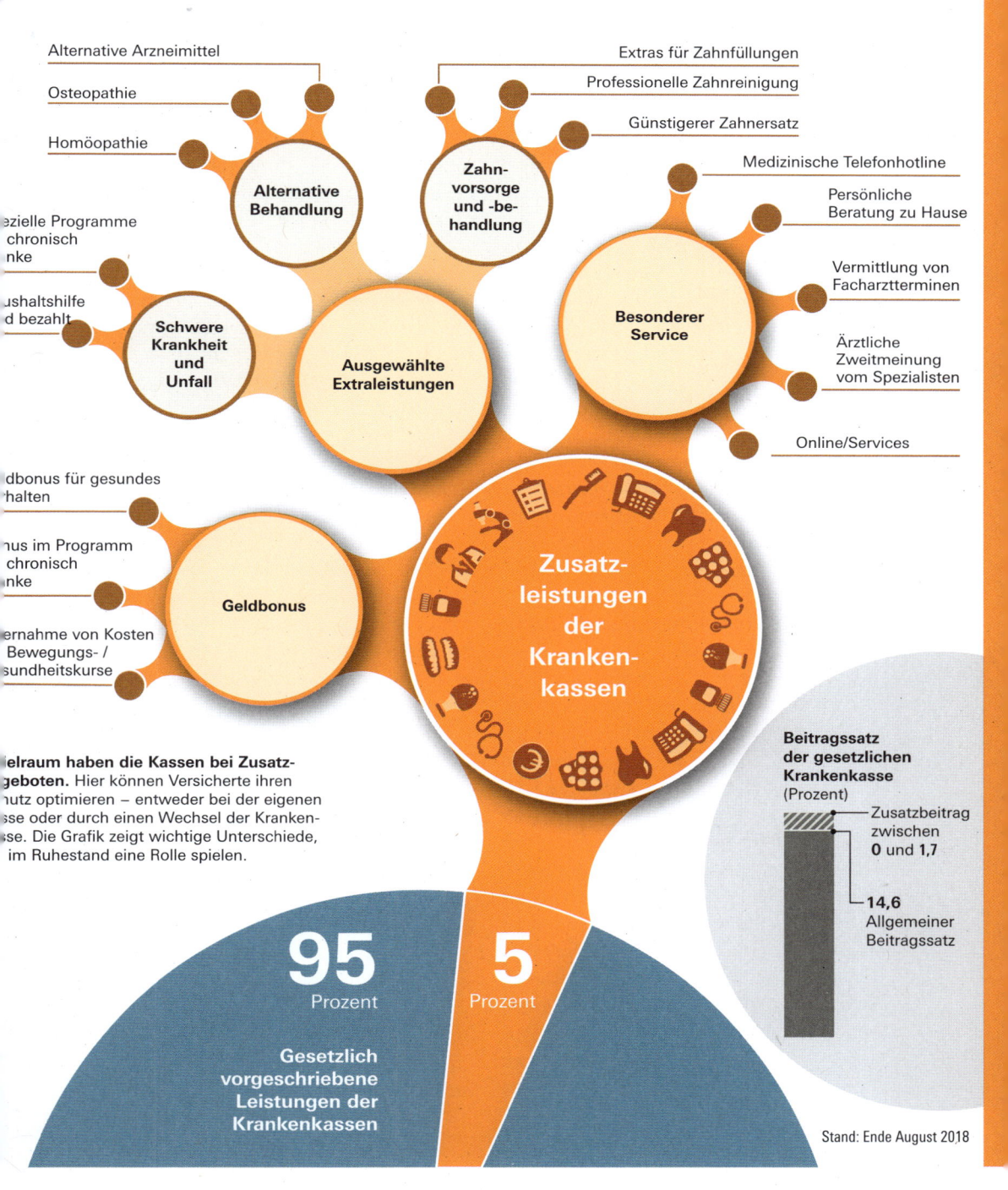

Alternative Behandlung
- Alternative Arzneimittel
- Osteopathie
- Homöopathie

Zahnvorsorge und -behandlung
- Extras für Zahnfüllungen
- Professionelle Zahnreinigung
- Günstigerer Zahnersatz

Besonderer Service
- Medizinische Telefonhotline
- Persönliche Beratung zu Hause
- Vermittlung von Facharztterminen
- Ärztliche Zweitmeinung vom Spezialisten
- Online/Services

Schwere Krankheit und Unfall
- ezielle Programme chronisch nke
- ushaltshilfe d bezahlt

Ausgewählte Extraleistungen

Geldbonus
- dbonus für gesundes halten
- us im Programm chronisch nke
- ernahme von Kosten Bewegungs-/ sundheitskurse

Zusatzleistungen der Krankenkassen

elraum haben die Kassen bei Zusatz-
geboten. Hier können Versicherte ihren
utz optimieren – entweder bei der eigenen
sse oder durch einen Wechsel der Kranken-
sse. Die Grafik zeigt wichtige Unterschiede,
im Ruhestand eine Rolle spielen.

95 Prozent Gesetzlich vorgeschriebene Leistungen der Krankenkassen

5 Prozent

Beitragssatz der gesetzlichen Krankenkasse (Prozent)
- Zusatzbeitrag zwischen 0 und 1,7
- 14,6 Allgemeiner Beitragssatz

Stand: Ende August 2018

jenseits der 60 einen Vertrag abschließen wollen, kann es sein, dass Sie entweder gar keinen Schutz mehr bekommen oder ihn nur zu einem hohen Preis erhalten.

Nehmen Sie das in Kauf und wollen beispielsweise mit einer Zahnzusatzversicherung vermeiden, dass Sie für teure Implantate allein zahlen, müssen Sie außerdem bedenken, dass der Versicherer in der Regel nicht die Kosten für die Behandlung bereits bestehender Zahnprobleme übernimmt. Unter diesen Voraussetzungen sollten Sie sich gut überlegen, ob Sie diese Verträge tatsächlich noch neu abschließen wollen oder stattdessen für Notfälle auf eigene Faust Geld zurücklegen.

Privatpatienten: Leistungen haben ihren Preis

Wer sich für eine private Krankenversicherung entschieden hat und bis zum 55. Geburtstag nicht in eine gesetzliche Kasse zurückgekehrt ist, wird auch im Ruhestand Privatpatient bleiben. Art und Umfang der Leistungen richten sich dann nach dem mit dem Versicherer vereinbarten Tarif.

Die Leistungen können zum Teil deutlich über denen der gesetzlichen Kassen liegen, etwa beim Zahnersatz oder während eines Krankenhausaufenthalts. Zum Teil bleiben sie aber hinter den Leistungen der gesetzlichen Kassen zurück, etwa bei der ambulanten Psychotherapie.

Die vertraglich vereinbarten Leistungen können dem Versicherten nicht gestrichen werden und stehen ihm bis ans Lebensende zu. Für Pensionäre ist die private Krankenversicherung durch die Beihilfe von bis zu 70 Prozent meist gut finanzierbar. Privatversicherte Rentner sollten aber den Kostenfaktor bei ihrer Finanzplanung unbedingt berücksichtigen. Es kann sein, dass Monatsbeiträge von 700 oder 800 Euro oder höhere Selbstbehalte auf Sie zukommen. Kalkulieren Sie Beitragssteigerungen ein.

Das Beste aus Ihrem privaten Schutz machen

Als privat Krankenversichertem jenseits der 60 bleiben Ihnen leider nicht allzu viele Möglichkeiten, die Beiträge zu senken. Da der Anbieterwechsel nicht infrage kommt, sollten Sie versuchen, am aktuellen Schutz bei Ihrem Versicherer etwas zu ändern, um so möglichst die monatliche Belastung nach unten zu drücken:

▶ **Tarif wechseln.** Fragen Sie den Versicherer, ob er Ihnen einen Ihrem derzeitigen Schutz vergleichbaren Tarif anbieten kann, der etwas günstiger ist. Die Versicherer haben die Pflicht, Kunden über Alternativen zum bestehenden Schutz zu informieren. Aber: Es ist sinnvoll, sich nicht allein auf den Versicherer zu verlassen, sondern sich die Mühe zu machen, eigenständig etwas herauszufinden und sich beispielsweise unabhängig beraten zu lassen. Wenn Sie etwa einen unabhängigen Versicherungsberater aufsuchen, müssen Sie ihm zwar ein

Honorar zahlen, doch wenn Sie im Gegenzug einiges bei der Krankenversicherung sparen können, lohnt sich die Investition in die Beratung.

▶ **Leistungen reduzieren.** Eine Alternative ist, dass Sie die Leistungen in Ihrem bisherigen Tarif herunterschrauben. Fragen Sie beim Versicherungsunternehmen, wie viel Sie sparen können, wenn Sie etwa auf die Chefarztbehandlung im Krankenhaus verzichten oder bereit sind, während des Klinikaufenthalts im Mehrbett- statt im Einzelzimmer unterzukommen. So können Sie eventuell einiges herausholen.

▶ **Selbstbehalt anheben.** Der Versicherungsschutz kann für Sie günstiger werden, wenn Sie sich bereit erklären, einen höheren Selbstbehalt zu leisten – also beispielsweise mehr Ausgaben bei der ambulanten Versorgung durch Haus- oder Facharzt aus eigener Tasche zu übernehmen. Der höhere Selbstbehalt birgt aber auch ein gewisses Risiko: Was, wenn Sie etwa nach einem Unfall zunächst ins Krankenhaus und dann regelmäßig zum Orthopäden in die Praxis müssen? Mit zunehmendem Alter müssen Sie einplanen, dass der Selbstbehalt voll ausgeschöpft wird. Dann bleibt von dem Vorteil durch eingesparte Beiträge eventuell nicht mehr viel oder gar nichts übrig. Außerdem kann der Versicherer den Selbstbehalt ebenso wie die Beiträge anheben.

▶ **Wechsel in Spezialtarife prüfen.** Im letzten Schritt bleibt der Wechsel in den Standardtarif für Rentner oder in den Basistarif. Gerade mit dem Standardtarif können Sie unter Umständen eine Menge Beiträge einsparen. Allerdings müssen Sie sich nun darauf einstellen, dass Sie „nur" noch in etwa das Leistungsniveau haben werden, das gesetzlich Versicherten zusteht. Sie kommen jedoch nur unter bestimmten Voraussetzungen in diesen günstigen Tarif. Dazu gehört zum Beispiel, dass Sie vor dem 1. Januar 2009 in die private Krankenversicherung gewechselt sind und mindestens 65 Jahre alt sind. Sind Sie mindestens 55 Jahre alt, kommen Sie nur hinein, wenn Ihr Einkommen nicht über der Beitragsbemessungsgrenze liegt (2018: 53100 Euro).

Risiko Pflegefall: Die Zeit für die Vorsorge nutzen

Sie sind um die 60 und topfit? Da fällt es schwer, sich vorzustellen, dass das eventuell nicht auf Dauer so bleiben wird. Aber wenn vielleicht die eigenen Eltern oder ältere Freunde Pflege benötigen, macht sich häufig der Gedanke breit: Und wie geht es weiter, falls ich einmal auf Hilfe angewiesen sein sollte? Wie schaffen wir das, wenn mein Partner oder ich Unterstützung brauchen?

Um mit einer privaten Zusatzversicherung in die Vorsorge für den Pflegefall einzusteigen, ist Mitte 50 ein gutes Alter. Wenn

Sie diese Altersstufe schon etwas überschritten haben und mit dem Gedanken an eine Versicherung spielen, sollten Sie bald aktiv werden. Denn für 65-Jährige oder Ältere ist es selbst bei bester Gesundheit schwierig, einen Vertrag zu bekommen. Oft prüfen die Versicherer den Antrag ab einem bestimmten Alter besonders kritisch oder lehnen gleich ab. Deshalb gilt: Je früher Sie sich Gedanken um das Thema Pflegebedürftigkeit machen, desto besser. Denn Sie sollten sich darauf einstellen, dass Sie allein aus den Mitteln der gesetzlich vorgeschriebenen Pflegeversicherung die Ausgaben für einen Pflegedienst oder die Unterbringung in einem Heim nicht stemmen können. Zusätzliche Vorsorge ist deshalb sinnvoll.

Sind Sie gesetzlich krankenversichert, fallen Sie automatisch unter den Schutz der gesetzlichen Pflegeversicherung. Als Privatpatient gilt für Sie eine private Pflegepflichtversicherung, deren Leistungen denen der gesetzlichen Versicherung entsprechen. Mit beiden Versicherungsformen haben Sie Schutz für den Fall, dass Sie für mindestens sechs Monate auf Unterstützung angewiesen sein werden.

Entscheidend dafür, wie viel finanzielle Unterstützung Sie bei Pflegebedürftigkeit erhalten, ist: Wie selbstständig können Sie noch Ihr Leben führen? Bei welchen Tätigkeiten benötigen Sie Hilfe? Danach richtet sich, in welchen von fünf Pflegegraden Sie eingestuft werden. Diese Pflegegrade haben Anfang 2017 bei der jüngsten Pflegereform die früheren „Pflegestufen" ersetzt. Je höher der Pflegegrad ist, desto mehr Geld überweist die Pflegekasse. Der Pflegegrad muss bei der Pflegekasse beantragt werden. Über den Antrag entscheidet sie aufgrund eines Gutachtens des Medizinischen Dienstes der Krankenversicherung. Für Privatpflegeversicherte ist das Unternehmen Medicproof zuständig. Beide prüfen, ob eine Pflegebedürftigkeit vorliegt oder nicht.

Alle, denen Pflegegrad 1 zugesprochen wird, erhalten einen Entlastungsbetrag von maximal 125 Euro im Monat. Das Geld können Sie nutzen, um Hilfeleistungen durch zugelassene Kräfte zu bezahlen. Auch Menschen, die mit Pflegegrad 1 schon im Heim leben, können monatlich 125 Euro Zuschuss bekommen. Deutlich mehr Geld gibt es für Menschen in den Pflegegraden 2 bis 5 (siehe Tabelle „So viel zahlt die Pflegekasse im Monat", S. 141).

Pflegebedürftige, die zu Hause versorgt werden, können zwischen Pflegegeld und Pflegesachleistungen wählen oder beides kombinieren. Lässt sich jemand von Laien pflegen, etwa nahen Angehörigen, fließt Pflegegeld. Dagegen erhalten Versicherte, die einen professionellen Pflegedienst in Anspruch nehmen, Pflegesachleistungen. Hierbei vereinbaren Betroffener und Pflegedienst bestimmte Tätigkeiten, etwa Hilfe bei der Körperwäsche oder beim Essen und Trinken. Der Pflegedienst rechnet direkt mit der Pflegekasse ab, der Versicherte erhält kein Geld ausgezahlt.

So viel zahlt die Pflegekasse im Monat

Pflegegrad	Pflege durch Laien (max. Euro)	Professionelle Pflege zu Hause (max. Euro)	Pflege im Heim (max. Euro)	Entlastungsbetrag ambulant (max. Euro)
1	0	0	125	125
2	316	689	770	125
3	545	1298	1262	125
4	728	1612	1775	125
5	901	1995	2005	125

Darüber hinaus ist weitere Unterstützung möglich, etwa für den Aufenthalt in einer Tages- und Nachtpflege oder die Übernahme der Kosten für Pflegehilfsmittel.

Für die Pflege in einer stationären Einrichtung zahlt die Pflegekasse weit höhere Sätze als für die Pflege zu Hause durch die Angehörigen. Auch diese Beträge richten sich nach dem Pflegegrad. Im Pflegegrad 2 zahlt sie 770 Euro und im höchsten Pflegegrad 2005 Euro. Das Geld deckt jedoch meist nicht die kompletten Heimkosten. Versicherte müssen einen Eigenanteil zahlen. Er fällt je nach Heim unterschiedlich hoch aus.

Neben dem Eigenanteil für die Pflege müssen Heimbewohner Unterkunft, Verpflegung, Investitionskosten und eventuell eine Ausbildungsumlage bezahlen. Diese Kosten können im Schnitt bis zu 1500 Euro ausmachen, je nach Heim und Wohnort sogar mehr.

Zusätzlich für Pflegefall vorsorgen

Ob zu Hause betreut oder in einer stationären Einrichtung: Trotz der Leistungen aus der gesetzlichen Pflegeversicherung bleibt eine finanzielle Lücke. Je älter Sie sind, desto mehr müssen Sie investieren, um diese Lücke zu schließen.

Sie können natürlich noch im Alter von um die 60 anfangen, Geld für den Pflegefall zurückzulegen. Doch es wird Sie einiges kosten, damit Sie zum Beispiel im Alter von 75 oder 80 Jahren das notwendige Polster beisammen haben.

Beispiel: Andrea ist heute 60 Jahre alt und stellt nach einem privaten Finanzcheck fest, dass sie zusätzlich zu ihren regelmäßigen Einnahmen und dem Geld aus der gesetzlichen Pflegeversicherung etwa 1 000 Euro monatlich benötigen würde, um im Pflegefall die notwendigen Ausgaben decken zu können. Noch fehlt ihr dieses finanzielle Polster.

Um Ihnen einen ersten Eindruck zu geben, wie Sie sich ein solches Polster verschaffen können, hier eine Beispielrechnung, welche Anstrengungen nötig sind: Wenn Andrea ab jetzt jeden Monat 204 Euro zu einem Zinssatz von 2 Prozent anlegt, kommt sie in 20 Jahren auf ein Vermögen von 60 000 Euro. Legt sie diese Summe dann weiter zu einem Zinssatz von 2 Prozent an, kann sie fünf Jahre und drei Monate lang monatlich 1 000 Euro entnehmen, ehe das Geld verbraucht ist.

Rechnen Sie mit einer größeren finanziellen Lücke oder einer längeren Pflegebedürftigkeit als im Beispiel? Dann benötigen Sie natürlich weiteres Kapital.

Wenn Sie auf diese Weise für den Pflegefall vorsorgen, müssen Sie monatlich eine vergleichsweise hohe Summe beiseitelegen. Andererseits haben Sie einen großen Vorteil: Sollten Sie nie Geld für Pflegeleistungen ausgeben müssen, steht Ihnen das angesparte Geld zur Verfügung, um es anderweitig einzusetzen. Oder das Polster bleibt für Ihre Angehörigen im Falle Ihres Todes vorhanden.

→ **Anlegen mit Fonds**

Ein noch größeres Polster für den Pflegefall können Sie erwirtschaften, wenn Sie Ihr Geld nicht in sichere Sparanlagen, sondern beispielsweise in Indexfonds, sogenannte ETF, investieren. Planen Sie allerdings ein, dass mit einem solchen Investment Verluste möglich sind. Mehr zu Börseninvestments jenseits der 60 lesen Sie unter „ETF und mehr", S. 67.

Vorsorgen mit Versicherung

Alternativ können Sie versuchen, mithilfe einer privaten Pflegezusatzversicherung vorzusorgen – wenn Sie noch einen Vertrag bekommen. Erste Wahl wäre eine Pflegetagegeldversicherung. Der Versicherer zahlt dann ab Beginn der Pflegebedürftigkeit für jeden Tag ein vorab vereinbartes Tagegeld aus. Je später Sie sich für den Schutz entscheiden, desto teurer wird er. Haben Sie bereits Vorerkrankungen, treibt das den Beitrag weiter in die Höhe, oder die Erkrankungen sorgen dafür, dass Sie gar nicht erst einen bezahlbaren Vertrag bekommen.

Der jüngste Tarifvergleich von Finanztest hat Ende 2017 gezeigt, dass ein Modellkunde im Alter von 55 Jahren ab knapp 90 Euro im Monat eine sehr gute Pflegetagegeldversicherung abschließen konnte, ein 45-Jähriger musste etwa 30 Euro weniger zahlen.

Wenn Sie noch die Chance auf eine Pflegetagegeldversicherung haben und Ih-

> ### Wer kennt sich aus?
>
> **Die Eltern oder den Partner** zu pflegen: Für viele ist es Ehrensache, sich hier selbst einzubringen. Doch die Pflege der Angehörigen kostet Zeit, Geld und Kraft. Einen umfangreichen Überblick zu den gesetzlichen Leistungen, zu privaten Versicherungen und zu Entlastungsmöglichkeiten im Pflegealltag bietet das Themenpaket „Pflege und Versicherung" der Stiftung Warentest, das Sie für 5 Euro auf test.de herunterladen können. Auch das Thema Wohnen im Alter wird in diesem Paket aufgegriffen.

nen auch der Beitrag akzeptabel erscheint, sollten Sie sich sicher sein, dass Sie finanziell in der Lage sind, den Vertrag durchzuhalten. Schaffen Sie es zum Beispiel als Rentner nicht mehr, die Beiträge aufzubringen, sodass Sie den Vertrag kündigen müssen, sind die bis dahin gezahlten Beiträge verloren.

Wählen Sie nicht das erstbeste Angebot aus, sondern vergleichen Sie mehrere Tarife und prüfen Sie die Bedingungen. Achten Sie zum Beispiel vor dem Vertragsabschluss auf folgende Punkte:

- Müssen Sie weiter Beiträge einzahlen, auch wenn die Pflegebedürftigkeit schon eingetreten ist? Wenn ja, verliert die ausgezahlte Summe natürlich an Wert.
- Zahlt der Versicherer auch bei niedrigeren Pflegegraden? Die Wahrscheinlichkeit, dass Ihnen die Pflegegrade 1 bis 3 zugewiesen werden, ist deutlich höher, als in die Pflegegrade 4 und 5 zu kommen. Deshalb achten Sie darauf, dass Sie gerade bei den niedrigeren Pflegegraden die nötige Unterstützung erhalten. Wichtig außerdem: Da die meisten Menschen zu Hause versorgt werden, sollte zudem in allen Graden genug Geld für ambulante Pflege da sein.
- Mit welcher Wartezeit kalkuliert der Versicherer? In der Regel haben Versicherte frühestens drei Jahre nach Vertragsabschluss Anspruch auf Leistungen (bei staatlich geförderten Verträgen nach fünf Jahren). Etliche Unternehmen verzichten jedoch auf diese Wartezeit oder machen zumindest eine Ausnahme, wenn der Kunde durch einen Unfall pflegebedürftig wird. Einen solchen Vertrag sollten Sie gegenüber denen mit Wartezeit vorziehen.
- Verlässt sich der Versicherer auf die Einstufung durch die gesetzliche Pflegeversicherung? Oder behält er sich vor, den Pflegegrad selbst noch einmal überprüfen lassen zu können, womöglich in regelmäßigen Abständen? Dieses Vorgehen kann eine zusätzliche Belastung darstellen.

Vorübergehend nicht mobil
Nach einer Krankheit oder nach einem Unfall sind vor allem Alleinstehende oft auf fremde Hilfe angewiesen. Dann ist es gut, wenn eine Versicherung die Ausgaben für eine Haushaltshilfe bezahlt.

Staatlich geförderte Verträge oft keine gute Wahl

Wer Vorerkrankungen hat, findet oft keinen Versicherer mehr, bei dem er eine bezahlbare Pflegetagegeldversicherung abschließen kann. Für solche Fälle wurde 2013 der sogenannte Pflege-Bahr (benannt nach dem damaligen Gesundheitsminister Daniel Bahr) eingeführt – staatlich geförderte Verträge zum Schutz vor Pflegebedürftigkeit.

> ❝ **Mit einem Pflege-Bahr-Tarif können Kunden die Versorgungslücke in den häufigsten Pflegegraden 1 bis 3 nicht decken.**

Das Prinzip dahinter: Wer einen solchen Vertrag für eine Pflegetagegeldversicherung abschließt, erhält jeden Monat 5 Euro als Beitragszuschuss vom Staat, wenn er selbst mindestens 10 Euro für den Versicherungsschutz aufbringt. Auch Menschen, die bereits Vorerkrankungen haben, können einen solchen Vertrag abschließen – der Versicherer darf ihnen dafür keine höheren Beiträge in Rechnung stellen.

Trotzdem empfiehlt Finanztest diese Tarife nicht. Das hat mehrere Gründe:

Zum einen kann man mit einem solchen Tarif die Versorgungslücke in den häufigsten Pflegegraden 1 bis 3 nicht decken. Nach Vertragsschluss ist oft keine Erhöhung der Leistung mehr möglich.

Zudem sind die Beiträge relativ hoch und auch im Fall von Pflegebedürftigkeit weiter zu zahlen. Im ungünstigen Fall kann es sogar passieren, dass der Pflegebedürftige „draufzahlen" muss: wenn der zu zahlende Beitrag höher ist als die Leistungen, die er aus dem Vertrag erhält.

Sind Sie auf finanzielle Unterstützung vom Sozialamt angewiesen, müssen Sie hinnehmen, dass das Amt nach aktueller Regelung im Pflegefall die Leistungen anrechnet und entsprechend weniger Grundsicherung oder Hilfe zur Pflege zahlt. Das ist aber auch bei anderen Pflegezusatzversicherungen der Fall.

Günstigere Alternative

Eine meist etwas günstigere Alternative zur Pflegetagegeldversicherung ist die Pflegekostenversicherung. Der Versicherer beteiligt sich an konkreten Kosten, die aufgrund der Pflegebedürftigkeit fällig werden. Wenn Sie sich für eine solche Police entscheiden, wählen Sie einen Tarif, bei dem die Versicherer die gesetzlichen Leistungen verdoppeln und das Geld auszahlen, ohne dass Sie Belege für Ihre Ausgaben einreichen müssen.

Es gibt auch Tarife, bei denen der Pflegebedürftige nicht frei über das vom Versicherer ausgezahlte Geld verfügen kann. Die Versicherer ersetzen nur nachgewiesene Pflegekosten. Mit solchen Angeboten sind Sie deutlich unflexibler.

Plötzlicher Notfall: Hilfe nach einem Unfall

Die Pflegeversicherung zahlt, wenn jemand auf Dauer Unterstützung bei den Aufgaben des alltäglichen Lebens benötigt. Aber was ist, wenn kurzfristig Hilfe notwendig ist – etwa wenn Sie sich durch einen Sturz im Treppenhaus einen Oberschenkelhalsbruch zugezogen haben? Solange die Verletzten im Krankenhaus bleiben, sind sie versorgt. Unter bestimmten Voraussetzungen übernehmen die gesetzlichen Krankenkassen danach zumindest vorübergehend die Ausgaben für häusliche Krankenpflege und eventuell für eine Haushaltshilfe. Doch für einen längeren Zeitraum von vielleicht drei oder vier Monaten ist das keine Lösung. Und auch die gesetzliche Pflegeversicherung hilft in dem Fall nicht weiter, denn sie zahlt erst, wenn jemand mindestens für sechs Monate auf Unterstützung angewiesen ist.

Genau für diese Lücke kann eine private Unfallversicherung mit sogenannten Assistance-Leistungen sinnvoll sein: Die Versicherten erhalten im Notfall Unterstützung bei vielen Aufgaben des alltäglichen Lebens, angefangen bei der Hilfe im Haushalt bis hin zum Menü-Bringdienst und zur Begleitung zu Arztbesuchen.

Diese besonderen Leistungen machen den Unterschied aus zwischen den Spezialangeboten für Senioren und einer klassischen privaten Unfallversicherung, die viele schon während des Berufslebens abgeschlossen haben. Die klassischen Verträge sichern Ihnen eine größere finanzielle Leistung zu, wenn Sie infolge eines Unfalls auf Dauer invalide werden sollten. Dieser Schutz kann für jüngere wie ältere Menschen sinnvoll sein, die sich in der Freizeit und zu Hause absichern wollen, falls sie plötzlich mit dauerhaften körperlichen Einschränkungen leben müssen.

Speziell älteren Kunden machen Versicherer zusätzlich das Angebot, nach einem Unfall zusätzlich von Serviceleistungen im Alltag zu profitieren. Dabei arbeiten die Versicherer in der Regel mit sogenannten Assisteuren wie dem Malteser Hilfsdienst oder der Johanniter-Unfall-Hilfe zusammen, die wiederum andere Dienstleister wie einen Putzdienst oder Gartenhelfer organisieren.

Im besten Fall muss der Versicherte nach einem Unfall lediglich seine Versicherung anrufen, und die Hilfe wird gleich organisiert. Dieser Schutz kann vor allem interessant für Sie sein, wenn Sie alleinstehend sind, Ihre Kinder weit weg wohnen oder schlichtweg nicht die Zeit hätten, Ihre Betreuung zu übernehmen. Allerdings zahlt die Versicherung in der Regel nur nach Unfällen. Liegen Sie mit einer schweren Lungenentzündung mehrere Wochen flach, erhalten Sie keine Serviceleistungen über die Unfallversicherung.

→ **Klassischen Vertrag kündigen?**
Wenn Sie sich für die Serviceleistungen interessieren, fragen Sie Ihren derzeitigen Unfallversicherer, ob Sie die Assistance-Leistungen zusätzlich zu Ihrer bisherigen klassischen Versicherung abschließen können. Wollen Sie einen Vertrag, der Ihnen nach einem Unfall eine sehr große Summe auszahlt, gar nicht mehr, suchen Sie gezielt nach einer Senioren-Unfallversicherung. Beachten Sie: Nicht nur Sie haben ein Kündigungsrecht. Auch der Unfallversicherer kann Ihnen regulär kündigen.

Das Gute an der Unfallversicherung für Senioren: Selbst mit Anfang oder Mitte 60 können Sie noch bezahlbare Verträge erhalten. Je nachdem was Sie vereinbaren, können Sie sich für einen Jahresbeitrag um die 100 Euro die gewünschten Zusatzleistungen sichern. Aber Achtung: Obwohl die Versicherungen speziell auf Senioren zugeschnitten sind, kann es Ihnen passieren, dass der Schutz automatisch endet, sobald Sie zum Beispiel Ihren 85. Geburtstag feiern. Einige Versicherer nehmen Sie gar nicht erst auf, wenn Sie den Vertrag erst im Alter von über 75 Jahren abschließen wollen.

Der Blick ins Kleingedruckte
Auch auf ein paar weitere Klauseln sollten Sie achten, bevor Sie den Vertrag unterschreiben:

- **Leistungen werden bezahlt.** Steht in den Vertragsbedingungen, dass der Versicherer die Leistungen wie den Putzservice oder den Fahrtdienst zum Arzt bezahlt – oder will er ihn nur vermitteln? Auf ein solches Angebot sollten Sie verzichten, denn dann müssten Sie für die tatsächlichen Dienste selbst aufkommen.
- **Dauer.** Der Versicherer sollte die Kosten für alle Hilfsdienste für mindestens sechs Monate übernehmen. Einige verkürzen die Dauer und zahlen zum Beispiel für einen Pflegedienst nur für einen Monat. Das kann nach einem Unfall und bei einem langwierigen Heilungsprozess zu kurz sein.
- **Umfang.** Pflegeleistungen wie Waschen, Anziehen, Toilettengang und andere Aufgaben der sogenannten Grundpflege des Patienten sollte der Versiche-

rer für mindestens 45 Minuten täglich finanzieren. Prüfen Sie zusätzlich in den Vertragsbedingungen, wie oft jemand etwa zum Putzen oder Einkaufen engagiert werden kann – wenn möglich mindestens einmal die Woche. Die Kosten für den 24-Stunden-Hausnotrufdienst sollten übernommen werden – nicht nur für die Installation des Notrufs.

- **Beratung.** Gut wäre, wenn laut Vertrag nicht nur die kurzfristig nötigen Hilfen vermittelt werden, sondern auch eine Pflegeberatung inbegriffen ist.

- **Zahlung auch infolge bestimmter Krankheiten.** Eine Unfallversicherung muss bei Unfallfolgen einspringen – also für Folgen eines plötzlich von außen auf den Körper einwirkenden Ereignisses wie etwa einen Treppensturz. Manche Versicherer zahlen auch, wenn ihr Kunde zum Beispiel durch Bewusstseinsstörungen (etwa nach einem Herzinfarkt oder Schlaganfall) einen Unfall erleidet. Ziehen Sie solche Verträge vor. Das kann im Ernstfall ein wichtiger Vorteil sein.

Mein Hab und Gut und das der anderen

Unbedingt absichern sollten Sie sich für den Fall, dass Sie anderen Schaden zufügen. Aber auch für Ihr Eigentum – Auto, Haus, Möbel – benötigen Sie Schutz.

Sie sind mit einer Freundin verabredet und mit Ihrem Fahrrad spät dran. Sie übersehen den Radfahrer, der an der nächsten Kreuzung von rechts kommt, und nehmen ihm die Vorfahrt.

So ein Fahrradunfall kann in jedem Alter passieren. Umso wichtiger ist es, dass Sie sich jederzeit auf den Schutz einer privaten Haftpflichtversicherung verlassen können.

Denn per Gesetz haften Sie für Schäden, die Sie anderen zufügen – egal ob als Radfahrer, Fußgänger oder in einer anderen Situation.

Ohne eine Haftpflichtversicherung, die für diese Schäden aufkommt, könnte schon ein kleines Missgeschick den finanziellen Ruin für Sie bedeuten. Sie haften mit Ihrem gesamten Vermögen, wenn nötig bis zur Pfändungsfreigrenze.

Deshalb ist die Privathaftpflichtversicherung für jeden ein Muss. Der Versicherer kommt für Personen-, Sach- und Vermögensschäden auf, die Sie verschulden oder unabsichtlich verursachen.

Haftpflichtversicherung auf den neuesten Stand bringen

Gehören Sie zu den Kunden, die ihren Haftpflichtvertrag schon vor Jahren abgeschlossen haben? Wenn Sie seit mindestens fünf Jahren nichts daran geändert haben, empfiehlt es sich, dass Sie den Schutz an die heutige Zeit anpassen und zum Beispiel die Versicherungssumme erhöhen. Falls Sie bisher gar keinen Vertrag haben, sollten Sie ebenfalls dringend handeln.

Einen sehr guten Haftpflichttarif können Sie bereits für deutlich unter 100 Euro Jahresbeitrag neu abschließen. Es kann gut sein, dass ein neuer, leistungsstarker Tarif sogar günstiger ist als ein Uralttarif, an dem Sie seit Ewigkeiten nichts verändert haben. Um Ihnen die Tarifauswahl zu erleichtern, hat die Stiftung Warentest einen Grundschutz definiert. Dazu gehört unter anderem, dass der Tarif eine Versicherungssumme von mindestens 10 Millionen Euro pauschal für Personen- und Sachschäden bieten sollte.

In dieser Höhe sollten auch Schäden durch häusliche Abwässer und die sogenannten Allmählichkeitsschäden abgesichert sein: Dabei handelt es sich um Schäden, die Mietern und Hauseigentümern etwa durch Feuchtigkeit, Ruß, Rauch oder Staub im Laufe der Zeit entstehen. Der Versicherer zahlt beispielsweise für die Erneuerung einer Wand, wenn der Versicherte versehentlich eine Leitung angebohrt hat und mit der Zeit austretendes Wasser einen Schaden verursacht.

Viele Versicherer machen älteren Kunden Spezialangebote und bieten ihnen Rabatte, nicht nur bei der Privathaftpflicht, sondern beispielsweise auch beim Rechtsschutz oder Hausrat. Das kann sich lohnen, muss es aber nicht. Denn das Rabattangebot Ihres Versicherers kann durchaus teurer sein als der Normaltarif eines anderen Versicherers. Außerdem beinhaltet der „Seniorentarif" eventuell deutlich weniger Leistungen als ein Normaltarif. Bevor Sie sich für das Spezialangebot entscheiden, fragen Sie genau nach, welchen Schutz Sie damit haben. Um ganz sicherzugehen, sollten Sie wenn möglich selbst einen Blick ins Kleingedruckte der Vertragsbedingungen werfen und diese mit Ihrem aktuellen Tarif vergleichen.

Eine genaue Übersicht zum Grundschutz finden Sie im Internet unter test.de/privat haftpflicht.

Erst seit einigen Jahren gehört auch zum Grundschutz, dass Schäden an fremden Computern, die etwa durch unbeabsichtigt übertragene Computerviren entstanden sind, bis zu einer Höhe von mindestens 50 000 Euro versichert sein sollten. Gerade wenn Sie einen sehr alten Vertrag haben, dürfte diese Leistung dort nicht genannt sein. Zwar gilt in dem Fall: Leistungen, die nicht ausdrücklich vom Versicherungsschutz ausgeschlossen sind, muss der Versicherer übernehmen. Es kann aber sein, dass er sich erst einmal weigert, einzuspringen. Wenn Sie es nicht auf eine lange Auseinandersetzung ankommen lassen wollen, suchen Sie sich lieber einen neuen Tarif aus, der diese Leistung ausdrücklich beinhaltet.

Über den Grundschutz hinaus packen Versicherer häufig weitere Leistungen mit in ihren Tarif, die nicht zwingend nötig für Sie sind und den Schutz auch etwas teurer machen. Dennoch können sich diese Zusatzleistungen lohnen – allein schon um unangenehme Situationen im Freundeskreis zu vermeiden.

Beispiel: Karl hilft einem befreundeten Ehepaar beim Umzug in eine kleinere Wohnung. Das meiste erledigt das Umzugsunternehmen, doch bei den letzten Aufräumarbeiten im Haus packt er mit an. Er stolpert, der Akkuschrauber der Hausherren rutscht ihm aus der Hand und geht kaputt.

Nicht jeder Versicherer übernimmt einen solchen Schaden. Schäden, die im Zuge von Freundschaftsdiensten entstehen, sind grundsätzlich vom Versicherungsschutz ausgeschlossen. Karls Freunde, die er beim Umzug unterstützt hat, würden also auf dem Schaden an dem kaputten Akkuschrauber sitzen bleiben. Es gibt allerdings Versicherer, die trotzdem dafür aufkommen, zumindest bis zur Höhe von einigen Tausend Euro.

Ähnlich ist es bei gemieteten oder geliehenen Gegenständen. Fällt Ihnen die Digitalkamera aus der Hand, die Sie sich von Ihrer Schwester für den Urlaub in Südtirol geborgt haben, kommen die Versicherer nicht immer für den Schaden auf. Einige Anbieter zahlen allerdings, zum Teil auch, wenn die Kamera gestohlen würde.

Zusätzlicher Haftpflichtschutz

Selbst wenn Sie einen sehr guten Privathaftpflichttarif mit vielen Leistungen abgeschlossen haben, reicht das in bestimmten Lebensbereichen nicht aus.

- Als Halter eines Fahrzeugs benötigen Sie eine Kfz-Haftpflichtversicherung.
- Haben Sie einen Hund, müssen Sie als Tierhalter in vielen Bundesländern mittlerweile zusätzlichen Schutz abschließen.
- Aktiv werden sollten Sie auch als Vermieter und als Bauherr: Sprechen Sie mit Ihrem Versicherer, ob der Schutz der Privathaftpflichtversicherung aus-

reicht – beispielsweise bei kleineren Umbaumaßnahmen am eigenen Haus oder wenn Sie nur eine kleine Einliegerwohnung vermieten. Wenn nicht, empfiehlt es sich, dass Sie eine Bauherrenhaftpflicht- beziehungsweise eine Haus- und Grundbesitzerhaftpflichtversicherung abschließen.

Schutz für Haus, Wohnungseinrichtung und Auto
In vielen Versicherungsordnern schlummern mitunter seit Jahren die Verträge für Wohngebäude- und Hausratversicherung. Auch die Police für die Autoversicherung hat manch einer lange nicht in der Hand gehabt. Belassen Sie es nicht dabei, sondern nehmen Sie sich die Zeit, den Schutz zu überprüfen. Die folgenden Seiten zeigen, warum es sinnvoll ist, auch diese Sachversicherungen neu zu ordnen, und wie sich diese Mühe finanziell lohnen kann.

Wenn Sie wissen, welche Verträge Sie tauschen oder loswerden wollen, geht es im nächsten Schritt darum, den Termin für die Kündigung nicht zu verpassen. Für viele Verträge wie Hausrat-, Wohngebäude- und Privathaftpflichtversicherung gilt eine Kündigungsfrist von drei Monaten. Sie dürfen zum Vertragsende kündigen und danach jährlich zum Ende des Versicherungsjahres. Dieses ist oft, aber nicht immer identisch mit dem Kalenderjahr. Bei Verträgen, die länger als drei Jahre laufen, ist die Kündigung erstmals zum Ende des dritten Jahres

möglich, danach jährlich. Nach einem Schadensfall dürfen Sie in der Regel direkt kündigen – dann mit einer Frist von einem Monat. Auch wenn der Versicherer Ihnen eine Beitragserhöhung ankündigt, ist der Ausstieg aus Ihrem Vertrag innerhalb eines Monats möglich.

In der Kfz-Versicherung beträgt die Frist für die ordentliche Kündigung einen Monat zum Ende des Versicherungsjahres – nur bei älteren Kaskoverträgen drei Monate. Weil das Versicherungsjahr bei vielen Anbietern identisch ist mit dem Kalenderjahr, muss Ihre Kündigung bis zum 30. November beim Versicherer vorliegen.

→ So kündigen Sie richtig

Suchen Sie die Daten heraus, wann Sie aus Ihren Verträgen herauskommen. Kündigen Sie schriftlich und senden Sie die Kündigung per Einschreiben mit Rückschein. Das Schreiben muss Ihre Unterschrift tragen. Damit der Versicherer weiß, um welchen Vertrag es geht, schreiben Sie die Versicherungsnummer/Versicherungsscheinnummer in die Betreffzeile. Sie müssen eine ordentliche Kündigung nicht begründen. Bei einer außerordentlichen Kündigung – etwa wegen Beitragserhöhung – geben Sie den jeweiligen Grund mit an. Bitten Sie den Versicherer um eine Kündigungsbestätigung.

Die größte Investition des Lebens
So viel Geld wie für das eigene Haus werden viele Bauherren nie wieder ausgeben. Umso wichtiger ist eine Wohngebäudeversicherung – auch wenn das Baudarlehen längst bezahlt ist.

Haus bei Brand und Sturm geschützt

An der Wohngebäudeversicherung kommen Sie als Hausbesitzer nicht vorbei. Nur durch sie können Sie Ihre Immobilie gegen Feuer, Sturm und Hagel sowie gegen Leitungswasserschäden absichern. Solange Sie das Haus noch per Kredit finanzieren, verlangen die Gläubiger sie sowieso. Und auch danach, wenn alle Schulden längst getilgt sind, sollten Sie auf keinen Fall auf den Versicherungsschutz verzichten.

Wenn Sie eine neue Immobilie erwerben und nach dem passenden Tarif suchen oder wenn Sie Ihren alten gegen einen neuen Vertrag eintauschen wollen, achten Sie möglichst auf folgende Punkte:

▶ **Preis.** Die Beitragsunterschiede sind von Versicherer zu Versicherer zum Teil enorm. Die Höhe der Beiträge hängt vom Wert des Hauses, von dessen Lage und eben vom Anbieter ab.

▶ **Versicherungssumme.** Sie muss dem Wert Ihrer Immobilie entsprechen. Um sicherzugehen, dass Sie das Haus tatsächlich hoch genug versichern, lassen Sie den Wert der Immobilie durch das Versicherungsunternehmen ermitteln. So können Sie verhindern, dass Sie unterversichert sind. Denn das hätte zur Folge, dass der Versicherer eventuell nicht für den kompletten Schaden aufkommt.

▶ **Leistungen.** Bestimmte Grundleistungen wie den finanziellen Ersatz für den Wiederaufbau der Immobilie nach einem Brand bieten alle Versicherer, wenn Sie den Schutz vor Schäden durch Feuer abgeschlossen haben. Doch es kann sich lohnen, wenn Ihr Vertrag mehr beinhaltet: Prüfen Sie zum Beispiel, ob der Versicherer Kosten für den Abtransport von Schutt und den Resten eines zerstörten Hauses bis mindestens 50 000 Euro übernimmt. Sinnvoll ist außerdem, wenn der Versicherer für Überspannungsschäden – also für Schäden durch einschlagende Blitze – aufkommt und für Schäden, die grob fahrlässig herbeigeführt wurden.

▶ **Elementarschäden.** Tritt der nahe gelegene Fluss über die Ufer, zahlt die Wohngebäudeversicherung nicht automatisch. Der Versicherer kommt nur auf, wenn Sie den Schutz um eine Elementarschadenversicherung erweitert haben. Der Haken: Gerade Hausbesitzer, die in gefährdeten Gebieten leben und mit Hochwasser rechnen müssen, bekommen häufig gar nicht den Schutz vor Schäden durch Naturereignisse wie Überschwemmung oder Erdrutsch. Oder sie müssen für diese Leistung besonders viel zahlen. Klären Sie die Bedingungen für die Elementarschadenabsicherung vor Vertragsabschluss.

▶ **Nebengebäude:** Achten Sie darauf, dass alle gewünschten Gebäude, die auf Ihrem Grundstück stehen, mit abgesichert werden. Soll der Schutz nicht nur für das Wohnhaus gelten, sondern beispielsweise auch für Scheune oder Carport, muss das ausdrücklich mit in den Versicherungsvertrag aufgenommen werden.

Die Wohnungseinrichtung sichern

Möbel, Elektronik, Antiquitäten: Wissen Sie, welchen Wert Ihre Wohnungseinrichtung samt Fahrrädern heute tatsächlich hat?

Im Laufe der Jahre kommt einiges an Werten zusammen – mit der Folge, dass der Hausratschutz, den Sie vielleicht vor langer Zeit abgeschlossen haben, eventuell nicht mehr für all das reicht. Außerdem: Vielleicht gibt es längst günstigeren Versicherungsschutz bei einem anderen Anbieter.

> **Überprüfen Sie regelmäßig, ob die Versicherungssumme noch zum Wert Ihres Hausrats passt.**

Die Hausratversicherung springt ein, wenn ein Feuer, Blitzschlag, Leitungswasser, eine Explosion, Sturm oder Hagel den versicherten Hausrat beschädigt oder zerstört. Außerdem ersetzt sie die Kosten für die Wiederbeschaffung von Gegenständen

---

ℹ **Informieren Sie den Hausratversicherer,** wenn Sie umziehen. Da die Höhe der Beiträge für den Versicherungsschutz entscheidend vom Diebstahlsrisiko am Wohnort abhängt, kann es sein, dass sich nach dem Umzug die Beitragshöhe ändert. Außerdem: Wenn Sie in eine kleinere Wohnung ziehen und sich aus Platzgründen von Einrichtungsgegenständen trennen, können Sie Ihre Versicherungssumme wahrscheinlich senken.

nach einem Raub oder Einbruchdiebstahl. Sie benötigen eine Hausratversicherung, wenn Sie den Verlust Ihres Hausrats finanziell nicht verkraften könnten.

Wenn Sie eine Hausratversicherung abschließen, überprüfen Sie auch in den folgenden Jahren regelmäßig, ob die Versicherungssumme noch zum Wert Ihres Hausrats passt. Denn wenn die Versicherungssumme zu niedrig gewählt ist, riskieren Sie, dass Sie einen Schaden nicht komplett erstattet bekommen und der Versicherer nur anteilig zahlt. Aber Achtung: Es zählt der Neuwert der Güter! Im Internet finden Sie unter test.de/hausratliste eine Wertermittlungsliste, die Ihnen bei Ihrer persönlichen Berechnung hilft.

Als Alternative bieten die Versicherer in der Regel einen sogenannten Unterversicherungsverzicht an. Dann wird jeder Quadratmeter Wohnraum pauschal mit einer bestimmten Summe versichert. Am besten lassen Sie sich vor Vertragsabschluss die Beiträge für beide Varianten ausrechnen und entscheiden dann, welche davon für Sie am besten geeignet ist.

Auch bei den folgenden Punkten lohnt es sich, die Versicherungsbedingungen genauer zu studieren und gegebenenfalls den Schutz ein wenig anzupassen:

- **Überspannungsschäden.** Prüfen Sie, unter welchen Voraussetzungen der Versicherer für Schäden durch Blitzschlag aufkommt. Grundsätzlich sind über die Hausratversicherung solche Schäden versichert, die entstehen, wenn der Blitz direkt ins Haus einschlägt und Musikanlage oder Computer lahmlegt. Größer ist jedoch das Risiko, dass der Blitz in die Überlandleitungen einschlägt und dadurch technische Geräte beschädigt werden. In teuren Versicherungstarifen sind diese Überspannungsschäden enthalten. Sonst zahlen die Versicherer nur, wenn der Schutz zusätzlich vereinbart wurde. Ermitteln Sie, welchen Wert Ihre technischen Geräte haben, und passen Sie die Höhe des Schutzes wenn nötig an.
- **Fahrräder.** Der Schutz vor Fahrraddiebstahl ist nicht automatisch immer und überall in jedem Hausrattarif enthalten. Und wenn er mit drin ist – zum Beispiel mit 1 oder 2 Prozent der Versicherungssumme –, reicht er oft nicht aus. Erhöhen Sie je nach Wert der Räder den Schutz, damit Sie bei einem Diebstahl den vollen Ersatz bekommen.
- **Wertsachen.** Antiquitäten, Kunstgegenstände, teure Teppiche – all das ist in der Regel nur begrenzt im Hausratschutz integriert. Je nachdem, wie Ihre Einrichtung aussieht, sollten Sie vor einem neuen Vertragsabschluss die Bedingungen dafür klären oder bei Ihrem bisherigen Versicherer die Höhe der geschützten Werte anpassen.
- **Extras.** Die Versicherer bieten zum Teil zusätzliche kostenlose Leistungen an, die je nach Lebenssituation interessant

sein können. Wenn Sie zum Beispiel teure Gartenmöbel besitzen, kann es sinnvoll sein, wenn Sie einen Tarif wählen, der diese mitversichert. Passen Sie regelmäßig auf Ihre Enkel auf, klären Sie, ob der Versicherer auch für einen gestohlenen Kinderwagen aufkommt.

Wenn Sie eine Ferienwohnung besitzen und den Hausrat dort absichern wollen, reicht Ihre Hausratversicherung für den Erstwohnsitz in der Regel nicht aus. Die Versicherer bieten spezielle Tarife für Ferienwohnungen an. Kalkulieren Sie aber ein, dass der Schutz dafür etwas teurer ist, da nicht jederzeit jemand vor Ort ist und die Bewohner häufiger wechseln. Erkundigen Sie sich bei Ihrem Versicherer für die Hauptwohnung, was er Ihnen für das Feriendomizil zu welchem Preis anbieten kann.

Denken Sie auch an den passenden Schutz einer Wohngebäudeversicherung, wenn Sie ein ganzes Ferienhaus besitzen. Bei Auslandsimmobilien sprechen Sie mit Ihrem deutschen Versicherer, ob er Ihnen dafür ein Angebot machen oder Ihnen vor Ort einen Partner nennen kann.

Der passende Schutz fürs Auto

Wechseln und sparen – das ist häufig tatsächlich möglich, wenn es um die Kfz-Versicherung geht. Wer seinen Wagen bisher bei einem teuren Versicherer hat, kann häufig einige Hundert Euro im Jahr sparen. Und selbst Kunden mit einer günstigen Versicherung sollten regelmäßig prüfen, ob ein Wechsel lohnt. Aber Achtung: Fahrer über 60 sind nicht gerade Lieblingskunden der Versicherer. Sie müssen damit rechnen, mehr Beiträge zu zahlen als Jüngere. Umso wichtiger ist der Preisvergleich.

Neben dem Preis sind die Leistungen wichtig. Erst einmal sollten Sie überlegen, welchen Schutz Sie tatsächlich brauchen. Für Neuwagen und neuere Autos empfehlen wir, dass Sie neben der gesetzlich vorgeschriebenen Kfz-Haftpflichtversicherung eine Vollkaskoversicherung abschließen. Sie kommt zum Beispiel für Schäden am eigenen Fahrzeug nach einem selbst verschuldeten Unfall auf und für Schäden durch Vandalismus (siehe Tabelle „Rund ums Auto" rechts)..

> **Wenn Sie lange schadenfrei gefahren sind, kann der Vollkaskoschutz günstiger sein als eine Teilkasko.**

Außerdem beinhaltet die Vollkasko- alle Leistungen, die eine Teilkaskoversicherung bietet. Der Versicherer kommt etwa für Wild- und Hagelschäden auf und zahlt nach einem Diebstahl. Überlegen Sie, welche Leistung für Sie wichtig ist, und lassen Sie sich bei Ihrem aktuellen (oder einem neuen) Versicherer ausrechnen, was Sie jeweils für den Schutz zahlen müssten.

Wenn Sie lange schadenfrei gefahren sind, kann der umfassende Vollkaskoschutz unter Umständen sogar günstiger sein als eine Teilkaskoversicherung.

Der Preis für die Autoversicherung hängt von zahlreichen Faktoren ab, zum Beispiel vom Wohnort, Ihrem Alter, vom Fahrzeugtyp und davon, ob Sie eine Garage haben. Beim Haftpflichtschutz sollten Sie in erster Linie auf hohe Deckungssummen – 50 oder 100 Millionen Euro pauschal – und auf den Preis achten, beim Kaskoschutz zusätzlich auf die Leistungen. Wenn Sie lange unfallfrei gefahren sind, kann beispielsweise gegen einen etwas höheren Beitrag ein Rabattschutz interessant sein. Dann verlieren Sie nicht gleich beim ersten Schaden den bisherigen Schadenfreiheitsrabatt und zahlen nicht gleich höhere Beiträge.

Für den Preis spielt es auch eine Rolle, wie viele Kilometer Sie mit dem Wagen fahren. Informieren Sie den Versicherer, wenn

Rund ums Auto: Welche Versicherung zahlt was?

Versicherung	Leistungen	Wie lange zu empfehlen?
Kfz-Haftpflichtversicherung	Der Versicherer übernimmt die Schadenersatzzahlungen an die Unfallopfer und kommt für Personen-, Sach- und Vermögensschäden auf.	Pflichtprogramm unabhängig vom Alter des Wagens.
Teilkaskoversicherung	Der Versicherer zahlt für Schäden durch Brand, Explosion, Diebstahl, Raub, Elementarereignisse wie Sturm, Hagel und Überschwemmungen sowie durch Haarwild. Er kommt auch für Glasschäden auf, zum Beispiel wenn die Windschutzscheibe nach einem Steinschlag einen Riss hat. Der Abschluss ist freiwillig.	Je nach Zustand des Autos. Bei alten Wagen ab zirka zehn Jahren nicht notwendig.
Vollkaskoversicherung	Der Versicherer zahlt für alle Teilkaskoschäden. Darüber hinaus sind Unfallschäden am eigenen Fahrzeug und Schäden durch Vandalismus abgedeckt. Der Abschluss ist freiwillig.	Für Neuwagen in den ersten drei Jahren, je nach Zustand des Fahrzeugs für weitere Jahre. Bei hoher Schadenfreiheitsklasse auch bei älteren Wagen empfehlenswert.

Dolce Vita
Verschaffen Sie sich die notwendige Sicherheit für Auslandsfahrten, damit Sie nach einer Panne oder einem Unfall nicht völlig aus den süßen Urlaubsträumen gerissen werden.

Sie weniger fahren, weil etwa nach Rentenbeginn der tägliche Arbeitsweg entfällt.

Klären Sie bei Ihrem alten oder einem neuen Autoversicherer auch, welchen Schutz Sie auf Auslandsfahrten haben. Ist in Ihrer Haftpflichtversicherung eine Auslandsschadenschutzpolice integriert, oder besteht die Möglichkeit, sie zusätzlich abzuschließen? Mit ihr genießen Sie nach einem unverschuldeten Unfall im Ausland besseren Schutz. Schädigt Sie jemand, springt zwar die gegnerische Versicherung ein, doch womöglich reicht das nicht aus. Denn die Deckungssummen im Ausland sind zum Teil deutlich niedriger als hierzulande. Mit der Auslandsschadenschutzpolice werden Sie so gestellt, als ob auch Ihr Gegner nach deutschem Standard versichert wäre.

Ein Schutzbrief als Ergänzung zur Kfz-Versicherung kann ebenfalls sinnvoll sein: Die Versicherer bieten finanzielle und organisatorische Unterstützung, wenn Ihr Fahrzeug etwa nach einer Panne abgeschleppt werden muss. Prüfen Sie aber zunächst, ob Sie solchen Schutz schon anderweitig haben, etwa als Mitglied im Automobilclub.

→ **Mallorca-Police: Sicherheit für Auslandsreisen**

Auch wenn Sie im Ausland ein Auto mieten, kann es nach einem Unfall finanziell eng werden. Verursachen Sie einen Unfall, springt zwar die Mietwagenversicherung ein. Je nach Reiseland können die Versicherungsleistungen aber so niedrig sein, dass sie nicht reichen, um einen schweren Schaden zu decken. Mit der Mallorca-Police (sie gilt nicht nur auf Mallorca), die häufig in der Haftpflichtversicherung des eigenen Fahrzeugs mit eingeschlossen ist, entgehen Sie dem Problem: Denn die Versicherung tritt ein, wenn der eigentliche Mietwagenschutz nicht ausreicht. Dank dieser Zusatzabsicherung gelten für von Ihnen gemietete Autos im Ausland höhere Deckungssummen. In sehr günstigen Haftpflichttarifen kann dieser Schutz fehlen, sodass es sich lohnt, den Versicherer hier vorab gezielt danach zu fragen.

Rechtsschutz – kein Muss, aber für Fahrer zu empfehlen
Sie wollen den Parkplatz am Supermarkt verlassen. Plötzlich rammt Sie ein anderes Fahrzeug. Wer hat Schuld?

Selbst wenn es nur ein Blechschaden ist, sind viele Autofahrer froh, wenn sie einen Rechtsanwalt um Rat fragen können, der sie im Umgang mit der Polizei, dem Unfallgegner und dessen Versicherung unterstützt. Eine Verkehrsrechtsschutzversicherung kann dann wertvoll sein: Der Versicherer trägt die Kosten für den Anwalt und für eine eventuelle Gerichtsverhandlung.

Der Schutz gilt häufig auch, wenn Sie nicht in Deutschland, sondern im Ausland in einen Unfall verwickelt werden.

Doch nicht nur im Straßenverkehr drohen Streitigkeiten. Auch in anderen Lebensbereichen kann es zu Auseinandersetzungen kommen. Auch dafür können Sie sich das Recht sichern, auf Kosten eines Versicherers anwaltliche Hilfe in Anspruch zu nehmen: Je nach Rechtsschutz-Vertrag springt der Versicherer für die Anwaltskosten ein, wenn Sie zum Beispiel mit Ihrem Vermieter streiten oder wenn es Schwierigkeiten mit der Krankenkasse gibt, weil sie sich weigert, eine bestimmte Leistung zu übernehmen. Allerdings genießen Sie mit einer Rechtsschutzversicherung keinen Rundum-Schutz. So sind beispielsweise Streitigkeiten um Erbschaften oder Scheidungsangelegenheiten in der Regel ausgeschlossen. Oder die Kosten werden nur zu einem geringen Teil übernommen. Auch für Streitigkeiten, die schon vor Vertragsschluss begonnen haben, wird der Versicherer nicht mehr eintreten.

Wenn Sie bereits eine Rechtsschutzversicherung haben, prüfen Sie anhand der Vertragsbedingungen, welche Lebensbereiche abgesichert sind. Fragen Sie den Versicherer oder einen anderen Anbieter nach einem Alternativtarif, wenn Ihnen wichtige Leistungen fehlen. Prüfen Sie aber auch, ob Sie beim Schutz abspecken können: Vielleicht haben Sie noch den Arbeitsrechtsschutz integriert, obwohl Sie gar nicht mehr berufstätig sind? Dann dürfte es sich lohnen, den Vertrag umzustellen, um so die Beiträge zu drücken.

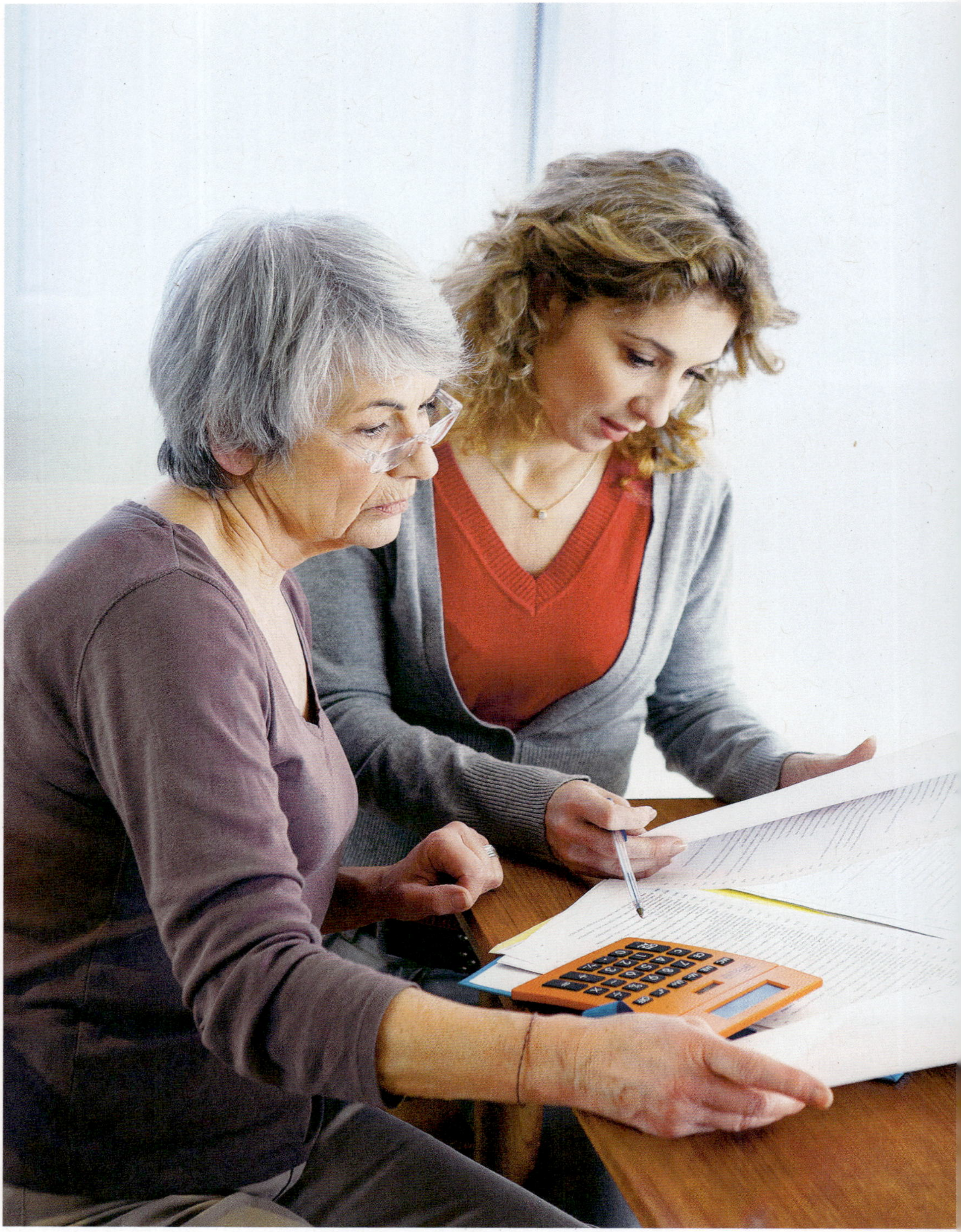

So sorgen Sie rechtlich vor

Ob es um Ihre Finanzen geht oder um die medizinische Versorgung: Falls Sie selbst nicht mehr die notwendigen Entscheidungen treffen können, muss es jemand für Sie tun. Am besten, Sie schaffen frühzeitig Klarheit und sorgen rechtlich vor, damit alles in Ihrem Sinne läuft.

Ein Autounfall oder eine schwere Krankheit können jeden treffen und das bisherige Leben komplett umwerfen. Deshalb ist es unbedingt sinnvoll, dass jeder für den Fall vorsorgt, dass er seine Wünsche nicht mehr selbst äußern kann.

Wenn Sie bisher noch nicht rechtlich dafür vorgesorgt haben, sollten Sie es jetzt tun. Sie helfen damit auch Ihren Angehörigen, die im Ernstfall auf die neue Situation reagieren und für Sie aktiv werden müssen: zum Beispiel Gespräche mit Ihren Ärzten führen, Pflegeleistungen beantragen, Ihre Wohnung kündigen und einen Umzug organisieren, wenn dies aus gesundheitlichen Gründen notwendig ist.

Vielleicht gehen Sie davon aus, dass zum Beispiel Ihr Ehepartner oder Ihre erwachsenen Kinder automatisch in Ihrem Namen handeln dürfen, wenn Sie nicht ansprechbar sind? Das ist zumindest derzeit nicht der Fall. Muss etwa über die weitere Behandlung nach einem Unfall entschieden werden, bleibt dem Krankenhaus nichts anderes übrig, als sich an das Betreuungsgericht, eine Abteilung des Amtsgerichts, zu wenden, damit es einen gesetzlichen Vertreter für Sie bestimmt. All das lässt sich umgehen, wenn Sie einer vertrauten Person eine Vorsorgevollmacht ausstellen.

Diese Vollmacht berechtigt die benannte Person zum Beispiel, in Ihrem Namen einer

Heilbehandlung oder Operation zuzustimmen. Entscheidend ist, dass Sie eine Person einsetzen, der Sie vollkommen vertrauen. Das kann zum Beispiel Ihr Partner sein oder eines Ihrer erwachsenen Kinder.

Auf denjenigen, den Sie in Ihrer Vorsorgevollmacht nennen, können eine Menge Aufgaben zukommen: Er muss nicht nur in Ihrem Namen Entscheidungen über medizinische Behandlungen treffen, sondern zum Beispiel auch Ihren Aufenthaltsort bestimmen, Geldgeschäfte für Sie übernehmen oder bei der Krankenkasse Leistungen für Sie beantragen. Wenn Sie nicht alle Aufgaben einer Person übertragen wollen, können Sie auch mehrere Bevollmächtigte bestimmen – beispielsweise Ihre zwei Kinder, die jeweils für einzelne Entscheidungsbereiche zuständig sind.

→ Als Alleinstehender nicht allein gelassen

Sie müssen in Ihrer Vorsorgevollmacht nicht zwingend ein Familienmitglied bevollmächtigen, es kann zum Beispiel auch ein guter Freund oder ein Vorsorgeanwalt sein. Vertrauen Sie der Person nicht mehr, können Sie die Vollmacht jederzeit widerrufen. Gibt es in Ihrem Umfeld niemanden, dem Sie eine Vorsorgevollmacht übertragen wollen, bleibt die Möglichkeit, eine Betreuungsverfügung auszustellen.

In einer Betreuungsverfügung geben Sie an, wen das Gericht als Ihren Betreuer einsetzen soll, falls Sie nicht mehr in der Lage sind, Ihre Aufgaben allein wahrzunehmen. Welche Aufgaben auf den Betreuer dann zukommen können, stellen wir auf den folgenden Seiten vor.

Meine Wünsche als Patient

Gerade wenn Sie einen Angehörigen aus Ihrem engsten Umkreis als Vorsorgebevollmächtigten eingesetzt haben, kann es für ihn besonders schwer sein, Entscheidungen über Ihre medizinische Behandlung zu treffen. Welche Behandlungsschritte sind in Ihrem Interesse?

Auch auf diese Situation können Sie sich und Ihre Familie möglichst gut vorbereiten: Mit einer Patientenverfügung schaffen Sie Klarheit, wenn Sie genau angeben, in welcher Krankheitssituation Sie welcher Form der Behandlung zustimmen. An diesen Willen müssen sich die Ärzte halten. Das macht es auch Ihren Angehörigen leichter, Ihre Wünsche nach Rücksprache mit den Ärzten umzusetzen.

Ein weiteres, manchmal sehr konfliktreiches Thema ist die Frage: Wer bekommt nach meinem Tod mein Vermögen? Wenn Sie keine eigenen Regelungen treffen, etwa in Form eines Testaments, greift die gesetzliche Erbfolge. Was das bedeutet und wie Sie späteren Streit verhindern können, lesen Sie im Kapitel „Den Nachlass regeln" ab S. 169.

Vollmachten und Verfügungen für den Notfall

Vorsorgevollmacht, Betreuungs- und Patientenverfügung: Vorsorge für den Notfall ist ein eher unbeliebtes Thema in Familien. Schieben Sie es nicht vor sich her: Gehen Sie es an!

Rechtliche Vorsorge ist nicht gesetzlich vorgeschrieben, dennoch sollte sich jeder darum kümmern. Wenn Sie die Vorbereitungen für Ihren Ruhestand treffen, ist das ein guter Zeitpunkt, auch in diesem Punkt für Klarheit zu sorgen, sofern Sie es bisher nicht getan haben.

Die wichtigsten Dokumente dafür sind
- **die Vorsorgevollmacht,**
- **die Betreuungsverfügung und**
- **die Patientenverfügung.**

Auf den folgenden Seiten stellen wir sie Ihnen vor. Formulare zum Heraustrennen mit Ausfüllhilfen für diese Vollmachten finden Sie in einem ausführlichen Ratgeber der Stiftung Warentest. Sie können „Das Vorsorge-Set" für 14,90 Euro im Buchhandel erwerben oder im Internet unter test.de/shop bestellen.

Eine Frage des Vertrauens: Die Vorsorgevollmacht

Ob Ehemann, Tochter oder beste Freundin: Wenn Sie selbst aus welchen Gründen auch immer nicht mehr in der Lage sind, Entscheidungen zu treffen, Bankgeschäfte zu tätigen oder einer Operation zuzustimmen, kann es jemand anders für Sie tun. Diese Person, die in Ihrem Namen handelt, müssen Sie dazu bevollmächtigen. Dazu stellen Sie eine Vorsorgevollmacht aus.

Mit dieser Vollmacht können Sie eine oder mehrere Personen festlegen, die in verschiedenen Lebensbereichen in Ihrem Namen handeln dürfen. Sie bestimmen in der Vorsorgevollmacht genau, was der Bevollmächtigte für Sie übernehmen soll und was nicht.

- **Gesundheit.** Sie setzen jemanden ein, der die Informationen über Ihren Gesundheitszustand erhält und Sie gegenüber Ärzten, Praxen und Krankenhäusern vertreten sowie über Behandlungsfragen für Sie entscheiden darf.
- **Pflege.** Sie können Ihren Bevollmächtigten ermächtigen, dass er Sie gegenüber Pflegern und Pflegeeinrichtungen vertritt und über alle Einzelheiten der Pflege entscheidet.
- **Freiheitsbeschränkung.** Das Grundgesetz garantiert Ihnen das Recht auf

Freiheit. Unter bestimmten Bedingungen kann es dazu kommen, dass Ihnen zu Ihrem eigenen Schutz zum Beispiel ruhigstellende Medikamente verabreicht oder Sie in einer geschlossenen Einrichtung untergebracht werden sollen. In der Vorsorgevollmacht können Sie eine Person Ihres Vertrauens einsetzen, die beim zuständigen Betreuungsgericht die dafür notwendigen Genehmigungen einholt. Das kann passieren, wenn Sie zum Beispiel krankheitsbedingt sehr verwirrt sind und die Gefahr besteht, dass Sie sich selbst erheblichen gesundheitlichen Schaden zufügen könnten.

▸ **Wohnung / Aufenthalt.** Sie können Ihren Bevollmächtigten ermächtigen, Ihren Aufenthaltsort zu bestimmen oder zu ändern. Hält er etwa für Sie einen Umzug in ein Heim für besser geeignet, kann er dies veranlassen und die entsprechenden Verträge für Sie abschließen beziehungsweise laufende Verträge für Sie kündigen.

▸ **Gegenüber Behörden.** Sie autorisieren den Bevollmächtigten, dass er Sie gegenüber sämtlichen Behörden vertreten darf.

▸ **Gegenüber der Justiz.** Ihr Bevollmächtigter darf Sie vor Gericht vertreten und in Ihrem Namen einen Rechtsanwalt einschalten.

▸ **Kommunikation.** Sie können jemanden einsetzen, der unter anderem Ihre Post für Sie öffnet, Verträge mit Telekommunikationsanbietern in Ihrem Namen kündigt oder neu abschließt und sich um Ihre Daten im Internet kümmert.

▸ **Versicherungen.** Mit der Vollmacht setzen Sie die Person Ihres Vertrauens dazu ein, alle Rechte und Pflichten aus Versicherungsverträgen für Sie wahrzunehmen – zum Beispiel den fälligen Jahresbeitrag zahlt. Sie können auch erlauben, dass der- oder diejenige Versicherungen für Sie kündigt. Die genauen Bedingungen dafür sollten Sie allerdings vorab in einer zusätzlichen Vereinbarung mit dem Bevollmächtigten festlegen. Das geschieht über die Innenverhältnisregelung, auf die wir auf der folgenden Seite eingehen.

▸ **Banken und Sparkassen.** Sie können jemandem die Vollmacht erteilen, Sie gegenüber Banken, Sparkassen, Fondsgesellschaften und ähnlichen Unternehmen zu vertreten. Mittlerweile erkennen viele Banken und Sparkassen dafür eine einfache Vorsorgevollmacht des Kontoinhabers an, wenn der Bevollmächtigte sie im Original vorlegt. Es kann aber auch sein, dass eine Bank nur institutseigene Formulare zum Erteilen einer Vollmacht problemlos akzeptiert. Erkundigen Sie sich bei Ihrer Bank oder Sparkasse, wie sie in dieser Frage vorgeht, und kümmern Sie sich um die entsprechenden Formalitäten.

Vertrauen und Verantwortung
Die Vorsorgevollmacht ist ein Vertrauensbeweis. Sie kann für den Bevollmächtigten aber eine Vielzahl neuer Aufgaben bedeuten. Klären Sie mit der Person Ihres Vertrauens, ob sie bereit ist, all das für Sie zu übernehmen.

▶ **Vermögen.** Sie können den Bevollmächtigten ermächtigen, dass er Ihr Vermögen verwaltet. Er darf dann über sämtliche Vermögensgegenstände verfügen, sie auch verkaufen oder neue erwerben. Sie können ihn auch ermächtigen, „angemessene" Geschenke an Angehörige oder Freunde zu machen, beispielsweise zu Geburtstagen oder an Hochzeiten.

Klare Verhältnisse: Nach außen und nach innen

Mit der Vorsorgevollmacht ist also gegenüber Dritten wie Ärzten, Behörden oder Vermietern klargestellt, was der Bevollmächtigte für Sie erledigen kann. Zusätzlich sollte der Vollmachtgeber mit seinem Vertrauten noch genauere Vereinbarungen treffen, was dieser tatsächlich darf – und was nicht.

Diese Anweisungen zum Gebrauch der Vollmacht werden in der Innenverhältnisregelung festgehalten. Sie gelten nur zwischen dem Vollmachtgeber und dem Bevollmächtigten. Ein entscheidender Punkt in dieser Regelung ist: Ab wann beginnt die Vertretung? Sie können zum Beispiel festlegen, dass der Bevollmächtigte erst für Sie eintreten darf, wenn durch einen Arzt bestätigt wurde, dass Sie nicht mehr entscheidungsfähig sind.

Auch die Frage, ob der Bevollmächtigte eine Vergütung bekommt, sollte vorab geklärt und festgehalten werden.

Es gibt weitere Punkte, die Sie in der Zusatzvereinbarung konkretisieren können, beispielsweise beim Punkt Versicherungen: Sie haben Ihren Bevollmächtigten zwar dazu ermächtigt, Ihre Versicherungsverträge zu kündigen. Doch Sie wollen sichergehen, dass er zum Beispiel Ihre Kapitallebensversicherung nicht vorzeitig kündigt. Dann schreiben Sie das mit in die Innenverhältnisregelung.

Oder: Sie haben die Vollmacht so ausgestellt, dass der Bevollmächtigte angemessene Geschenke an Angehörige oder Freunde machen soll, zum Beispiel zu Weihnachten oder zum Geburtstag. Die genauen Bedingungen für diese Geschenke können Sie ebenfalls in diese Zusatzvereinbarung aufnehmen.

Welche Vollmacht benötige ich?

Die Entscheidung, ob Sie besser eine Vorsorgevollmacht, eine Betreuungsverfügung oder beides erteilen, hängt besonders von Ihrer persönlichen Lebenssituation ab und davon, welche Wünsche Sie haben.

Lebenssituation	Vorsorgevollmacht	Betreuungsverfügung
Sie haben in Ihrem Umfeld Personen, denen Sie vertrauen, und möchten verhindern, dass der Staat Ihre Angelegenheiten regelt?	❏ Ja Mit einer Vorsorgevollmacht können Sie sicherstellen, dass Ihre Wünsche und Interessen durchgesetzt werden, ohne dass das Betreuungsgericht [1] eingeschaltet wird.	❏ Ja Die Betreuungsverfügung dient der zusätzlichen Sicherheit, falls trotz der Vorsorgevollmacht eine Betreuung eingerichtet werden muss.
Sie leben allein und haben niemanden in Ihrer Nähe, den Sie bevollmächtigen möchten. Sie kennen aber einen Betreuungsverein oder haben Bekannte/Nachbarn, die eine Betreuung übernehmen würden?	❏ Nein Eine Vorsorgevollmacht kommt nicht in Betracht, wenn Sie keine engen Angehörigen haben.	❏ Ja Vorteil: Ihre Vorstellungen werden so weit wie möglich berücksichtigt, wenn das Gericht eine Betreuung einrichtet. Der Betreuer unterliegt der Kontrolle des Gerichts.
Sie haben in Ihrem Umfeld zwar Personen, denen Sie vertrauen, wünschen aber gleichwohl für einige Bereiche, zum Beispiel die Verwaltung Ihres Vermögens, eine gerichtliche Kontrolle?	❏ Ja Ihre Vorsorgevollmacht umfasst nur die Bereiche, in denen Sie keine gerichtliche Kontrolle wünschen, die Vermögensfürsorge bleibt außen vor.	❏ Ja Sie benennen in der Betreuungsverfügung Personen Ihres Vertrauens. Falls dann das Gericht eine Betreuung für Sie einrichten muss, ist es an Ihre Vorschläge gebunden.

[1] Vollmachtgeber können regeln, dass der Bevollmächtigte sie in ihrer Freiheit einschränken darf. Empfiehlt der Arzt eine Zwangsbehandlung, zum Beispiel in Form von ruhigstellenden Medikamenten oder Bettgittern, muss der Bevollmächtigte dazu ausdrücklich in der Vollmacht beauftragt sein. Eine Zwangsbehandlung gegen den Willen des Vollmachtgebers ist aber nur im äußersten Notfall erlaubt, wenn die Gefahr besteht, dass ein erheblicher Schaden an der eigenen Gesundheit entstehen könnte. Außerdem muss zusätzlich ein Betreuungsgericht dieser Behandlung zustimmen (Paragraf 1906 Bürgerliches Gesetzbuch).

Stiftung Warentest | So sorgen Sie rechtlich vor

→ **Einen Kontrollbevollmächtigten einsetzen**

Die Entscheidung, wem Sie die Vorsorgevollmacht erteilen, ist letztlich eine Vertrauensfrage. Natürlich kann es auch passieren, dass Ihr Bevollmächtigter dieses Vertrauen missbraucht. Dem können Sie frühzeitig entgegenwirken, wenn Sie zusätzlich einen Kontrollbevollmächtigten einsetzen. Dessen Aufgabe ist es, darauf zu achten, dass der Bevollmächtigte in Ihrem Sinne handelt. Sie können beispielsweise verlangen, dass Ihr Bevollmächtigter für bestimmte Aufgaben die Zustimmung des Kontrolleurs einholen muss oder ihm regelmäßig Rechenschaft über die Bewegungen auf Ihrem Konto ablegen muss.

Die Betreuungsverfügung: Unter gerichtlicher Kontrolle

Die Vorsorgevollmacht hilft, zum Beispiel in einer intakten Familie Klarheit zu schaffen, wer im Ernstfall die Entscheidungen trifft. Doch trotz Vorsorgevollmacht und intakter Familie kann es sinnvoll sein, zusätzlich mithilfe einer Betreuungsverfügung rechtlich vorzusorgen (siehe Tabelle „Welche Vollmacht benötige ich?" links).

Wenn die Vorsorgevollmacht nicht umgesetzt werden kann – zum Beispiel weil der Bevollmächtigte selbst nicht in der Lage ist, die ihm übertragenen Aufgaben zu übernehmen – oder wenn etwa bei Alleinstehenden gar keine Vollmacht vorliegt, kommt das Betreuungsgericht zum Einsatz. Es muss dann festlegen, wer als Betreuer die rechtliche Vertretung in bestimmten Bereichen für Sie übernimmt.

❝ **Als Betreuer können neben Angehörigen auch Fremde infrage kommen, etwa Mitglieder eines Betreuungsvereins.**

―――

Wenn Sie vorab eine Betreuungsverfügung erstellen, können Sie dort angeben, wer in dem Fall die Betreuung für Sie übernehmen soll – wer Sie beispielsweise in finanziellen Fragen gesetzlich vertritt. Dazu gehören Aufgaben wie Sozialleistungen oder die Rente zu beantragen oder das Vermögen zu verwalten. An Ihre Angabe in der Betreuungsverfügung ist das Gericht gebunden.

Sie können als Betreuer auch die Person benennen, die Sie bereits in Ihrer Vorsorgevollmacht genannt haben. Sie können aber natürlich in der Betreuungsverfügung auch jemand anderen einsetzen.

Als Betreuer können neben Angehörigen und Freunden auch Fremde infrage kommen, etwa Mitglieder eines Betreuungsvereins. Solche Vereine gibt es mittlerweile in vielen Städten und Gemeinden. Auch kirchliche Einrichtungen und Wohlfahrtsverbände bieten ihre Unterstützung an. Wenn Sie einen dieser ehrenamtlichen Betreuer angeben, wird das Betreuungsgericht ihn wenn nötig mit der Betreuung – also zum Beispiel der Verwaltung Ihrer Finanzen – beauftragen. Findet sich kein Angehöriger oder ehrenamtlicher Betreuer, kann ein Berufsbetreuer eingesetzt werden.

Der Vorteil des Betreuungsverfahrens: Wer als Betreuer eingesetzt wird, steht unter der Kontrolle des Gerichts und muss einmal im Jahr einen Überblick darüber geben, wie es um den Betreuten steht. Dabei prüft das Gericht zum Beispiel auch Kontoauszüge, Rechnungen und Vermögensübersichten. Das bringt zusätzliche Sicherheit.

Bei der Auswahl des Betreuers muss das Gericht anhand einer festen Reihenfolge entscheiden. An erster Stelle steht die Person, die der Betroffene in einer Betreuungsverfügung genannt hat, es folgen Familienangehörige und dann ehrenamtliche Betreuer. Gibt es niemanden, wird ein Berufs- oder Vereinsbetreuer eingesetzt.

Gerade wenn die Angehörigen, denen Sie vertrauen, sehr weit weg leben, kann es auch eine Alternative sein, die Betreuung aufzuteilen – zum Beispiel kümmern sich die nahen Verwandten um die finanziellen Aspekte wie Geldgeschäfte, während Mitglieder eines Betreuungsvereins vor Ort Behördengänge übernehmen oder den Umzug in ein örtliches Pflegeheim organisieren. Damit eine solche Kombination funktioniert, müssen die eingesetzten Personen natürlich regelmäßig miteinander in Kontakt treten und sich absprechen.

Wollen Sie bestimmte Personen als Betreuer definitiv ausschließen, können Sie das in der Betreuungsverfügung deutlich machen und angeben, wen Sie als Betreuer ablehnen.

Die Patientenverfügung: Behandlung in Ihrem Sinn

Neben einer Vorsorgevollmacht und einer Betreuungsverfügung ist eine Patientenverfügung sinnvoll. Hier können Sie im Voraus festlegen, in welche medizinischen Be-

---

Wer kennt sich aus?

Ob Patientenverfügung, Vorsorgevollmacht oder Betreuungsverfügung: Nutzen Sie die Möglichkeit, sich von einem Rechtsanwalt oder Notar beraten zu lassen, ehe Sie die Vollmachten erstellen. Fragen Sie Ihre Freunde, ob sie jemanden empfehlen können. Oder probieren Sie es telefonisch über die Rechtsanwaltskammern. Im Internet finden Sie eine Suchmöglichkeit des Deutschen Anwaltvereins über die Seite anwaltauskunft.de.

Checkliste

Der Weg zur Patientenverfügung

Für viele ist der Weg zur Patientenverfügung nicht leicht. Die Verfügung selbst steht häufig am Ende längerer Überlegungen und Gedankenspiele.

- **Zeit nehmen.** Überstürzen Sie nichts. Nehmen Sie sich die Zeit, die Sie brauchen, für die Entscheidung für oder gegen eine Patientenverfügung. Informieren Sie sich: Verschiedene Einrichtungen wie Betreuungsgerichte, Hospiz- und Wohlfahrtsverbände bieten regelmäßig Vorträge zum Thema Patientenverfügung an.

- **Gespräch suchen.** Erkundigen Sie sich bei Freunden und Familie, was sie zu dem Thema sagen. Haben die Angehörigen eine Patientenverfügung, und wie sind sie vorgegangen? Sprechen Sie auch mit Ihrem Hausarzt, wenn Sie nicht wissen, was Sie in Ihre Verfügung schreiben sollen, oder wenn Sie sich vor den Folgen fürchten. Wenn Sie bereits an einer schweren Krankheit leiden, sprechen Sie mit Ihrem Arzt über das, was durch die Erkrankung auf Sie zukommen wird. Anhand dieser Informationen können Sie noch konkreter überlegen, was Sie im jeweiligen Fall wünschen und was nicht.

- **Vorlage nutzen.** Je konkreter eine Patientenverfügung ist, desto einfacher ist es für die Behandelnden, Ihre Wünsche umzusetzen. Fragen Sie zum Beispiel Ihren Arzt nach einer angemessenen Vorlage. Auch im Ratgeber „Das Vorsorge-Set" der Stiftung Warentest finden Sie eine Vorlage für eine Patientenverfügung. Dort können Sie genau angeben, welche Maßnahmen Sie in einer bestimmten Situation wünschen und welche nicht. Als medizinischer Laie sollten Sie sich an einer solchen Vorlage orientieren, damit es keine Missverständnisse gibt. Sie können dort auch Angaben zur Organspende machen.

- **Verfügung bereitstellen.** Bewahren Sie Ihre Patientenverfügung in einem Notfallordner mit Ihren übrigen wichtigen Dokumenten auf und übergeben Sie eine Kopie Ihrem Hausarzt. Wenn Sie eine Vorsorgevollmacht oder eine Betreuungsverfügung erstellt haben, geben Sie auch dem Bevollmächtigten oder der als Betreuer benannten Person eine Kopie Ihrer Patientenverfügung. Sie können sie auch bei der Bundesnotarkammer registrieren lassen.

> **Legen Sie einen Vorsorgeordner an,** in dem Sie alle wichtigen Dokumente wie Vorsorgevollmacht und Patientenverfügung abheften. Ihre Angehörigen sollten wissen, wo dieser Ordner steht. Packen Sie die Unterlagen nicht in ein Bankschließfach. Wenn erst der Schlüssel gesucht werden muss, vergeht im Ernstfall wertvolle Zeit. Außerdem ist es sinnvoll, Vorsorgevollmacht, Betreuungs- und Patientenverfügung beim Zentralen Vorsorgeregister (ZVR, vorsorgeregister.de) eintragen zu lassen. Dieses Register wird von der Bundesnotarkammer in Berlin geführt.

handlungen Sie in bestimmten Fällen einwilligen und welche Sie ablehnen. Je konkreter die Formulierungen darin sind, desto besser. Denn unklare Formulierungen schaffen Unsicherheit, nicht nur für Angehörige, sondern auch für die behandelnden Ärzte und Pfleger. Für medizinische Laien ist es deshalb gut, wenn sie eine Vorlage für ihre Verfügung nutzen (siehe Checkliste „Der Weg zur Patientenverfügung", S. 167).

Haben Sie per Vorsorgevollmacht einen Bevollmächtigten eingesetzt oder vertritt Sie ein Betreuer, sorgen diese als Ihre Vertreter dafür, dass Ihr Wille umgesetzt wird. Deshalb sollte Ihrem Betreuer und dem Bevollmächtigten auch Ihre Patientenverfügung vorliegen, die bindend ist.

Auch das Thema Organspende wird Sie bei Ihren Überlegungen zur medizinischen Versorgung begleiten: Sollen nach dem Tod Organe wie Herz, Niere oder Lunge zur Transplantation freigegeben werden?

Vielleicht haben Sie sich mit diesem Thema in der Vergangenheit schon intensiver beschäftigt, zum Beispiel nachdem Sie von Ihrer Krankenkasse Informationsmaterial und einen Organspendeausweis zum Ausfüllen zugeschickt bekommen haben. Einen solchen Ausweis können Sie bei sich tragen, oder Sie geben die Antwort in Ihrer Patientenverfügung, ob Sie in eine Spende einwilligen, welche Organe Sie bereit sind zu spenden und welche nicht.

Bisher müssen Sie einer Organspende ausdrücklich zustimmen. Das könnte sich ändern. Der Bundesminister für Gesundheit hat sich für eine breite gesellschaftliche Debatte über eine Widerspruchslösung ausgesprochen. Zur Diskussion: Jeder gilt automatisch als Organspender, es sei denn, er hat zu Lebzeiten ausdrücklich Nein gesagt. Hat jemand nichts geregelt, sollen die Angehörigen in die Entscheidung mit einbezogen werden. Außerdem liegt ein Referentenentwurf vor, nach dem die Rolle von Transplantationsbeauftragten gestärkt und die Zusammenarbeit mit Krankenhäusern bei der Organspende verbessert werden soll.

Stiftung Warentest | So sorgen Sie rechtlich vor

Den Nachlass regeln

Zur rechtlichen Vorsorge gehört auch festzulegen, wer nach Ihrem Tod was bekommen soll. Das hilft oftmals, Streit in der Familie zu vermeiden.

Fast jeder hat schon einmal im Freundes- oder Kollegenkreis diese Geschichten gehört: Nach dem Tod der Eltern haben sich die Geschwister oder andere Verwandte wegen des Erbes zerstritten. Sie waren sich nicht einig, was aus dem Elternhaus, dem Familienschmuck oder anderen Teilen des Erbes werden sollte. Oder jemand war unzufrieden, weil er sich ausgerechnet hatte, mehr zu bekommen, oder weil er sogar ganz leer ausging.

Rund um Erbschaften gibt es zahlreiche Knackpunkte, die zum Streit führen können. Das Risiko lässt sich verringern, wenn vorab genau festgelegt wurde, wer im Todesfall was erhalten soll – mithilfe eines Testaments oder eines Erbvertrags.

Wer kennt sich aus?

Das Erbrecht ist sehr komplex. Einen ausführlichen Überblick, wie Sie Ihren Nachlass vernünftig regeln können, liefert auf über 350 Seiten der Finanztest-Ratgeber „Vererben und Erben", den Sie im Buchhandel oder unter test.de/shop erwerben können. Geht es um viel Geld oder ist Ihr Fall etwas komplizierter, sollten Sie sich unbedingt Unterstützung von Experten holen und einen Fachanwalt für Erbrecht oder einen Notar aufsuchen.

Wer bekommt was?

Wenn ein Verstorbener vorab selbst keine Regelungen getroffen hat, greift die gesetzliche Erbfolge. Das bedeutet: Ohne Testament oder einen Erbvertrag haben als Erstes die nächsten Angehörigen wie Kinder und Ehebeziehungsweise eingetragene Lebenspartner Anspruch auf die Vermögenswerte. Wer unter welchen Umständen etwas erbt, ist im Bürgerlichen Gesetzbuch geregelt. Nach dieser gesetzlichen Erbfolge können nur Verwandte des Verstorbenen etwas bekommen.

Die Verwandten zählen per Gesetz zu verschiedenen Gruppen, den „Ordnungen". Erben erster Ordnung sind Kinder, Enkel und Urenkel. Erben zweiter Ordnung sind Eltern, Geschwister, Nichten und Neffen des Verstorbenen. In dritter Ordnung folgen

GESETZLICHE ERBFOLGE

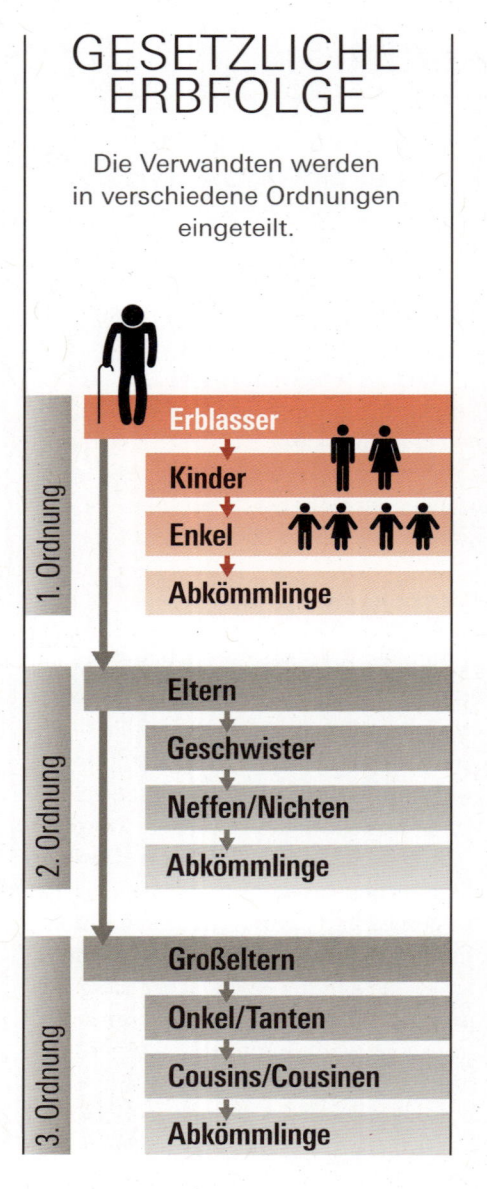

Die Verwandten werden in verschiedene Ordnungen eingeteilt.

1. Ordnung
- Erblasser
- Kinder
- Enkel
- Abkömmlinge

2. Ordnung
- Eltern
- Geschwister
- Neffen/Nichten
- Abkömmlinge

3. Ordnung
- Großeltern
- Onkel/Tanten
- Cousins/Cousinen
- Abkömmlinge

dann Großeltern, Onkel und Tanten sowie Cousins und Cousinen des Verstorbenen. Der Ehe- oder Lebenspartner gehört keiner Ordnung an. Trotzdem zählt er zu den Erben, sofern keine andere Vereinbarung getroffen ist.

Nach der gesetzlichen Erbfolge gelten unter anderem die folgenden Regeln:

▶ **Wenn es Erben der 1. Ordnung,** zum Beispiel eigene Kinder, gibt, sind Angehörige aller weiteren Ordnungen vom Erbe ausgeschlossen. Eine Nichte oder ein Neffe geht dann also leer aus. Diese Regelung gilt auch, wenn der Verstorbene als nächste Angehörige nur Mitglieder der 2. Ordnung hat – dann schließen diese einen Erben der 3. Ordnung aus.

▶ **Unter den Verwandten,** die einer Ordnung angehören, schließen die näheren Verwandten alle nachfolgenden ebenfalls aus. Das heißt: Der Sohn beerbt seinen verstorbenen Vater, die Kinder des Sohnes – also die Enkel des Verstorbenen – erben ohne andere Vorgabe nicht.

Ehe- und eingetragene Lebenspartner haben nach der gesetzlichen Regelung immer auch einen Anspruch auf einen Teil des Erbes. Leben Partner hingegen ohne Trauschein zusammen, geht der eine nach dem Tod des anderen beim Erben leer aus.

Wie groß der Anteil des Ehepartners an der Erbschaft ist, hängt von verschiedenen Faktoren ab, unter anderem davon, welcher

Güterstand vereinbart wurde. Haben die Partner wie die meisten Ehepaare keinen Ehevertrag abgeschlossen, leben sie im Güterstand der Zugewinngemeinschaft. Stirbt ein Ehepartner, erbt der andere in diesem Fall die Hälfte des Vermögens. Die andere Hälfte teilen sich die Kinder. Bei zwei Kindern erbt also jedes Kind ein Viertel. Hat das Paar keine Kinder, gehen drei Viertel des Nachlasses an den Ehepartner, das übrige Viertel an Eltern oder Geschwister.

Bei Ehepaaren, die Gütertrennung vereinbart haben, sieht die Aufteilung etwas anders aus: Der Ehepartner erbt dann neben einem Kind die Hälfte, neben zwei Kindern ein Drittel und bei drei oder mehr Kindern ein Viertel.

Die gesetzliche Erbfolge hat ihre Tücken

Solange eine Familie intakt ist, erscheint die gesetzliche Erbfolge erst einmal als eine akzeptable Lösung. Doch so einfach ist es längst nicht immer. Was, wenn die Eheleute sich gar nicht mehr verstanden haben und kurz vor der Scheidung standen? Oder der eine Sohn hat seit Jahren den Kontakt zum Vater abgebrochen, würde aber genauso viel erben wie die Tochter, die den Vater seit Jahren gepflegt hat? Solche Situationen berücksichtigt die gesetzliche Erbfolge nicht.

Komplizierter wird es außerdem, wenn der Verstorbene beispielsweise aus einer früheren Beziehung noch Kinder hat. Auch sie haben einen Erbanspruch, selbst wenn sie bei ihrer leiblichen Mutter groß geworden sind und ihren Vater seit Jahren nicht gesehen haben.

Wer bekommt dann wie viel? Ist die Aufteilung gerecht? Wie einigen sich Kinder aus zwei Beziehungen, die sich womöglich nie über den Weg gelaufen sind, wenn es etwa darum geht, eine Immobilie aufzuteilen? All das birgt Konfliktpotenzial.

66 Häufig blockieren sich die Erben bis zur Handlungsunfähigkeit.

Und selbst bei einer intakten Familie kann die gesetzliche Erbfolge zu Streit führen. Der Grund: Ohne genaue Regelung haben alle Erben entsprechend ihrem Erbanteil gemeinsam Anspruch auf alle Vermögenswerte – sie bilden eine Erbengemeinschaft. Kann das funktionieren, wenn beispielsweise Kinder und Vater gemeinsam das Haus, die Aktien und den Schmuck der Mutter erben, aber vielleicht ganz unterschiedliche Vorstellungen davon haben, was aus all dem werden soll?

Bei einer Erbengemeinschaft ist das Risiko für Streitereien groß. Häufig blockieren sich die Erben bis zur Handlungsunfähigkeit. Damit das nicht passiert, empfiehlt es sich, per Testament genau festzulegen, wer was bekommt. In einem Testament oder Erbvertrag können Sie zum Beispiel auch

> **Checkliste**

Ein Testament erstellen

Wollen Sie Ihren Nachlass per Testament regeln, haben Sie zwei Möglichkeiten: Entweder Sie fertigen ein eigenhändiges Testament an, oder Sie lassen das Testament von einem Notar aufsetzen. Beide Varianten haben Vor- und Nachteile. Was Sie beachten sollten:

- **Wie?** Wenn Sie sich für ein privatschriftliches Testament entscheiden, müssen Sie es komplett mit der Hand schreiben. Es reicht nicht, einen am Computer getippten Text zu unterschreiben. Der Text muss Ort, Datum und Unterschrift mit Vor- und Zunamen enthalten. Alternativ besteht die Möglichkeit, zum Notar zu gehen und sich dort nicht nur beraten zu lassen, sondern von ihm auch das Testament aufsetzen zu lassen.

- **Wer?** Mit einem Testament legen Sie fest, welche Angehörigen etwas bekommen sollen. Sie können dafür sorgen, dass auch Freunde oder eine Nachbarin, die Sie pflegt, nach Ihrem Tod etwas erben. Ohne Testament gehen Menschen außerhalb der Familie leer aus. Der Ehepartner und Kinder haben dann den ersten Erbanspruch. Planen Sie dabei ein, dass diesen immer ein Pflichtteil zusteht, auch wenn Sie sie nicht im Testament bedenken.

- **Was?** Legen Sie fest, wie Ihr Vermögen verteilt werden soll: Wer bekommt das Haus, wer das Ersparte und wer das Wertpapierdepot? Wenn Sie die Werte nicht konkret zuweisen, erben sämtliche Erben alles gemeinsam: Streit ist vorprogrammiert. Achten Sie darauf, dass Sie klar formulieren und mit Namen erwähnen, wer welche Vermögenswerte bekommt.

- **Wohin?** Ein notarielles Testament wird beim Amtsgericht hinterlegt. Ein privatschriftliches Testament können Sie ebenfalls dort hinterlegen, oder Sie geben es einem vertrauenswürdigen Menschen zum Aufbewahren. Wenn Sie das Dokument in ein Bankschließfach legen, müssen Sie zusätzlich noch jemandem eine Vollmacht erteilen, damit das Fach im Todesfall geöffnet werden kann.

Stiftung Warentest | So sorgen Sie rechtlich vor

> **Mithilfe eines Testaments** können Sie auch erreichen, dass Personen, die eigentlich einen Erbanspruch haben, nicht den Anteil bekommen, der ihnen nach der gesetzlichen Erbfolge zustünde. Wenn Sie zum Beispiel verhindern wollen, dass Ihr Sohn, mit dem Sie seit Jahren im Streit leben, Ihr Vermögen erbt, geben Sie in Ihrem Testament an, wer stattdessen erben soll. Ganz leer geht Ihr Sohn dann allerdings nicht aus: Er hat Anspruch auf den Pflichtteil. Dieser beträgt die Hälfte des Erbes, das ihm nach der gesetzlichen Erbfolge eigentlich zugestanden hätte.

den Partner ohne Trauschein oder einen guten Freund als Erben einsetzen. Sie würden nach der gesetzlichen Erbfolge leer ausgehen, weil sie nicht zur Familie gehören.

Eine Alternative, um den Partner ohne Trauschein abzusichern, wäre, eine Risikolebensversicherung abzuschließen und den Lebensgefährten als Bezugsberechtigten einzutragen, der beim Tod des Versicherten die vereinbarte Versicherungssumme erhält. Allerdings muss der Partner dann einplanen, dass eine Menge Erbschaftsteuer fällig werden kann. Denn für Partner ohne Trauschein gilt bei Erbschaften nur ein geringer Steuerfreibetrag (siehe ausführlich unter „Keine Angst vor dem Finanzamt", S. 175). Wichtiger Tipp daher: Diese Steuerbelastung lässt sich umgehen, wenn Sie quasi über Kreuz eine Versicherung abschließen.

Beispiel: Lydia schließt als Versicherungsnehmerin eine Risikolebensversicherung ab, die ihr 150 000 Euro zahlt, wenn Hermann als die versicherte Person stirbt. Da Lydia dann Versicherungsnehmerin und Begünstigte in einem ist, erbt sie den Betrag nicht und muss für die Auszahlung keine Erbschaftsteuer zahlen.

Vererben und Gutes tun

Wenn Sie weder Familie noch Freunde haben, denen Sie etwas hinterlassen möchten, können Sie zum Beispiel bestimmte Vereine oder Organisationen über Ihr Testament bedenken. Der Rat kann hier nur lauten: Nehmen Sie sich genügend Zeit für die Auswahl und informieren Sie sich über die Arbeit und das Engagement.

Größere Organisationen wie „Ärzte ohne Grenzen" oder die Welthungerhilfe bieten zum Beispiel auf ihren Internetseiten Hintergrundinformationen zum Thema Testamentsspende.

Wollen Sie eine Stiftung gründen, um Ihr Vermögen dauerhaft einem bestimmten Zweck zu widmen, benötigen Sie auf jeden Fall juristischen Rat. Mehr Informationen zu den Voraussetzungen für eine Stiftung, zum notwendigen Kapital sowie zu Steuer-

Freibeträge für Erbschaften und Schenkungen

Die Höhe des Steuerfreibetrags hängt vom Verwandtschaftsgrad ab.

Verwandtschaftsgrad	Allgemeiner Freibetrag (Euro)	Versorgungsfreibetrag [1] (Euro)	Freibetrag für Hausrat (Euro)	Freibetrag für andere Güter [2] (Euro)
Steuerklasse I				
Ehegatten, gesetzliche Lebenspartner	500 000	256 000	41 000	12 000
Kinder, Stiefkinder, Adoptivkinder, Kinder verstorbener Kinder	400 000	10 300 bis 52 000 [3]	41 000	12 000
Andere Enkel und Stiefenkel	200 000	0	41 000	12 000
Urenkel	100 000	0	41 000	12 000
Eltern, Groß- und Urgroßeltern [4]	100 000	0	41 000	12 000
Steuerklasse II				
Geschwister, Nichten und Neffen, Schwiegerkinder und -eltern, Stiefeltern, geschiedene Ehegatten, Partner einer aufgehobenen Lebenspartnerschaft	20 000	0	0	12 000 [5]
Steuerklasse III				
Onkel, Tanten, Lebensgefährten, Nachbarn, Freunde und andere	20 000	0	0	12 000 [5]

[1] Gilt nur für Erbschaften. Bis zu diesem Betrag bleiben Rentenleistungen wie die Witwen- und Waisenrente von der Steuer verschont.
[2] Zum Beispiel für Autos, Wohnmobile oder Boote; nicht für Goldbarren, Münzen, Briefmarken etc.
[3] Kinder bis 5 Jahre 52 000 Euro, bis 10 Jahre 41 000 Euro, bis 15 Jahre 30 700 Euro, bis 20 Jahre 20 500 Euro, bis 27 Jahre 10 300 Euro.
[4] Nur bei Erbschaften Steuerklasse I, bei Schenkungen Steuerklasse II mit den dort geltenden Freibeträgen.
[5] Zusammengefasster Freibetrag für Hausrat, Wäsche, Bekleidung und andere bewegliche Güter.

und Rechtsfragen finden Sie zum Beispiel auf der Seite des Bundesverbandes Deutscher Stiftungen auf stiftungen.org

Keine Angst vor dem Finanzamt
Die engsten Verwandten müssen sich nach einer Erbschaft meist keine Sorgen machen, einen großen Teil des Erbes abgeben zu müssen. Häufig hat das Finanzamt dank diverser Steuerfreibeträge das Nachsehen:

Beispiel: Helen erbt von ihrer Mutter Ersparnisse und Aktien im Wert von 100 000 Euro, die Möbel und andere Einrichtungsgegenstände im Wert von 20 000 Euro sowie das Auto für 5 000 Euro. Ans Finanzamt muss sie nichts davon abgeben, denn als Tochter der Verstorbenen stehen ihr ein allgemeiner Steuerfreibetrag (400 000 Euro), ein Freibetrag für Hausrat (41 000 Euro) und ein weiterer Freibetrag (12 000 Euro) zu, den sie beispielsweise für das Auto ihrer Mutter nutzen kann (siehe Tabelle „Freibeträge für Erbschaften und Schenkungen" auf S. 174).

Töchter und Söhne sowie Ehepartner sind diejenigen, die nach einer Erbschaft oder Schenkung am meisten steuerfrei behalten dürfen. Für Ehepartner gilt sogar ein allgemeiner Steuerfreibetrag von 500 000 Euro, für Enkel beträgt er immerhin 200 000 Euro. Sie alle gehören in Sachen Erbschaftsteuer zur Steuerklasse I. Erst sobald der Steuerfreibetrag überschritten ist, wird Erbschaftsteuer fällig – je nach Umfang des Erbes mindestens 7 Prozent, höchstens

Steuersätze

Ehepartner, gesetzliche Lebenspartner und Kinder zahlen in der Steuerklasse I für Erbschaft und Schenkung nur 7 bis 30 Prozent Steuern, Geschwister in Klasse II schon 15 bis 43 Prozent.

Steuerpflichtiges Erbe oder Geschenk bis … Euro	Steuern in Prozent bei Steuerklasse		
	I	II	III
75 000	7	15	30
300 000	11	20	30
600 000	15	25	30
6 000 000	19	30	30
13 000 000	23	35	50
26 000 000	27	40	50
Über 26 000 000	30	43	50

30 Prozent (siehe Tabelle „Steuersätze" oben). Dazu gibt es noch die Steuerklassen II und III, denen weiter entfernte Verwandte sowie Freunde, Bekannte und Nachbarn des Verstorbenen angehören. Für sie sinkt der Freibetrag. Für nicht verwandte Personen, die zur Steuerklasse III zählen, sind bis zu 20 000 Euro steuerfrei. Sobald der Freibe-

HÄTTEN SIE'S GEWUSST?

Wert des Erbes ermitteln: Geerbter Hausrat, Schmuck oder Kunstgegenstände gehen nicht mit ihrem Neuwert in die Rechnung ein, wenn der Wert des Vermögens bestimmt wird: Entscheidend ist, welchen Preis Sie aktuell beim Verkauf erzielen könnten. Das gilt auch für Immobilien.

Spielraum nutzen: Für Aktien und andere börsennotierte Wertpapiere gilt gegenüber dem Finanzamt der Kurswert am Tag des Todes oder der Schenkung. Die Erben dürfen den niedrigsten Kurs ansetzen, zu dem die Papiere an diesem Tag an einer deutschen Börse gehandelt wurden – es muss nicht der Tagesschlusskurs sein.

Zinsen zählen mit: Bargeld und Ersparnisse schlagen mit dem Nominalwert am Todes- oder Schenkungstag zu Buche – je nach Geldanlage zusammen mit den bis dahin angefallenen Zinsen.

trag überschritten ist, können allerdings bis zu 50 Prozent Steuern anfallen.

Hat ein Erbe den Verstorbenen vor dessen Tod unentgeltlich oder für wenig Geld gepflegt, steht ihm ein weiterer Steuerfreibetrag in Höhe von 20 000 Euro zu. Allerdings darf in dem Fall keiner zu Lebzeiten vom anderen Unterhalt beansprucht haben. Eine erbende Ehefrau kann somit den zusätzlichen Freibetrag nicht bekommen, die erbende Nachbarin schon, wenn sie den Verstorbenen vorher gepflegt hat.

Eine besondere Situation ergibt sich, wenn eine Immobilie zum Nachlass gehört. Deren Wert wird nicht für jeden Erben automatisch auf die Steuerfreibeträge angerechnet. Haben Ehe- und eingetragene Lebenspartner vor dem Tod eines Partners in dem Eigenheim zusammengelebt, kann der Hinterbliebene das Haus oder die Wohnung steuerfrei erben – vorausgesetzt, er bleibt dort anschließend für mindestens zehn Jahre wohnen.

Auch erbende Kinder können diese Möglichkeit nutzen und steuerfrei erben, wenn sie für mindestens zehn Jahre in die Immobilie einziehen. Für sie ist allerdings nur eine Wohnfläche von bis zu 200 Quadratmetern steuerfrei. Der Wert jedes weiteren Quadratmeters Wohnfläche wird ihnen auf den allgemeinen Steuerfreibetrag von 400 000 Euro angerechnet.

Je nach Wert der Immobilie und je nach Wert des zusätzlich geerbten Vermögens kann die Immobilie die Kinder also doch

Objekt der Begierde
Für die Eltern? Für die Kinder? Oder für alle zusammen? Eigenheimbesitzer müssen sich irgendwann fragen, was aus dem Haus der Familie wird. Zumindest wegen der Erbschaftsteuer müssen sie sich häufig keine Sorgen machen: Vererben oder verschenken sie die Immobilie unter nahen Angehörigen, gelten hohe Freibeträge.

noch in die Steuerpflicht führen. Wollen Erben die Immobilie gar nicht erst beziehen, wird der Wert gleich auf den Steuerfreibetrag angerechnet.

Entscheiden sich Angehörige, in der geerbten Immobilie zu leben, können sie unter bestimmten Voraussetzungen vor Ablauf der zehn Jahre wieder ausziehen, ohne den Wert nachträglich versteuern zu müssen. Das kann zum Beispiel möglich werden, wenn die Witwe oder der Witwer pflegebedürftig wird und in ein Pflegeheim umzieht. Ziehen sie hingegen vorzeitig aus, um mit einem neuen Partner zusammenzuleben, wird der Wert der Immobilie doch noch steuerpflichtig.

→ **Beim Finanzamt melden**

Wenn Sie erben oder Vermögenswerte geschenkt bekommen, müssen Sie dies innerhalb von drei Monaten formlos Ihrem Finanzamt melden. Es wird dann die Formulare für die Erbschaft- oder Schenkungsteuererklärung versenden.

Frühzeitig Vermögen verschenken
Vor allem, wenn Ihr Vermögen an Menschen gehen soll, mit denen Sie nur sehr entfernt oder gar nicht verwandt sind, kann es sich aus steuerlichen Gründen lohnen, schon zu Lebzeiten aktiv zu werden: Der allgemeine Steuerfreibetrag für eine Erbschaft ist mit 20 000 Euro deutlich niedriger als für nahe Verwandte.

Beispiel: Monika und Matthias sind nicht verheiratet. Matthias setzt Monika im Testament als Alleinerbin ein. Als er stirbt, erbt sie seine Eigentumswohnung im Wert von 220 000 Euro. Da für Monika nur ein Steuerfreibetrag von 20 000 Euro gilt, sind die restlichen 200 000 Euro steuerpflichtig. Und darauf muss Monika sogar 30 Prozent Erbschaftssteuer zahlen – also 60 000 Euro (siehe Tabelle S. 175).

Wollen Sie Ihrem Partner oder einem anderen Erben, mit dem Sie nicht direkt verwandt sind, eine solche Steuerbelastung ersparen, wäre eine Möglichkeit, schon zu Lebzeiten einen Teil Ihres Vermögens zu verschenken. Dadurch lassen sich die Steuern je nach Einzelfall zwar nicht komplett vermeiden, aber eventuell deutlich drücken. Denn für Schenkungen gelten dieselben Steuerfreibeträge wie für Erbschaften. Die Freibeträge können alle zehn Jahre neu in Anspruch genommen werden.

Beispiel: Helmut will seiner Nichte Ellen und seinem Nachbarn Erich etwas Gutes tun, weil sie die Einzigen sind, die sich um ihn kümmern. Für Nichte und Nachbar gilt jeweils ein allgemeiner Steuerfreibetrag von „nur" 20 000 Euro. Wenn Helmut beiden 2019 jeweils Vermögenswerte in dieser Größenordnung überträgt, könnte er seiner Nichte im Jahr 2029 noch einmal diese Summe zukommen lassen, ohne dass sie für diese Schenkung Steuern zahlen muss.

Stirbt Helmut vorher, muss Ellen allerdings Steuern auf die Erbschaft zahlen, da ihr Freibetrag durch die Schenkung in 2019 bereits aufgebraucht ist.

Wenn das Finanzamt den Wert eines Erbes oder eines Geschenks ermittelt, addiert es sämtliche Posten wie Bargeld, Sparguthaben und den Wert des Aktiendepots. Zinsen und andere Kapitalerträge fließen in diese Rechnung mit ein. Wie einzelne Posten dabei berücksichtigt werden, zeigt der Kasten „Hätten Sie's gewusst?" auf S. 176.

Ein Geschenk fürs Leben: Eine Immobilie übertragen

Ein besonders wertvolles Geschenk zu Lebzeiten ist die Immobilie. Die Frage, was aus dem selbst gebauten Haus oder was aus der Eigentumswohnung wird, in der die Familie über Jahre gelebt hat, beschäftigt viele und wird eventuell sogar zum Streitthema zwischen den Familienmitgliedern.

Zumindest steuerlich müssen sich Hausbesitzer häufig keine Sorgen machen: Wollen etwa die Eltern die Immobilie, die ihnen gemeinsam gehört, ihrer Tochter schenken, müsste diese erst Schenkungsteuer zahlen, wenn das Haus einen Wert von mehr als 800 000 Euro hat. Denn sowohl für die Schenkung des Vaters als auch für die der Mutter steht der Tochter jeweils der allgemeine Steuerfreibetrag von 400 000 Euro zu (siehe Tabelle „Freibeträge für Erbschaften und Schenkungen", S. 174).

> **❝ Planen Sie unvorhergesehene Ereignisse mit ein, wenn Sie Ihre Immobilie übertragen wollen.**

Doch abseits der Steuerfrage lauern bei diesem Thema weitere Tücken. Vielleicht wünschen sich die einen, dass das Haus in den Händen der Familie bleibt. Doch die anderen leben ihr eigenes Leben in einer anderen Stadt und haben nicht vor, in ihren Heimatort und damit auch in das Elternhaus zurückzukehren. Oder: Die Kinder wollen gerne in das Haus ziehen, doch auch die Eltern wünschen sich, so lange wie möglich dort zu bleiben. Ohne genaue Absprachen und eventuelle Kompromisse sind Konflikte oft programmiert. Fest steht: Wenn jemand eine Immobilie zu Lebzeiten verschenkt, gibt er meist den größten Wert ab, den er jemals besessen hat. Er sollte sich gut überlegen, ob er auch ohne diesen Vermögenswert finanziell auskommt.

Die Bedingungen für die Schenkung werden notariell im Übergabevertrag festgehalten. Die einzelnen Vertragsklauseln sollten Sie vorab ausgiebig mit einem Notar besprechen. Planen Sie unvorhergesehene Ereignisse bei der Übergabe mit ein. Klären Sie zum Beispiel, was aus dem Haus wird, wenn Ihre beschenkte Tochter plötzlich überschuldet sein sollte und Gläubiger auf das Haus zugreifen wollen. Oder Sie lassen im Übergabevertrag beispielsweise eintragen, ob Ihr beschenkter Sohn Ihnen regelmäßig einen bestimmten Geldbetrag überweisen muss oder seiner Schwester, die das Haus nicht bekommt, einen finanziellen Ausgleich zahlen muss.

Außerdem können Sie per Vertrag die Voraussetzungen dafür schaffen, dass Sie weiter im Haus wohnen bleiben können. Eine mögliche Variante wäre, dass Sie mit Ihren Kindern ein Wohnungsrecht vereinbaren. Eine solche Vereinbarung kann zum Beispiel beinhalten, dass Sie das Erdgeschoss des Hauses weiter bewohnen, während die Tochter mit ihrer Familie in die oberen Etagen zieht. Eine Alternative ist, dass Sie und Ihre Kinder ein Nießbrauchrecht vereinbaren. Nießbrauch bedeutet, dass den Kindern die Immobilie zwar übertragen wird, dass Sie sie aber weiter umfassend nutzen dürfen. Sie können das Haus dann selbst weiter bewohnen oder auch vermieten, neue Mietverträge abschließen oder laufende Verträge kündigen.

Ob Wohnrecht oder Nießbrauch: Beides wird als Belastung im Grundbuch eingetragen. Wird ein Nießbrauch eingetragen, müssen Schenker und Beschenkter noch regeln, wer welche Lasten trägt. Per Gesetz gilt, dass der Nießbrauchnehmer die gewöhnlichen Lasten wie Grundsteuer und Gemeindeabgaben trägt, während der Eigentümer für die außergewöhnlichen Lasten aufkommen muss. Das kann zum Beispiel der Austausch der Heizungsanlage sein oder eine aufwendige Dachreparatur. Abweichend vom Gesetz können Schenker und Beschenkter aber vereinbaren, dass der Nießbrauchberechtigte auch für die außergewöhnlichen Lasten aufkommen muss. Auch über diese Fragen können Sie vorab mit dem Notar sprechen und sich über mögliche Vor- und Nachteile der informieren.

▶ Sie werden sich mit Ihren Kindern nicht einig oder haben ganz andere Gründe, dass Sie sich von Ihrer Immobilie trennen wollen? Wenn Sie Ihr Eigenheim verkaufen, dürfte das eines der größten Geschäfte Ihres Lebens sein. Darauf sollten Sie sich gut vorbereiten. Eine Hilfe kann der Ratgeber „Meine Immobilie erfolgreich verkaufen" sein, der unter test.de/shop erhältlich ist.

Hilfe

Fachbegriffe erklärt

1 Fachbegriffe erklärt
180

2 Stichwortverzeichnis
187

3 Impressum
192

Abgeltungsteuer: Seit 2009 gilt in Deutschland die pauschale Abgeltungsteuer auf alle Kapitalerträge wie Zinsen, Dividenden und Gewinne aus Wertpapierverkäufen. Sie beträgt 25 Prozent plus Solidaritätszuschlag und gegebenenfalls Kirchensteuer.

Abschlag: Wer vorzeitig in den Ruhestand geht, muss häufig einen Abschlag auf die Rentenleistungen hinnehmen. Für jeden Monat der vorgezogenen Zahlungen verliert der Rentner 0,3 Prozent der Leistungen. Das Minus gilt für die gesamte Zeit des Rentenbezugs. Nur Frührentner, die Anspruch auf die „Rente für besonders langjährig Versicherte" haben, müssen keinen Abschlag fürchten.

Aktie: Eine Aktie ist ein Anteilsschein, mit dem Sie einen Bruchteil eines Unternehmens kaufen. Dadurch werden Sie Miteigentümer einer Aktiengesellschaft (AG) und sind an deren Erfolg oder Misserfolg beteiligt. Feste Erträge bietet diese Form der Geldanlage nicht. Sie profitieren nur dann von Ihrer Investition, wenn es dem Unternehmen gut geht und die Aktie dadurch an Wert gewinnt. Wenn Sie Anteile an einem Aktienfonds erwerben, beteiligen Sie sich an mehreren Unternehmen.

Alterseinkünftegesetz: Dieses seit 2005 geltende Gesetz hat die Besteuerung der Altersvorsorge komplett umgekrempelt. Wichtigste Neuerung war die Einführung der nachgelagerten Besteuerung: Einnahmen im Alter wie die Renten aus der gesetzlichen Rentenversicherung oder einem berufsständischen Versorgungswerk müssen seither zu einem Großteil und ab 2040 komplett versteuert werden, während ein stetig steigender Anteil der Beiträge für die Altersvorsorge steuermindernd als Sonderausgaben geltend gemacht werden kann.

Anleihe: Anleihen sind Wertpapiere, die regelmäßige Zinsen bringen. Sie werden auch Schuldverschreibungen, Rentenpapiere, Obligationen oder Bonds genannt. Im Grunde sind sie eine Art Schuldschein eines Unternehmens oder Staates, dem Sie mit Ihrem Kauf der Anleihe Geld leihen. Im Gegenzug kommt der Verkäufer dadurch langfristig an Fremdkapital. Anleihen haben anders als Aktien eine feste Laufzeit. Am Ende der Laufzeit bekommen die Käufer ihr Geld plus Zinsen zurück.

Beitragsbemessungsgrenze: Höchstbetrag des Bruttoeinkommens, für das Versicherte Beiträge zur Sozialversicherung zahlen müssen. Einnahmen, die über diese Grenze hinausgehen, bleiben bei der Beitragsberechnung unberücksichtigt. Im Jahr 2018 liegt die Beitragsbemessungsgrenze für die gesetzliche Renten- und Arbeitslosenversicherung in den westlichen Bundesländern bei einem Bruttojahreseinkommen von 78 000 Euro und in Ostdeutschland bei 69 600 Euro. Die Beitragsbemessungsgrenze in der gesetzlichen Kranken- und Pflegeversicherung liegt bei 59 400 Euro.

Beitragsfreie Zeiten: In der gesetzlichen Rentenversicherung müssen auch bestimmte Zeiten für die Leistungen berücksichtigt werden, in denen der Versicherte aufgrund einer besonderen Lebenssituation keine Beiträge einzahlen konnte. Sie werden bei der Berechnung der Renten einbezogen oder zumindest auf die Wartezeit angerechnet. Dazu gehören zum Beispiel eine Phase der Arbeitslosigkeit ohne Bezug von Arbeitslosenunterstützung oder die Schwangerschaftszeit.

Beitragsrückgewähr: Vereinbarung, die Sie zum Beispiel in der privaten Rentenversicherung treffen können. Stirbt die versicherte Person, können die Angehörigen zumindest einen Teil der eingezahlten Beiträge zurückbekommen.

Beitragssatz: Bestimmter Anteil des Bruttoeinkommens des Versicherten, den er als Beitrag zu den einzelnen Zweigen der Sozialversicherung leisten muss. Für die Rentenversicherung beträgt der Beitragssatz 18,6 Prozent im Jahr 2018. Angestellte teilen sich diesen Beitragssatz je zur Hälfte mit ihrem Arbeitgeber. Versicherungspflichtige Selbstständige zahlen diesen Beitragssatz meist komplett allein, wenn sie sich für einen einkommensgerechten Beitrag entscheiden. Alternativ können sie jeden Monat den Regelbeitrag überweisen. Für die gesetzliche Krankenversicherung liegt der allgemeine Beitragssatz 2018 und auch 2019 bei 14,6 Prozent. Zusätzlich dürfen die Krankenkassen von ihren Mitgliedern einkommensabhängige Zusatzbeiträge verlangen. Ab Anfang 2019 müssen die Mitglieder diesen aber nicht mehr allein bezahlen – der Arbeitgeber oder die Rentenkasse übernehmen die Hälfte davon.

Beitragszeiten: Monate, in denen der Versicherte Beiträge in die gesetzliche Rentenversicherung eingezahlt hat. Als Beitragszeiten gelten auch Zeiten, in denen der Versicherte Arbeitslosengeld oder -hilfe, Krankengeld oder Unterhaltsgeld bezogen hat. In diesen Phasen hat die Stelle, die die Sozialleistung gezahlt hat – beispielsweise die Arbeitsagentur oder Krankenkasse –, Pflichtbeiträge an die Rentenversicherung abgeführt.

Bezugsgröße: Jährlich festgelegte Einkommenshöhe, auf deren Basis zum Beispiel der Regelbeitrag für Selbstständige in der gesetzlichen Rentenversicherung festgelegt wird (18,6 Prozent der Bezugsgröße im Jahr 2018). Diese Größe ist außerdem Rechengrundlage, um zu ermitteln, wie hoch das fiktive Einkommen von Personen ist, die ihre Angehörigen unentgeltlich pflegen. Für dieses fiktive Einkommen überweist die Pflegekasse Rentenbeiträge, vorausgesetzt, die zu betreuende Person hat einen Pflegegrad zugewiesen bekommen. Die Bezugsgröße 2018 liegt bei 3 045 Euro im Monat in den westlichen Bundesländern und 2 695 Euro in den östlichen Bundesländern.

Depot: Wertpapiere wie Aktien, Anleihen und Fonds werden in einem Depot verwahrt. Es stellt eine Art Konto dar, auf dem Zu- und Abgänge verbucht werden. Die Depotstelle – eine Bank oder Fondsgesellschaft – kümmert sich darum, dass Geld aus Verkäufen oder Ausschüttungen dem Girokonto gutgeschrieben oder wieder angelegt wird.

Durchschnittseinkommen: Einkommen, das Versicherte in Deutschland im Durchschnitt in einem Jahr verdienen. Wer genau dieses Einkommen in einem Jahr erreicht, erhält einen Entgeltpunkt für sein Rentenkonto gutgeschrieben. Das voraussichtliche Durchschnittseinkommen für 2018 beträgt 37 873 Euro, im Jahr 2017 waren es 37 103 Euro. Dieser Wert kann sich im Nachhinein allerdings noch ändern, endgültig festgelegt wird das jeweilige Durchschnittseinkommen immer erst im übernächsten Jahr.

Dynamische Rente: Die Rentenhöhe folgt der Lohnentwicklung. Sie ist also abhängig vom Produktivitätsfortschritt der Volkswirtschaft.

Entgeltpunkt: Entscheidend für die Höhe einer Rente aus der gesetzlichen Rentenversicherung ist, wie viele Entgeltpunkte ein Versicherter im Lauf seines Arbeitslebens erworben hat, denn jeder Punkt wird mit dem aktuellen Rentenwert multipliziert und hat damit einen finanziellen Gegenwert. Wer in einem Jahr so viel verdient wie der Durchschnitt aller Beitragszahler, erhält einen Entgeltpunkt. Verdient er mehr oder weniger, bekommt er entsprechend mehr oder weniger Punkte für sein Rentenkonto gutgeschrieben.

Ertragsanteil: Viele Renten aus privaten Versicherungen sind mit dem sogenannten Ertragsanteil steuerpflichtig. Das ist der Zinsanteil, nicht die eingezahlten Beiträge. Die Höhe dieses Anteils richtet sich danach, in welchem Alter die Rente erstmals fließt. Eine lebenslange Rente aus einer privaten Rentenversicherung ist zum Beispiel zu 18 Prozent steuerpflichtig, wenn die Rente erstmals im Alter von 65 Jahren ausgezahlt wird. Für zeitlich befristete Renten wird anders gerechnet: Wenn beispielsweise die private Berufsunfähigkeitsversicherung nur für sechs Jahre eine Rente zahlt, liegt der steuerpflichtige Ertragsanteil bei 7 Prozent.

Erwerbsminderung: Voll erwerbsgemindert ist, wer weniger als drei Stunden am Tag arbeiten kann. Teilweise erwerbsgemindert ist, wer mehr als drei und weniger als sechs Stunden arbeiten kann. Eine weitere Voraussetzung für den Anspruch auf eine Erwerbsminderungsrente ist im Regelfall, dass die Versicherten in den fünf Jahren vor Eintritt des Versicherungsfalls mindestens drei Jahre lang Pflichtbeiträge in die gesetzliche Rentenversicherung eingezahlt haben. Nur unter bestimmten Voraussetzungen reichen auch freiwillige Beiträge für den Rentenanspruch aus.

Flexi-Rente: Das 2017 beschlossene Flexirentengesetz hat den Übergang von Arbeit in Rente flexibler gemacht. So ist der Hinzuverdienst bei einer Frührente vereinfacht worden und bei der Arbeit über das Regelrentenalter hinaus dürfen nun weiter Rentenbeiträge gezahlt werden.

Fondsentnahmeplan: Wer in den Ruhestand geht, kann sich aus seinem angesparten Vermögen regelmäßige Beiträge auszahlen lassen. Eine Möglichkeit dafür ist ein Fondsentnahmeplan. Dabei zahlen Sie zu Beginn einen größeren Betrag ein und kaufen damit Anteile an verschiedenen Fonds. Indem diese nach und nach verkauft werden, werden die regelmäßigen Auszahlungen an Sie finanziert.

Freistellungsauftrag: Für Anleger sind Kapitalerträge bis 801 Euro im Jahr steuerfrei (Verheiratete: 1602 Euro). Damit die Bank oder Fondsgesellschaft für Zinsen, Dividenden oder andere Kapitalerträge unterhalb dieser Grenze keine Abgeltungsteuer einbehält, erteilen Anleger dem Geldinstitut einen Freistellungsauftrag.

Generationenvertrag: Ungeschriebener Solidaritätspakt der drei Generationen: Kinder, aktiv Beschäftigte und Alte. Die aktiv Beschäftigten zahlen ihre Beiträge in die gesetzliche Rentenversicherung ein. Davon werden die Renten der heute Älteren bezahlt. So stützt die Generation der Berufstätigen die Generation der Ruheständler.

Grundsicherung: Sie soll den Lebensunterhalt von Rentnern und Erwerbsgeminderten sichern, deren Einkünfte keinen ausreichenden Lebensstandard ermöglichen. Im Unterschied zur Sozialhilfe bittet der Staat bei der Grundsicherung die Kinder des Bedürftigen nicht automatisch zur Kasse. Sie werden erst bei einem Einkommen von über 100 000 Euro im Jahr in die Pflicht genommen.

Kontenklärung: Klärung aller für die Rente bedeutsamen Daten beim Rentenversicherungsträger. Lücken auf dem Konto, beispielsweise weil Ausbildungszeiten fehlen, sollen durch das Klärungsverfahren geschlossen werden, das der Versicherte beim Rententräger beantragt. Er ist selbst dafür verantwortlich, dass alle notwendigen Daten auf dem Versicherungskonto verzeichnet sind.

Langjährig Versicherte: Versicherte in der gesetzlichen Rentenversicherung, die mindestens 35 Versicherungsjahre auf ihrem Konto haben. Sie können vorzeitig – ab dem 63. Geburtstag – in Rente gehen, müssen dafür aber einen Abschlag von 0,3 Prozent pro Monat auf die Rentenleistungen hinnehmen. Wenn sie sogar 45 Versicherungsjahre vorweisen können, gelten sie als „besonders langjährig versichert" und können vorzeitig ohne Abschläge in Rente gehen. Der Start ist je nach Geburtsjahr im Alter zwischen 63 und 65 möglich.

Mütterrente: Für Eltern, meist die Mütter, von vor 1992 geborenen Kindern wird seit Juli 2014 die Kindererziehung besser bei der Rente honoriert als früher. Nach der derzeitigen Regelung können sie bis zu zwei Entgeltpunkte auf ihrem Rentenkonto gutgeschrieben bekommen, früher war es nur ein Entgeltpunkt. Ab 2019 sollen es 2,5 Punkte sein.

Nachhaltigkeitsfaktor: Faktor, der 2005 in die Rentenformel eingefügt wurde. Er berücksichtigt das Verhältnis zwischen der Zahl der Rentner und der Zahl der Beitragszahler. Gibt es mehr Beitragszahler, führt der Nachhaltigkeitsfaktor zu Rentensteigerungen. Gibt es mehr Rentner, steigen die Renten weniger stark.

Pflichtbeiträge: Arbeiter und Angestellte, aber auch ein Teil der Selbstständigen müssen Pflichtbeiträge in die gesetzliche Rentenversicherung einzahlen, da sie pflichtversichert sind.

Regelaltersgrenze: Für den Bezug von Altersrenten müssen Versicherte eine Altersgrenze erreichen. Für die Regelaltersrente lag diese lange bei 65 Jahren. Seit Anfang 2012 steigt sie stufenweise auf 67 Jahre an.

Regelaltersrente: Anspruch auf eine Regelaltersrente haben Versicherte, wenn sie die Regelaltersgrenze erreicht haben und die Wartezeit von fünf Jahren erfüllen – zum Beispiel durch Zeiten, in denen sie angestellt beschäftigt waren, durch Kindererziehung oder Pflege eines Angehörigen.

Regelbeitrag: Selbstständige, die in der gesetzlichen Rentenversicherung pflichtversichert sind, können einen Beitrag in Abhängigkeit ihres Einkommens zahlen oder den Regelbeitrag. 2018 beträgt er 566,37 Euro in West- und 501,27 Euro in Ostdeutschland. Er errechnet sich auf Basis der Bezugsgröße. In den ersten drei Jahren der Selbstständigkeit ist es auch möglich, nur den halben Regelbeitrag zu zahlen, also 2018 283,19 Euro monatlich im Westen und 250,64 Euro in Ostdeutschland.

Rentenantrag: Um eine Rente zu bekommen, muss der Versicherte bei der gesetzlichen Rentenversicherung einen Antrag stellen. Das kann ein formloser Brief sein, doch es ist besser, die offiziellen Antragsformulare zu nutzen. Ist vorher keine Kontenklärung mehr notwendig, reicht es, den Antrag drei bis vier Monate vor dem Rentenbeginn zu stellen.

Rentenbescheid: Aus ihm geht unter anderem hervor, wie hoch die bewilligte Rente ist und wie die Rentenhöhe ermittelt wurde, welche Zeiten bei der Berechnung berücksichtigt wurden und wann die bewilligte Rente beginnt.

Rentenfaktor: Faktor, mit dessen Hilfe die Höhe einer Rente aus einem privaten Versicherungsvertrag errechnet wird. Der Rentenfaktor, den der Versicherer zu Rentenbeginn ermittelt, gilt für die gesamte Zeit, in der die Rente gezahlt wird. Der Faktor ist dem Kunden garantiert und wird im Versicherungsschein angegeben.

Rentenformel: Nach ihr wird die Höhe der monatlichen Rente aus der gesetzlichen Rentenversicherung errechnet. Die Zahl der persönlich erworbenen Entgeltpunkte wird unter anderem mit dem Rentenartfaktor und dem aktuellen Rentenwert multipliziert. Zudem wird berücksichtigt, ob der Versicherte wegen des frühzeitigen Beginns der Rentenzahlungen Abschläge hinnehmen muss oder Anspruch auf einen Zuschlag hat, weil er die Regelaltersrente nicht gleich mit Erreichen der Altersgrenze in Anspruch genommen hat.

Rentengarantiezeit: Vereinbart ein Versicherungsnehmer in der privaten Rentenversicherung eine Rentengarantiezeit von zum Beispiel zehn oder 15 Jahren, ist gewährleistet, dass die vereinbarte Rente auch tatsächlich so lange fließt, selbst wenn die versicherte Person vor Ablauf dieser Frist stirbt. In diesem Fall fließt die Rente an seine Angehörigen weiter.

Rentenwert: Er wird regelmäßig neu festgelegt und gibt an, wie viel jeder einzelne Entgeltpunkt auf dem Rentenkonto wert ist. Bis Mitte 2019 beträgt der Rentenwert 32,03 Euro in Westdeutschland und 30,69 Euro in Ostdeutschland. Im Juli 2019 dürften die Werte wieder steigen.

Überschussbeteiligung: Ein privater Versicherer ist verpflichtet, Kunden, die eine Lebens- oder Rentenversicherung abgeschlossen haben, an seinen Erfolgen am Kapitalmarkt zu beteiligen. Diese Überschussbeteiligung ist aber nicht garantiert.

Umlageverfahren: Nach diesem Verfahren funktioniert die gesetzliche Rentenversicherung: Die Beiträge der Erwerbstätigen sowie ein Zuschuss aus dem Bundeshaushalt werden verwendet, um die laufenden Rentenzahlungen zu finanzieren. Im Gegenzug erhalten die Versicherten für ihre Beiträge einen verfassungsrechtlich geschützten Anspruch auf Rente. Anders als etwa in der privaten Kapitallebens- oder Rentenversicherung bauen die Versicherten mit ihren Rentenbeiträgen also keinen individuellen Kapitalstock auf, aus dem später die Rente gezahlt wird.

Unterversicherung: In bestimmten Versicherungspolicen, zum Beispiel in der Hausratversicherung, besteht die Gefahr, dass der Kunde eine zu niedrige Versicherungssumme vereinbart. Das kann zur Folge haben, dass das Versicherungsunternehmen im Schadensfall nicht den kompletten Schaden erstattet.

Versicherungskonto: Auf diesem Konto sind alle Daten gespeichert, die für die Berechnung der Rentenhöhe entscheidend sind – beispielsweise Beitragszeiten und die Höhe der gezahlten Rentenbeiträge.

Versicherungsnummer: Nummer, unter der das Versicherungskonto eines Versicherten vom Rentenversicherungsträger geführt wird.

Versorgungsausgleich: Er findet statt, wenn eine Ehe geschieden wird. Mithilfe des Versorgungsausgleichs sollen Rentenansprüche, die während der Ehe erworben wurden, gleichmäßig auf die beiden Expartner verteilt werden.

Wartezeit: Anspruch auf eine Rente hat nur, wer eine bestimmte Zeit versichert war. Diese Mindestversicherungszeit wird als Wartezeit bezeichnet. Sie ist für die einzelnen Rentenarten unterschiedlich und beträgt beispielsweise für die Regelaltersrente fünf Jahre.

Zurechnungszeit: Um Versicherten, die in jungen Jahren vermindert erwerbsfähig werden und nur wenig Beitragszeiten auf ihrem Rentenkonto haben, eine ausreichende Rente zu sichern, wird ihnen eine sogenannte Zurechnungszeit angerechnet. Sie umfasste bis vor einiger Zeit die Jahre bis zur Vollendung des 62. Lebensjahres, steigt aber nun auf bis zu 65 Jahre an. Es gibt Pläne, dass sie künftig bis zur Regelaltersgrenze reichen soll. Die Zurechnungszeit erhöht die Rente, obwohl der Versicherte diese Versicherungszeit gar nicht erfüllt hat.

Zuschlag: Arbeitnehmer, die über die Regelaltersgrenze hinaus arbeiten und noch keine Rente beziehen, erhalten bis ans Lebensende für jeden Monat der aufgeschobenen Rentenzahlung einen Zuschlag von 0,5 Prozent auf ihre monatliche Rente.

Stichwortverzeichnis

A

Abgeltungsteuer 64, 180
Abschlag von der Rente 19, 180
Aktien 60, 67, 180
Aktienfonds 67, 68
Alleinstehende 164, 165
Alterseinkünftegesetz 180
Altersentlastungsbetrag 109, 122
Altersgrenzen
– gesetzliche Rente 25, 26
– Pensionierung 46
–, vereinbarte 41
Altersrente 21
– berechnen 17
– für besonders langjährige Versicherte 28
– für langjährig Versicherte 25, 27, 28
– für schwerbehinderte Menschen 28
– Kürzungen durch Nebenjob 81
– Rentenartfaktor 19
Altersteilzeit 15, 90
Anlage G 112
Anlage KAP 110, 112, 120
Anlage N 112
Anlage R 108, 112, 113
Anlage S 112
Anlage V 112
Anlageprodukte 57, 61, 66
– Auswahl 55
Anlagestrategie 56
Anlageziele 54, 58
Anlegertypen 71
Anleihen 60, 67, 181
Arbeitgeber informieren 40
Arbeitslosengeld I 27, 28
Arbeitslosengeld II 27
Arbeitslosigkeit 18, 23, 27, 181
Arbeitszeit reduzieren 33, 89
Assistance-Leistungen 126, 145, 146
Attest, amtsärztliches 116
Ausbildungsversicherung 132
Ausbildungszeiten 23
Ausgaben 30, 33
– für medizinische Versorgung 115, 117, 135
Auslandsaufenthalt 98
Auslandsreisekrankenversicherung 128, 131, 136
Auslandsschadenschutzpolice 156
Auswandern 44, 126
Auszahlphase 43
Auszahlplan
– der Bank siehe Bankauszahlplan
– selbst konstruieren 66
– mit ETF 71
Auto 154
Autoschutzbrief 131

B

Bankauszahlplan 64, 65
Bankberatung 54
Bauherrenhaftpflichtversicherung 130, 150
Bausparvertrag 65
Beamte
– Altersversorgung 45
– freiwillige Rentenbeiträge 47
– Versorgungsauskunft 46
Behinderungsgrad 27
Beiträge zur Rente 17, 18, 21
–, freiwillige 18, 21, 32, 102
Beitragsbemessungsgrenze 97, 181
Beitragsfreie Zeiten 181
Beitragsrückgewähr 181
Beitragssatz 181
– gesetzliche Krankenkasse 95
–, reduzierter 100
Beitragszeiten 23, 182
Belastung
–, außergewöhnliche 111, 135
–, zumutbare 116
Belastungsgrenze 135
Beratungsstellen der Deutschen Rentenversicherung 20, 22, 32, 39
Berufsbetreuer 166
Berufsunfähigkeit 34, 35
Berufsunfähigkeitsrente 35
Berufsunfähigkeitsversicherung 31, 34, 127, 183

Besonders langjährig Versicherte 28
Betreuer
– Auswahl durch Gericht 166
–, ehrenamtliche 166
–, pädagogische 84
Betreuerfreibetrag 84
Betreuungsgericht 159, 162, 164, 165
Betreuungsverein 164, 166
Betreuungsverfügung 160, 161, 165, 168
Betriebsrente 15, 40, 108
– Nebenjob 86
Bevollmächtigte 160
Bezugsgröße 182

D

Depot 182
– eröffnen 69
Dienstjahre 45
Direktbank 69, 71
Direktversicherung 40, 108
–, betriebliche 96
Durchschnittseinkommen 18, 182

E

Ehe, Nachlass 170
Ehevertrag 171
Ehrenamt 84
Eigenanteil 116
Eigenheim verkaufen 179
Eigentumswohnung 74
Eingetragene Lebenspartner 170

Einkommen
–, fiktives 182
–, zu versteuerndes 95
Einnahmen 32
Enkel 31, 65, 132
Entgeltpunkte 17, 18, 20, 22, 182
Entnahmeplan siehe Auszahlplan
Erben 169
Erbengemeinschaft 171
Erbfolge, gesetzliche 169, 170, 171, 173
Erbrecht 169
Erbschaftsteuer 175, 177
Erbschaftsteuererklärung 177
Erbvertrag 171
Ersparnisse 33
– aufbrauchen 57, 58
– nutzen 51
Ertragsanteil 183
Erwerbsfähigkeit wiedererlangen 36
Erwerbsminderung 34
–, teilweise 35, 87, 183
–, volle 35, 183
Erwerbsminderungsrente 21, 27, 34
– Befristung 34
– Höhe 36
– in Altersrente umwandeln 34
– Nebenjob 86
– Rentenartfaktor 19
ETF (Exchange Traded Funds) 59, 67, 72

F

Fahrraddiebstahl, Versicherungsschutz 153
Festgeld 52, 61, 66
Finanzbedarf 30, 33, 60
Firmenpensionen 108
Flexi-Rente 79, 183
Fonds 67, 142
Fondsentnahme 71, 183
Formular R 820 100
Formular R100 39
Freibetrag
– für ehrenamtliche Nebentätigkeiten 84
– für Erbschaften und Schenkungen 174
Freistellungsauftrag 183
Freiwillig gesetzlich krankenversichern 97
Freiwillige Rentenbeiträge 18, 21, 32, 102
Frührente 15, 24, 33
–, Alternativen zur 33, 89
– aus gesundheitlichen Gründen 27
– mit Abschlägen 27
– ohne Abschläge 16, 26, 30

G

Garantiezins 61
Geld günstig leihen 66
Generationenvertrag 183
Gesetzliche Pflegeversicherung 94
Gesetzliche Rente 16
– beantragen siehe Rentenantrag
– erhöhen 21
– Rendite 22

Grundschutz 148
Grundsicherung 48, 184
Günstigerprüfung 110, 114, 121
Gütertrennung 171

H

Haftpflicht siehe Privathaftpflichtversicherung
Hartz-IV-Leistungen siehe Arbeitslosengeld II
Hausbesitzerhaftpflichtversicherung 150
Haushaltshilfe 36, 117, 118
Hausratversicherung 125, 129, 131, 150, 152
Hausumbau, Fördermöglichkeiten 75
Hinterbliebenenrente 21, 37, 117
Hinterbliebenenschutz 34
Hinzuverdienstgrenze 87
Honorarberater 55

I

Immobilie
– als Geldanlage 74
– auswählen 76
– erben 176
– übertragen 178
Immobilienfinanzierung 74
Immobilienfonds 67
Immobilieninvestments 74
Indexfonds, börsengehandelte siehe ETF
Inflation 32, 41, 60
Innenverhältnisregelung 163
Investmentfonds 52

J/K

Johanniter-Unfall-Hilfe 145
Kapitaleinkünfte 94, 97, 110, 120
Kapitallebensversicherung 15, 41, 52, 56, 63, 75, 97, 127
Kapitalverzehr 64
KfW-Bank 66
Kfz-Haftpflichtversicherung 128, 130, 149, 154
Kfz-Schutzbrief 156
Kfz-Vollkaskoversicherung 131
Kinder unterstützen 65
Kindererziehungszeiten 18, 20, 27, 28
Kirchensteuer 113
Kontenklärung 15, 38, 184
– beantragen 21
Kontrollbevollmächtigte siehe Bevollmächtigte
Krankenhausaufenthalte 115
Krankenkasse 133
– auswählen 133
– Beitragssatz 95, 101
– Leistungen 134
– wechseln 133, 134
– Zusatzleistungen 134
Krankenversicherung 22, 95
– der Rentner (KVdR) 97, 98
– , freiwillige gesetzliche 97
– , gesetzliche 130
– , günstige 102
– , private 94, 138
– private Zusatzversicherung 136
Krankheit 23, 133
Kredite tilgen 59
Kreditzinsen 59
Kuraufenthalt 36

L/M

Länger arbeiten 19, 41
Langjährig Versicherte 25, 28, 184
Lohnsteuerhilfeverein 104, 115, 113
Mallorca-Police 156
Malteser Hilfsdienst 145
Mantelbogen 111
Mieteinkünfte 94, 97, 102
Mindestversicherungszeit 27
Mindestwartezeit 28
Minijob 28, 80, 91
Mischfonds 67
Mütterrente 17, 184

N

Nachhaltigkeitsfaktor 184
Nachlass regeln 169
Nebenjob 33, 36, 79
– , abgabenfreier 85
– als Frührentner 82
– , begrenzter 85
– bei Altersteilzeit 91
– bei pünktlichem Rentenbeginn 81
– Freibetrag 87
– laufende Rente steigern 81
– melden 83
– Minijob 88
– neue gesetzliche Regelungen siehe Flexi-Rente
– Steuern 80, 83
Neue Bundesländer, Umrechnungsfaktor 18, 23
Niedrigzinsphase 65
Nießbrauchrecht 179
Notfälle, medizinische 133

O/P

Onlinedepot 69
Organspende 168
Pantoffel-Portfolios 69, 70
Partnerpolice 63
Patientenverfügung 160, 161, 166
Pension 45, 106
Pensionäre
– Krankenversicherung 100
– private Krankenversicherung 94, 138
– Steuererklärung 104
Pensionsansprüche 45
Pensionsanwartschaft 45
Pensionsfonds 40
Pensionshöhe 45
– Obergrenze 47
Pensionskasse 40, 96
Pensionslücke schließen 47
Pensions-Sicherungs-Verein Versicherungsverein auf Gegenseitigkeit (PSVaG) 40
Pflegeversicherung 22
Pflege
– eines Angehörigen 114, 119, 185
– in einer stationären Einrichtung 141
Pflege-Bahr 144
Pflegebedürftigkeit 133, 140
Pflegedienst 140
Pflegegeld 140
Pflegehilfsmittel 141
Pflegekasse 141
Pflegeleistungen als Nebentätigkeit 85
Pflegepflichtversicherung, private 130, 140
Pfleger 84

Pflegesachleistungen 140
Pflegetagegeldversicherung 142, 144
Pflegeversicherung 93, 95, 130, 140
Pflegezeiten 28
Pflichtbeiträge 184
Pflichtkrankenversicherung KVdR 102
Pflichtteilsansprüche 172, 173
Private Krankenversicherung 48, 130
Private Vorsorgeverträge 38
Privathaftpflichtversicherung 125, 128, 130, 148
Privatpatient 138

R

Ratenkredit 66
Rechtliche Vorsorge 159
Rechtsschutzversicherung 129, 131, 157
Regelaltersgrenze 19, 21
– überschreiten 41
Regelaltersrente 24, 25, 28, 184
Regelbeitrag 185
Rehabilitationsmaßnahme 36
Rente
– , dynamische 182
– für besonders langjährig Versicherte 19, 29
– mit 63 Jahren 14, 25, 28
– steuerfreie Anteile 105
– zu geringe 48
Rentenabschlag 19, 24
– ausgleichen 22
– vermeiden 89
Rentenanpassungen 41

Rentenansprüche 20, 97
– , verminderte 24
Rentenantrag 15, 20, 38, 185
Rentenartfaktor 18, 19, 185
Rentenauskunft 20
Rentenberater 22, 23
Rentenbescheid 22, 185
Renteneintrittsalter 24
– stufenweise Anhebung 16
Rentenfaktor 185
Rentenformel 18, 36, 185
Rentengarantiezeit 62, 185
Rentenhöhe 24
– , durchschnittliche 14
Renteninformation 20
Rentenkonto 15, 18
Rentenlücke schließen 30
Rentensplitting 28
Rentensteigerung 19, 20
Rentenversicherung, private 41, 47, 52, 108
– , gemeinsame siehe Partnerpolice
Rentenwert 18, 19, 185
Riester-Banksparplan 44
Riester-Fondssparplan 44
Riester-Rente 15, 44
Riester-Vertrag 42, 47, 108, 112
Risikolebensversicherung 131, 173
Risikoprofil 54
Ruhegehalt 45
Rürup-Rente 64
Rürup-Vertrag 47, 112

S

Schadenfreiheitsrabatt 155
Scheidung 23
– Erbschaft 171

Schenkungen 174, 176, 178
Schwerbehinderte 28
Selbstbehalt 139
Selbstständige 18, 23, 97, 185
Sofortrente 42, 44, 61
Sonderausgaben 111, 113
Sozialabgaben 22, 33, 93, 94
Sparbriefe 52, 66
Sparerpauschbetrag 64, 120
Sparguthaben aufbrauchen 57, 58
Sparprodukte der Banken 65
Spenden 113, 122
Spitzabrechnung 83
Sterbegeldversicherung 132
Sterbevierteljahr 37
Steuerbescheid 123
Steuererklärung 15, 103, 104, 111, 119
Steuerfreibetrag 53, 106
Steuern 53, 93, 103, 108
– Grundfreibetrag 110
– sparen 103, 111, 113, 117, 135
Steuerpflicht 103, 110

T

Tagesgeld 59, 61, 66, 72
Testament 15, 160, 171
Tierhalterhaftpflichtversicherung 128, 130, 149

U

Überschussbeteiligung 62, 185
Übungsleiterfreibetrag 84
Umlageverfahren 186
Umrechnungsfaktor 18, 23

Umzug ins Ausland 44, 126
Unfall 34, 133, 145
Unfallversicherung 131
– , gesetzliche 110
– , private 114, 145
– Senioren-Tarif 126
Unterhaltszahlungen 113, 117
Unterstützungskasse 40
Unterversicherung 153, 186

V

Verkehrsrechtsschutz 131
Vermögensschaden-Haftpflichtversicherung 55
Versicherungen 125, 149
Versicherungskonto 186
Versicherungsnummer 186
Versicherungsschein 42
Versicherungszeiten 20, 22
Versorgungsausgleich 23, 28, 186
Versorgungsauskunft 46
Versorgungsfreibetrag 106, 107, 108, 123
Versorgungswerk, berufsständisches 102, 108
Vollmacht 164
Vorsorgebevollmächtigte siehe Bevollmächtigte
Vorsorgeregister, zentrales 168
Vorsorgevollmacht 15, 159, 160, 161, 168
Vorversicherungszeit 97
Vorzeitiger Ruhestand 17, 29, 33
– Rentenabschlag 25
– Zugangsfaktor 19

W

Waisengeld 45
Wartezeit 27, 186
Werbungskosten 103, 113, 117, 121, 123
Wertpapierdepot siehe Depot
Wertpapiere erben 176
Wertsachen versichern 153
Witwen- und Witwerrente 34, 37, 52, 88
Witwengeld 45
Wohngebäudeversicherung 128, 131, 150, 154
Wohnrecht 179
Wohn-Riester 108, 120

Z

Zahnzusatzversicherung 138
Zugangsfaktor 18, 19
Zugewinngemeinschaft 171
Zurechnungszeit 36
Zusatzbeitrag, einkommensabhängiger 100
Zusatzleistungen 134
Zusatzrenten im öffentlichen Dienst 108
Zusatzversicherungen, private 136
Zuschlag zur gesetzlichen Rente 19, 186
Zuzahlungen für Medikamente 115, 117, 135

Die Stiftung Warentest wurde 1964 auf Beschluss des Deutschen Bundestages gegründet, um dem Verbraucher durch vergleichende Tests von Waren und Dienstleistungen eine unabhängige und objektive Unterstützung zu bieten.

Wir kaufen – anonym im Handel, nehmen Dienstleistungen verdeckt in Anspruch.

Wir testen – mit wissenschaftlichen Methoden in unabhängigen Instituten nach unseren Vorgaben.

Wir bewerten – von sehr gut bis mangelhaft, ausschließlich auf Basis der objektivierten Untersuchungsergebnisse.

Wir veröffentlichen – anzeigenfrei in unseren Büchern, den Zeitschriften test und Finanztest und im Internet unter www.test.de

Wir haben für dieses Buch 100 % Recyclingpapier und mineralölfreie Druckfarben verwendet. Stiftung Warentest druckt ausschließlich in Deutschland, weil hier hohe Umweltstandards gelten und kurze Transportwege für geringe CO_2-Emissionen sorgen. Auch die Weiterverarbeitung erfolgt ausschließlich in Deutschland.

Die Autorin: Isabell Pohlmann arbeitet freiberuflich als Journalistin für Finanz- und Verbraucherthemen. Zuvor was sie Redakteurin bei der Zeitschrift Finanztest. Sie hat bereits mehrere Bücher für die Stiftung Warentest geschrieben, unter anderem „Gut versichert", „Meine Rente" sowie „Finanzplaner Frauen".

3., aktualisierte Auflage
© 2018 Stiftung Warentest, Berlin

Stiftung Warentest
Lützowplatz 11–13
10785 Berlin
Telefon 0 30/26 31–0
Fax 0 30/26 31–25 25
www.test.de
email@stiftung-warentest.de

USt.-IdNr.: DE136725570

Vorstand: Hubertus Primus
Weitere Mitglieder der Geschäftsleitung:
Dr. Holger Brackemann, Daniel Gläser

Alle veröffentlichten Beiträge sind urheberrechtlich geschützt. Die Reproduktion – ganz oder in Teilen – bedarf ungeachtet des Mediums der vorherigen schriftlichen Zustimmung des Verlags. Alle übrigen Rechte bleiben vorbehalten.

Programmleitung: Niclas Dewitz

Autorin: Isabell Pohlmann
Projektleitung/Lektorat: Ursula Rieth
Mitarbeit: Merit Niemeitz
Korrektorat: Christoph Nettersheim
Fachliche Unterstützung: Sabine Baierl-Johna,
Karin Baur, Beate Bextermöller, Uwe Döhler, Katharina Henrich, Theo Pischke, Jörg Sahr, Simone Weidner
Titelentwurf: Josephine Rank, Berlin
Layout: Büro Brendel, Berlin
Grafik, Satz und Bildredaktion:
Anne-Katrin Körbi
Bildnachweis: fotolia/Westend61 (Titel);
Innenteil: avenueimages: S. 5 (unten), S. 163 (Uwe Umstätter); S. 151 (Werner Dieterich); Fotolia S. 112 (eyewave); S. 177 (JiSign); Getty Images: S. 21, S. 70, S. 78, S. 124 S. 5 (oben), S. 156 (F1online); S. 106 (Fuse); S. 12 (Hoxton); S. 4 (oben, mitte), S. 5 (mitte), S. 40, S. 46, S. 76, S. 87, S. 144 U4 links (iStockphoto); S. 50 (Tetra images); S. 92, S. 119 (Wavebreak Media); Mauritius/BISIP: S. 158 Shutterstock: S. 96

Infografiken/Diagramme: Mario Mensch, Hamburg, René Reichelt, S. 137

Produktion: Vera Göring
Verlagsherstellung: Rita Brosius (Ltg.), Romy Alig, Susanne Beeh
Litho: tiff.any, Berlin
Druck: Rasch Druckerei und Verlag GmbH & Co. KG, Bramsche

ISBN: 978-3-86851-288-5